O LIBERALISMO IGUALITÁRIO

O LIBERALISMO IGUALITÁRIO

Sociedade democrática e justiça internacional

Álvaro de Vita

SÃO PAULO 2008

Copyright © 2008, Livraria Martins Fontes Editora Ltda.,
São Paulo, para a presente edição.

1ª edição 2008

Acompanhamento editorial
Helena Guimarães Bittencourt
Preparação do original
Maria Fernanda Alvares
Revisões gráficas
Maria Regina Ribeiro Machado
Marisa Rosa Teixeira
Dinarte Zorzanelli da Silva
Produção gráfica
Geraldo Alves
Paginação/Fotolitos
Studio 3 Desenvolvimento Editorial

Dados Internacionais de Catalogação na Publicação (CIP)
(Câmara Brasileira do Livro, SP, Brasil)

Vita, Álvaro de
  O liberalismo igualitário : sociedade democrática e justiça internacional / Álvaro de Vita. – São Paulo : WMF Martins Fontes, 2008. – (Justiça e direito)

  Bibliografia.
  ISBN 978-85-7827-000-1

  1. Democracia 2. Igualdade 3. Justiça 4. Liberalismo I. Título. II. Série.

07-10551   CDD-320.51

Índices para catálogo sistemático:
1. Liberalismo igualitário : Ciência política   320.51

Todos os direitos desta edição reservados à
Livraria Martins Fontes Editora Ltda.
Rua Conselheiro Ramalho, 330 01325-000 São Paulo SP Brasil
Tel. (11) 3241.3677 Fax (11) 3101-1042
e-mail: info@martinsfontes.com.br http://www.wmfmartinsfontes.com.br

SUMÁRIO

Introdução 1

CAPÍTULO 1 Progresso moral 21
Crítica à moralidade deontológica 22
A noção de igualdade humana fundamental 30
"Sorte bruta" e justiça distributiva 37
Desigualdade e loteria natural 45

CAPÍTULO 2 A crítica de Cohen ao foco na estrutura básica 61
Duas interpretações do princípio de diferença 62
Estrutura informal da sociedade 67
A suposição de descontinuidade 71
Coercitividade ou publicidade? 77
Imparcialidade moral de segunda ordem 86

CAPÍTULO 3 Justiça distributiva: a crítica de Sen a Rawls 91
Nem perfeccionismo moral nem utilitarismo 92
Igualdade do quê? 96
A métrica dos bens primários 105
Por que bens primários? 108
Dois contra-exemplos de Sen 114

CAPÍTULO 4 Sociedade democrática e democracia política 121

Argumentação moral e deliberação política 123
Teorias da democracia e justiça 130
Igualdade de oportunidades políticas 148
Razão pública e incerteza democrática 155

CAPÍTULO 5 Liberalismo igualitário e multiculturalismo 161
A cultura não é o problema 168
Direitos de grupo ou a cultura *é* o problema 174
Receita para uma sociedade dividida 185
Nacionalidade cívica 191

CAPÍTULO 6 Dois tipos de ceticismo moral 197
O ceticismo interno de Walzer 200
O ceticismo epistemológico de Rorty 218

CAPÍTULO 7 Desigualdade e pobreza sob uma perspectiva global 229
A teoria de Rawls da justiça internacional 233
Justiça e ajuda humanitária 251
Fundamentos normativos 279

Considerações finais 311
Referências bibliográficas 319

Ele acreditava em duas coisas, seu avô: na compaixão e na justiça, *derbaremen un gerechtikait*. Mas achava também que devemos sempre juntar esses dois conceitos – justiça sem compaixão é um matadouro, e não justiça. Por outro lado, compaixão sem justiça talvez seja mais apropriado para Jesus, e não para simples mortais que comeram do fruto da maldade. Essa era sua postura – consertar um pouco menos e ter um pouco mais de compaixão.

Amós Oz, *De amor e trevas*.

AGRADECIMENTOS

Este livro, que resultou da tese de livre-docência que defendi no Departamento de Ciência Política da USP em agosto de 2006, não teria sido possível sem o apoio precioso que recebi de várias pessoas e instituições. Sou grato aos colegas professores do Departamento de Ciência Política da USP, que sempre deram apoio ao trabalho que desenvolvo na área de Teoria Política. É difícil mencionar nomes sem cometer injustiças, mas não tenho como deixar de agradecer especialmente a Gabriel Cohn e Cicero Araujo, pessoas que, de diversas maneiras, em seminários, bancas, encontros científicos, no trabalho de edição e em reuniões da revista *Lua Nova* e também em muitas conversas informais, contribuíram para que meu trabalho pudesse ser desenvolvido. Também sou grato a Thomas Pogge, da Columbia University, com quem desenvolvi uma pesquisa de pós-doutoramento em 2001-2002, e às pessoas que participaram do grupo de seminário que lá foi coordenado por Pogge e no qual versões preliminares do capítulo 7 deste volume foram debatidas. Como resultado dessa colaboração, que se mantém até hoje, uma versão em inglês deste capítulo fez parte de um volume organizado por Pogge e publicado em 2007 pela Oxford University Press. Eu não poderia ter realizado a pesquisa que originou o capítulo 7 sem as bolsas de pós-doutoramento que me foram concedidas pela Fapesp e pela Comissão Fulbright do Brasil. Esse trabalho também me permitiu estreitar, além dos laços pessoais, um contato mais acadêmico com pessoas que atuam na área de Relações Internacionais, como Rafael Villa e Ana Paula Tostes, com quem organizei um volume intitulado *Justiça e processos democráticos transnacionais*, no qual uma versão preliminar do capítulo 7 foi publicada.

Gostaria de expressar, também, meus agradecimentos aos funcionários do Departamento de Ciência Política, que sempre mostraram tanta boa vontade e disposição dando apoio às atividades-fim do Departamento que oxalá pudesse se constituir na norma no serviço público. Faço um agradecimento especial à Maria Raimunda dos Santos, a Rai, que, na fase final de preparação da tese, fez o possível para me poupar dos atropelos que fazem parte da rotina do trabalho de coordenação do Programa de Pós-graduação, função que exerci no Departamento entre setembro de 2002 e outubro de 2006.

Minha dívida maior, como sempre, é com as duas mulheres da minha vida, Lenice e Elisa, que fazem com que a vida valha a pena ser vivida todos os dias.

INTRODUÇÃO

Este volume é resultado de um esforço de sistematização de trabalhos que produzi, após o meu doutoramento (em abril de 1998), em uma área da teoria política normativa contemporânea que podemos denominar "teoria da justiça pós-Rawls". Todos os ensaios passaram por uma atualização e sofreram alterações, por vezes bastante substanciais, para se adequarem aos propósitos deste livro. A expectativa é que o resultado dessa sistematização seja capaz de apresentar minha contribuição à teoria política normativa no Brasil de forma mais consistente e mais coerente do que eu havia conseguido em meus trabalhos anteriores. Apesar de alguns desses ensaios terem sido originalmente escritos em momentos diferentes, há um fio condutor que percorre todos eles, que é o esforço de articulação – e de escrutínio crítico em confronto com perspectivas rivais – de uma teoria política normativa que designo, de maneira mais ou menos intercambiável, pelas expressões "liberalismo igualitário" ou "justiça rawlsiana". Empreguei, em trabalho anterior, a expressão "justiça igualitária" com o mesmo sentido[1].

Duas observações sobre a natureza deste trabalho se fazem necessárias desde já. A primeira é que a expressão "justiça rawlsiana" não deve ser entendida como uma mera reiteração de posições explícitas que o próprio Rawls tenha

---

1. Vita, 2007.

adotado em seus textos. Deve-se depreender o sentido do termo, ou de "liberalismo igualitário", daquilo que afirmo em meu próprio texto. Como se verá nas páginas a seguir, minha interpretação da perspectiva normativa que denomino "liberalismo igualitário" envolve, por vezes, subscrever inteiramente pontos de vista de Rawls, em outras, subscrever pontos de vista de Rawls alterados pelas contribuições de outros participantes desse campo de discussão teórica e, em outras ainda, abandonar inteiramente posições explicitamente adotadas por Rawls. Em vista disso, os méritos e os deméritos da teoria política normativa que discuto aqui, por vezes em confronto com perspectivas distintas, devem ser avaliados por aquilo que é dito no próprio texto.

Passo para a segunda observação. Apesar de eu estar convencido de que as posições substantivas mais específicas discutidas em vários momentos ao longo deste volume, como as noções de igualdade eqüitativa de oportunidades ou de justiça social maximin, são eminentemente defensáveis em discussões públicas, e de fato fazem parte de discussões públicas correntes no Brasil e em outras partes, os propósitos desta investigação são muito mais cognitivos do que políticos ou ideológicos. Isso porque várias das questões tratadas aqui – entre as quais a adoção de uma política de cotas raciais para combater os efeitos da discriminação racial ou a temática toda da justiça global – são muitas vezes discutidas em um tom de elevada temperatura política e mesmo de exaltação ideológica. Importa não tanto, ou não somente, o que se defende sob esse "ismo" do "liberalismo igualitário", mas sobretudo *como* se faz essa defesa. Embora eu não dissesse isso na condição de participante, juntamente com outros cidadãos, de debates de cunho político, aquilo que se afirma nas páginas a seguir deve ser avaliado, antes de tudo, por seus méritos cognitivos e pela qualidade da argumentação desenvolvida. Como participante de uma comunidade de teóricos políticos, o que pretendo saber é se a perspectiva normativa proposta neste trabalho é capaz de examinar, de forma teoricamente sofisticada, aquilo que vemos como injustiças patentes e, assim, contribuir para esclarecer a natureza da justiça na sociedade. De fato, considera-se neste trabalho que a dimensão normativa de questões políticas controversas do mundo contemporâneo é suscetível de uma discussão que, por não se limitar a uma mera reafirmação dos sentimentos de aprovação ou desaprovação que se possam ter em relação a determinados valores ou alternativas de políticas, tem um interesse cognitivo. É verdade que a linha democrática que separa a teoria política normativa da ideologia política é tênue, mas eu me empenhei em preservá-la. Essa é uma discussão que mereceria ser desenvolvida, mas aqui vou me limitar a uma breve observação. Ao passo que a ideologia está mergulhada na luta política e está voltada para o recrutamento de adeptos para uma causa, a atividade da teoria política normativa consiste em oferecer razões – aquilo que denominamos uma "justificação" – para os julgamentos que fazemos sobre nossos comprometimentos normativos na política. Podemos oferecer razões para mostrar uma certa configuração de valores políticos como mais aceitável ou mais razoável do que outras possíveis e, nesse caso, a discussão teórica vai girar em torno da qualidade dessa justificação. Esse esforço de justificação é aquilo que capta, espero, o espírito deste livro.

Os sete capítulos deste volume podem ser dispostos sob duas ordens de questões de justiça que, pelo menos enquanto houver Estados territoriais no mundo, devem ser diferenciadas tanto normativa como analiticamente. Os cinco primeiros capítulos tratam de questões de justiça em âmbito doméstico e os dois últimos, de questões de justiça internacional. Ainda que eu não tenha conseguido conceber uma interpretação inteiramente satisfatória para essa distinção entre os âmbitos doméstico e internacional na teoria da justiça – nem conheço quem o tenha feito –, posso pelo menos explicitar uma suposição que está implícita nas duas partes deste trabalho. Ao tratar de questões de justiça distributiva em âmbito doméstico, a discussão que desenvolvo tem por referência um ideal normativo de "sociedade democrática". Por essa noção, que será retomada ao longo deste volume, entendo a ordem social e política cujas instituições fundamentais garantem àqueles que a elas estão submetidos uma certa forma de igualdade que pode ser denominada "igualdade moral". O adjetivo "moral", aqui, tem o sentido de indicar que se trata de uma igualdade de *status*, e não exatamente de uma igualdade socioeconômica estrita do tipo que, possivelmente, os socialistas clássicos tinham em mente. A igualdade moral a que me refiro é assegurada quando os arranjos institucionais básicos de uma sociedade devotam a seus cidadãos, independentemente de quanto dinheiro ou riqueza cada um tenha ou de qual é o nível de escolarização ou a posição ocupacional que cada qual tenha alcançado, um tratamento igual que só é possível àqueles que são detentores de direitos iguais.

A noção de sociedade democrática como aquela caracterizada por uma forma de igualdade de *status* entre seus membros nos remete, de imediato, à teoria social formulada por Tocqueville em *A democracia na América*. O que Tocqueville enxergou em constituição nos Estados Unidos não foi somente (como hoje diríamos) um regime político, mas uma ordem social e política que não tinha como se organizar com base em distinções de valor moral entre aqueles que dela faziam parte. Mas é curioso observar que as coisas hoje se apresentam de maneira invertida em relação às preocupações normativas que Tocqueville manifestou em sua análise da democracia estado-unidense das primeiras décadas do século XIX. Para ele, a igualdade de *status* que é característica de uma sociedade democrática acabaria se impondo de uma forma ou de outra (e não somente nos Estados Unidos); o que lhe parecia incerto era saber se disso resultaria um governo democrático, que garantisse as liberdades civis e públicas dos cidadãos, ou algum novo tipo de governo despótico. Eu diria que a mesma equação hoje se apresenta de modo precisamente invertido: podemos ter um governo democrático solidamente instalado – como

INTRODUÇÃO

ocorre, acredito, no Brasil – e, ao mesmo tempo, manifestarmos sérias dúvidas sobre se isso será suficiente para produzir uma sociedade de iguais[2].

Mais claramente conectado com as preocupações aqui presentes com questões de justiça distributiva está o volume de ensaios que T. H. Marshall publicou em 1950 com o título *Citizenship and Social Class*[3]. Do nosso ponto de vista, no momento, é mais pertinente sua teoria dos direitos da cidadania do que sua interpretação histórica sobre como os três conjuntos de direitos – civis, políticos e sociais – surgiram e foram reconhecidos na Grã-Bretanha. O ponto central dessa teoria, como a entendo, é que, se esses três conjuntos de direitos são plenamente garantidos a todos os cidadãos, uma forma de igualdade de condição ou de *status* é realizada; e é com essa forma de igualdade, mais do que com a redução ou abolição da desigualdade econômica em si mesma, que deveríamos nos ocupar. Dito de outra maneira, as desigualdades econômicas geradas por uma economia capitalista de mercado tornam-se menos objetáveis moralmente se, e somente se, essa forma de igualdade de *status* é realizada pelas instituições básicas da sociedade. Penso ser essa uma formulação possível para a idéia intuitiva que está por trás da noção de Rawls de "sociedade justa" ou "sociedade bem-ordenada". Também nesse caso, o ideal de uma sociedade que trata seus membros como pessoas morais iguais, independentemente de diferenças de classe, talento ou capacidade produtiva, desempenha um papel central.

Podemos ampliar um pouco mais a idéia referindo-a à visão, compartilhada por toda a tradição do liberalismo político, de comunidade política bem-ordenada ou justa como aquela que propicia a seus membros as condições que permitem a cada um agir com base em suas próprias convicções de valor moral. Essas condições, desde que começa-

---

2. Dahl (1985, cap. 1) faz uma análise de Tocqueville na mesma direção.
3. Marshall, 1992.

ram a ser formuladas após as guerras religiosas na Europa dos séculos XVI e XVII, e, em particular, desde as primeiras Declarações de Direitos, no século XVIII, foram interpretadas como "direitos iguais". Mesmo nesse nível muito elevado de abstração, é interessante observar como essa visão de comunidade política já permite alguma delimitação de posições normativas no campo da teoria social e política. Permitam-me fazer algumas breves observações sobre isso. Marx, por exemplo, em textos como *A questão judaica* e *Crítica ao Programa de Gotha*, rejeitou essa visão de comunidade política, não porque rejeitasse toda e qualquer concepção de igualdade e de sociedade de iguais, e sim porque não acreditava que o padrão de "direitos iguais" correspondesse à forma de igualdade que os socialistas deveriam ter em mente como o objetivo último a ser perseguido em uma sociedade pós-capitalista. Uma concepção de justiça fundada em uma noção de direitos iguais tem por trás a suposição de que a escassez (dentro de certos limites) de recursos sociais é um elemento permanente da condição humana em sociedade; em contraste com isso, Marx imaginava que sua utopia de uma comunidade de iguais só se realizaria quando as circunstâncias da escassez material tivessem sido superadas – em algum momento do pós-capitalismo – e quando, em conseqüência, a linguagem da justiça e dos direitos iguais já tivesse deixado de ter qualquer utilidade. Faz sentido imaginar uma sociedade que está além das circunstâncias de escassez relativa e, por isso, está além da justiça? Não discutirei essa questão. Limito-me a observar que talvez em virtude dessa objeção de Marx à visão de comunidade política do liberalismo político o socialismo marxista jamais tenha conseguido se desvencilhar de uma ambigüidade fundamental em relação ao padrão dos direitos iguais, oscilando entre a completa rejeição desse padrão e a crítica, que não tem como não se fundamentar nesse padrão, de que as sociedades liberais só o realizam de forma muito imperfeita. Pelo menos esse segundo tipo de crítica social pode ser plenamente compartilhado pelo liberalismo igualitário.

De outra direção, mas sem apresentar uma crítica tão radical quanto aquela de Marx, a concepção de comunidade política bem-ordenada do liberalismo político também é alvo de objeções por parte da tradição de pensamento republicana, tal como reconstruída por autores como G. A. Pocock, Quentin Skinner e Philip Pettit[4]. Nem sempre é fácil distinguir as duas tradições – tampouco isso será objeto de discussão aqui –, e certamente há versões de liberalismo político e de republicanismo inteiramente compatíveis entre si. Mas parece razoável afirmar que os partidários de concepções republicanas de liberdade política criticam a visão de comunidade política bem-ordenada do liberalismo político em um ponto importante: se em uma tal comunidade o objetivo último é oferecer condições para que cada qual possa agir a partir de suas próprias convicções de valor, nada garante que um lugar especial será reservado, entre essas convicções, ao ideal do *homo politicus* que é tão prezado na tradição republicana. Há razões fortes para valorizar o envolvimento dos cidadãos na tomada de decisões políticas de sua comunidade, mas, como se verá adiante (no capítulo 4), a linguagem moral empregada pelo liberalismo igualitário para exprimir esse valor não é tanto a da virtude republicana, e sim muito mais a da expansão das oportunidades de participação política. Por outro lado, as questões de igualdade distributiva, na tradição republicana de pensamento, sempre foram subordinadas a uma visão de liberdade política. Nas versões clássicas de republicanismo, uma certa distribuição de propriedade é necessária como suporte material à independência e ao ativismo que

---

4. Pocock, 1975; Sandel, 1984; Skinner, 1978, vol. 1; 1999; Pettit, 2000. Há uma boa discussão dessa literatura em Gargarella (1999, cap. 6). Em um trabalho notavelmente bem informado do ponto de vista histórico (refiro-me à história intelectual da tradição republicana), Cicero Araujo argumentou, recentemente, que um ideal republicano de "constituição mista plebéia" (que ele entende ser alternativo a um ideal de Estado democrático) permanece relevante, tanto analítica como normativamente, para a análise da ordem política que é fundada no governo popular. Ver Araujo, 2004, sobretudo os capítulos IV, V e Considerações finais.

se esperam de cidadãos imbuídos de virtude cívica na *pólis*. Posso estar fazendo um julgamento apressado, mas a subordinação de questões de igualdade distributiva a um ideal de cidadania ativa impede os herdeiros da tradição republicana de ver questões distributivas mais sérias, como a pobreza e as desigualdades socioeconômicas, como moralmente importantes *em si mesmas*. Da ótica do liberalismo igualitário, temos de nos engajar em discussões sobre justiça distributiva porque a pobreza e certas formas de desigualdade não somente podem impedir as pessoas de agir como cidadãs ativas, mas também, e antes de tudo, impedem que façam algo valioso de suas próprias vidas – esse "algo valioso" pode ou não incluir a vida do cidadão ativo. Desse ponto de vista, faz todo sentido à teoria política entrar no debate sobre que considerações são normativamente importantes à avaliação e à superação da pobreza, ainda que nenhuma conexão necessária seja estabelecida, não pelo menos de forma imediata, entre esse tipo de discussão e uma visão republicana de comunidade política. Acredito que a pobreza constitui o problema moral mais sério do mundo contemporâneo, e eu manteria esse julgamento ainda que não fosse possível estabelecer nenhuma relação entre a superação da pobreza e a emergência de uma cidadania mais informada e mais ativa no espaço público.

Observe-se que iniciei essa breve delimitação de posições no campo da teoria política normativa falando na visão de comunidade política bem-ordenada do liberalismo político para logo escorregar para pontos de vista específicos do liberalismo igualitário. De fato, a idéia de que uma comunidade política justa propicia aos cidadãos as condições para cada um agir a partir de suas próprias convicções sobre aquilo que tem valor intrínseco está presente em toda a tradição do liberalismo político. Mas como deveríamos entender essas condições e a própria noção de "direitos iguais"? As controvérsias morais e políticas sobre essa questão respondem pela diferenciação de posições no campo do próprio liberalismo político. Podem-se entender "direitos iguais" como um padrão que se restringe a direitos políticos e a direitos e liberdades associados a uma noção tradicional de liberdade negativa. Ou, alternativamente, podem-se entender essas condições como direitos, liberdades, oportunidades e recursos que devem ser garantidos a todos igualmente ou pelo menos, no caso de recursos sociais escassos, a todos eqüitativamente. Para o liberalismo igualitário, não basta, para que cada cidadão disponha das condições que lhe permitem agir a partir de suas próprias concepções sobre o que é valioso na vida, que seja institucionalmente garantida uma esfera de liberdade negativa; ademais, é preciso que os arranjos institucionais básicos da sociedade propiciem a cada cidadão os meios efetivos para fazê-lo, incluindo um quinhão eqüitativo de oportunidades sociais, renda e riqueza. No capítulo 3, discutirei esse compromisso normativo sob a rubrica de uma noção de "liberdade efetiva". Por ora, limito-me a mencionar que é essa concepção expandida de "direitos iguais" que tomo, junto com Marshall e Rawls, como o componente central da idéia de sociedade democrática.

Vamos dar um passo adiante e inquirir pela concepção de justiça distributiva o que deveríamos considerar mais apropriado para uma sociedade democrática. Qual concepção, se colocada em prática, melhor capta a idéia de que os cidadãos de uma sociedade democrática devem ser tratados como pessoas moralmente iguais pelos arranjos institucionais básicos a que estão submetidos? Diferentes dimensões dessa questão são discutidas nos três capítulos iniciais. Para a exposição mais abrangente da perspectiva liberal-igualitária sobre a justiça distributiva, me vali do ensaio "Progresso moral", que foi originalmente publicado em um volume em homenagem a Gabriel Cohn[5]. O espírito da homenagem eu gostaria de preservar inteiramente, mas o ensaio foi bastante ampliado para servir aos propósitos do presente volume. Na linha do que foi dito acima

---

5. Waizbort, 1998.

sobre como entender os termos "liberalismo igualitário" e "justiça rawlsiana", não se trata de uma exposição convencional da teoria de Rawls. Como é possível constatar, muito peso recai sobre a proposição normativa de que, em uma sociedade de iguais, as pessoas não deveriam se encontrar em uma situação pior do que necessitariam estar por conta dos efeitos distributivos de fatores e circunstâncias que estão fora do alcance de suas próprias escolhas e decisões. Em uma das pontas, esse critério é conectado com as noções normativas mais abrangentes de sociedade democrática e de igualdade humana fundamental; na outra, examinam-se as implicações disso para a discussão da forma de justiça socioeconômica com a qual deveríamos nos preocupar, tendo em vista a idéia reguladora de sociedade democrática. A justiça socioeconômica deveria ocupar-se das desigualdades geradas por aquilo que Dworkin denominou "sorte bruta"[6]. É verdade que Rawls se valeu do dispositivo da "posição original" para "modelar" essa proposição normativa e expor suas implicações para a deliberação moral sobre princípios de justiça social. Mas, se o recurso a algum tipo de dispositivo de deliberação hipotética – a posição original ou uma variante dela – é imprescindível à justificação moral de princípios de justiça, a proposição examinada aqui não é gerada, ela própria, por tal dispositivo deliberativo. Podemos alcançá-la por meio de uma crítica interna à ideologia da igualdade de oportunidades prevalente nas sociedades liberais – de fato, acredito que foi isso que o próprio Rawls fez. Entendendo-a assim, a proposição normativa que julgo ser central para a discussão sobre justiça socioeconômica ganha um considerável peso contextual, ao mesmo tempo que a referência ao ideal de sociedade democrática justifica, acredito, que não a restrinjamos, em sua relevância moral, somente a um punhado de sociedades do Norte. Observe-se que foi em torno da interpretação de tal proposição que a discussão sobre justiça distribu-

---

6. Dworkin, 2000, cap. 2, sobretudo pp. 73-7.

tiva pós-*Uma teoria da justiça*, no campo da teoria política normativa, se estruturou, reunindo participantes do calibre de Ronald Dworkin, Brian Barry, Thomas Nagel, Amartya Sen, G. A. Cohen, Philippe van Parijs, Jon Elster e John Roemer[7]. Não tem nenhuma importância, para este debate, avaliar se o argumento que Rawls concebeu para justificar o princípio de diferença, na posição original, é ou não correto, se envolve uma noção fraca de deliberação ou uma "concepção desencarnada do eu"[8].

O segundo capítulo, intitulado "A crítica de Cohen ao foco na estrutura básica", foi escrito especialmente para compor este volume. De acordo com o critério discutido no primeiro capítulo, podemos falar em "progresso moral" quando os cidadãos e seus representantes reconhecem, nos arranjos institucionais básicos e nas políticas públicas de sua sociedade, o dever de abolir ou pelo menos mitigar as formas de desigualdade e de destituição geradas por fatores que devem ser colocados sob a rubrica da "sorte bruta". Mas o cumprimento desse dever, para o liberalismo igualitário, restringe-se ao nível institucional. Dessa perspectiva, a justiça é uma virtude eminentemente institucional. Espera-se que os indivíduos, na condição de cidadãos, sejam capazes de desenvolver o senso de justiça necessário para dar apoio a arranjos institucionais justos – ou para reformar os arranjos existentes com o objetivo de torná-los mais justos quando isso se faz necessário. Mas não se requer deles que estendam essa exigência de imparcialidade moral para outros âmbitos da vida social e individual. Essa discussão sobre o âmbito apropriado de aplicação de princípios de justiça é desenvolvida, no capítulo 2, tendo por referência a crítica que G. A. Cohen fez à restrição do alcance do "prin-

---

7. Roemer (1996) traz uma discussão (por vezes, excessivamente formalizada) de boa parte dessa literatura.
8. Esta última expressão é uma referência à crítica de Sandel (1985). Direi algo mais sobre isso no capítulo 2. E, no capítulo 4, discutirei a modalidade de deliberação envolvida na posição original e em dispositivos similares de deliberação moral.

cípio de diferença" da teoria de Rawls – somente àquilo que Rawls denominou "estrutura básica da sociedade". Há diversas razões para o liberalismo igualitário adotar essa concepção de imparcialidade moral "de segunda ordem"[9]. Uma delas tem a ver com a suposição de que princípios de justiça social não são adequados para regular a conduta em âmbitos da vida social e pessoal nos quais razões morais de outro tipo devem ter expressão. Ainda que esse tópico não seja examinado diretamente no texto, é assim que podemos conceber, por exemplo, a compatibilidade entre a perspectiva normativa do liberalismo igualitário e aquilo que algumas feministas denominaram "ética do cuidado". De modo mais geral, a concepção de imparcialidade moral de segunda ordem dá lugar a razões *morais* para agir que, em outro texto, coloquei na categoria das "razões relativas ao agente": os deveres, de caráter comunitário, que temos para com aqueles que fazem parte de um grupo ao qual pertençamos e queiramos continuar pertencendo; as razões de autonomia pessoal; e as obrigações de natureza deontológica[10].

Outra razão para restringir as exigências da imparcialidade moral ao âmbito institucional é reservar um lugar importante para a responsabilidade individual. A despeito da ênfase que coloca em uma concepção forte, e até mesmo radical, de igualdade distributiva, o liberalismo igualitário não deixa de ser uma variante de liberalismo. Se a distribuição institucional de direitos, recursos e oportunidades incorporar uma medida apropriada de imparcialidade moral, o resto poderá ser deixado por conta de escolhas e decisões pessoais – incluindo os ônus que essas escolhas e decisões podem impor no que se refere à distribuição desigual de determinados recursos sociais escassos. Essa idéia de uma "divisão social de responsabilidades" é examinada no

---

9. Barry, 1995a, cap. 10.
10. Ver Vita, 2007, cap. 1. No capítulo 1 deste volume, critico a moralidade deontológica quando se supõe que deveres deontológicos sejam suficientes para constituir uma moralidade política plausível.

INTRODUÇÃO 13

capítulo 3, no contexto de uma discussão sobre qual é o *equalisandum* a ser adotado se aquilo que nos preocupa é a forma de igualdade de *status* a que antes fiz referência. Se o que queremos é formular uma concepção de justiça distributiva para uma sociedade de iguais, em que aspectos ou com relação a que os cidadãos de tal sociedade deveriam ser igualados? Essa questão pode ser levantada ainda que se esteja basicamente de acordo com a argumentação desenvolvida no capítulo 1, sobre que formas de desigualdade deveriam ser abolidas ou mitigadas tanto quanto possível em uma sociedade democrática, e com a argumentação do capítulo 2, sobre as razões pelas quais a aplicação de princípios de justiça deve se restringir a arranjos institucionais básicos. Discuto-a, no capítulo 3 ("Justiça distributiva: a crítica de Sen a Rawls"), tendo por foco a crítica que Amartya Sen desenvolveu, em vários de seus trabalhos dos anos 1980 e 1990, à métrica dos "bens primários" proposta pela teoria de Rawls[11].

O capítulo 4, intitulado "Sociedade democrática e democracia política", introduz outro tipo de discussão. Esse capítulo, resultado da fusão de dois ensaios publicados anteriormente[12] sobre a mesma temática, tem por objetivo articular a concepção de justiça examinada nos três primeiros capítulos às concepções que temos sobre democracia – nisso se incluindo diferentes teorias contemporâneas da democracia. Isso envolve articular pontos de vista em duas frentes distintas. Uma delas diz respeito a como deveríamos conceber a relação entre as formas de deliberação moral, que são próprias à justificação de princípios de justiça e ao emprego daquilo que Rawls denominou "razão pública", e a deliberação política efetiva, que, sob um governo democrático, recai inteiramente sobre os ombros dos próprios cidadãos e seus representantes. O máximo que é pos-

---

11. Este capítulo foi publicado, originalmente, na revista *Dados*. Ver Vita, 1999b.
12. Vita, 2000b e 2003.

sível fazer, no terreno da argumentação normativa, é formular uma concepção de justiça que, como afirma Joshua Cohen em texto recente, objetiva orientar os julgamentos que os cidadãos e seus representantes fazem ao exercer essa responsabilidade deliberativa em decisões políticas mais fundamentais[13]. A segunda frente de discussão diz respeito às condições sob as quais podemos esperar que o exercício do poder político por meio do governo democrático contribua para a emergência de uma sociedade de iguais. Podemos conectá-la à primeira frente inquirindo sobre as condições nas quais é mais provável que os cidadãos e seus representantes exerçam a responsabilidade deliberativa que o governo democrático coloca em suas mãos tendo em vista, pelo menos no que se refere a um rol delimitado de decisões políticas fundamentais, o ideal de uma sociedade de iguais.

A discussão sobre esse tópico, neste volume, tem uma natureza assumidamente tentativa. Há o risco de ficarmos presos a um raciocínio circular, segundo o qual somente em uma sociedade justa poderíamos esperar que os resultados políticos do processo democrático se conformassem inteiramente a uma concepção razoável de justiça. Como escapar dessa argumentação circular – ou, pelo menos, como fazer dela um círculo virtuoso – é uma das questões em aberto. Mas note-se, desde já, que a distinção que faço entre governo democrático e sociedade democrática tem pelo menos o mérito de introduzir clareza sobre o que, de fato, está em discussão. É um equívoco, por exemplo, considerar que não dispomos de um governo democrático genuíno porque ainda estamos distantes de uma sociedade de iguais. Essa confusão é às vezes feita, no Brasil, quando se mencionam as violações de direitos civis dos mais pobres e a persistência de uma sociedade profundamente desigual e hierárquica como evidências de que não há uma democracia consolidada no país. De um lado, há os cientistas políticos

---

13. Cohen, 2003, p. 102.

institucionalistas, para os quais não só temos um governo democrático "consolidado" no Brasil como também se trata de um espécime que não difere tanto assim de outros da mesma espécie nos países industrializados[14]; de outro, há os que reclamam do foco excessivamente "politicista" desse tipo de análise e apontam para as evidências que demonstram a existência de um "autoritarismo socialmente implantado"[15]. Eu me arriscaria a dizer que os dois pontos de vista são corretos, mas tratam de objetos diferentes. O grande desafio teórico e político é como conectar essas duas dimensões – nos termos propostos aqui, como é possível conectar nossas idéias de democracia política com as idéias de uma ordem social e política fundada na igualdade de *status* dos cidadãos. A democracia política ao menos permite que os cidadãos demandem ser tratados como iguais pelas instituições básicas de sua sociedade. Mas constitui uma questão distinta saber se tais demandas vão, de fato, ganhar expressão política e polarizar a competição política democrática e sob que condições espera-se que isso ocorra.

Há, por fim, aqueles que não se limitam a apontar os déficits de igualdade de *status* que, em graus diferenciados, ainda se verificam em todas as democracias liberais existentes, mas colocam em questão o próprio ideal de sociedade democrática tal como interpretado aqui. Estou me referindo aos defensores da "política da diferença", ou do "multiculturalismo" entendido como uma posição normativa específica, para os quais mesmo em uma sociedade cujas instituições básicas tratassem seus cidadãos como iguais ainda restariam formas significativas de injustiça que não são passíveis de ser captadas pela linguagem dos direitos iguais. Para os proponentes da "política da diferença", há minorias culturais em quase todas as sociedades liberais que não demandam somente direitos iguais de cidadania para seus membros, mas também o reconhecimento de di-

---

14. Ver, por exemplo, Limongi, 2006.
15. Ver, por exemplo, Pinheiro, 1991.

reitos específicos de grupos ou de "direitos culturais". No capítulo 5, examino essa posição normativa em confronto com o liberalismo igualitário valendo-me, para isso, de um texto[16] originalmente pensado para ser a resenha do livro de Brian Barry, *Culture and Equality*[17]. Essa versão do texto foi alterada, neste volume, entre outras coisas para incluir uma reflexão sobre a proposta de adoção de uma política de cotas raciais nas universidades e no mercado de trabalho que se encontra em discussão no Brasil[18].

Os dois últimos capítulos tratam de questões de justiça internacional. Ao passar do âmbito doméstico para o internacional, não podemos simplesmente globalizar o ideal normativo – o de sociedade democrática –, que ocupa uma posição central na discussão do liberalismo igualitário ao longo dos cinco primeiros capítulos. Esse é um ideal demasiado exigente e controverso para servir de base a uma moralidade política internacional. É possível que isso venha a se alterar algum dia, mas, até onde a vista pode alcançar, é difícil supor que esse papel possa ser desempenhado por alguma outra noção que não a de direitos humanos básicos. E o que a linguagem dos direitos humanos faz é estabelecer, para as instituições domésticas de todos os países do mundo *e* para as instituições internacionais, um padrão de vida humana minimamente decente. De acordo com o Artigo 28 da Declaração Universal dos Direitos Humanos, "Toda pessoa tem direito a uma ordem social e internacional em que os direitos e liberdades estabelecidos na presente Declaração possam ser plenamente realizados". Esse artigo estabelece claramente a justiça, nesse caso interpretada pelo padrão dos direitos humanos, como um objetivo que se coloca também para a ordem internacional.

---

16. Vita, 2002.
17. Barry, 2001.
18. Refiro-me ao Estatuto da Igualdade Racial, um projeto de lei apresentado pelo senador Paulo Paim que, em agosto de 2007, aguardava votação na Câmara dos Deputados, depois de já ter sido aprovado pelo Senado.

INTRODUÇÃO

Enfrento a temática da justiça internacional em duas frentes distintas – que de modo algum são as únicas que se apresentam nesse tipo de discussão. No capítulo 6, examino duas linhas teóricas de crítica à suposição de que certos princípios morais podem ter sua validade defendida para além das tradições culturais e políticas nas quais surgiram[19]. A preocupação central é com uma classe específica de valores morais, a saber, os direitos humanos. Quão fortes são as objeções céticas e relativistas a posições normativas universalistas e, mais particularmente, à crença de que o padrão mínimo de moralidade política estabelecido pelos direitos humanos básicos tem um alcance universal? Limitei a discussão dessas objeções a trabalhos de Michael Walzer e Richard Rorty que têm relevância para o tema, na esperança de que isso, mesmo não dando conta de todos os argumentos e posições que se apresentam nessa área de debate teórico, possa ser pelo menos suficiente para detectar dois padrões distintos de argumentação aos quais possivelmente outros autores, que também defendem posições similares, possam ser filiados.

O capítulo final, intitulado "Desigualdade e pobreza sob uma perspectiva global", condensa os esforços que venho realizando para estender a perspectiva liberal-igualitária sobre justiça distributiva, que é discutida nos três capítulos iniciais, para tratar de questões de pobreza e desigualdade no plano internacional[20]. Podemos entender esse esforço como uma contribuição que a perspectiva normativa do liberalismo igualitário pode oferecer à interpretação das obrigações internacionais de justiça, reconhecidas pelo Artigo 28 da Declaração Universal mencionado acima, no que se refere aos direitos econômicos e sociais e, em particular, àquilo que é estabelecido pelo Artigo 25:

---

19. Com alterações, o texto corresponde ao publicado anteriormente na revista *Novos Estudos*. Ver Vita, 1999c.

20. O capítulo 7 deste volume é uma versão corrigida e ampliada de Vita, 2005.

"Toda pessoa tem direito a um padrão de vida capaz de assegurar a si e a sua família saúde e bem-estar, inclusive alimentação, vestuário, habitação, cuidados médicos e os serviços sociais indispensáveis, e direito à segurança em caso de desemprego, doença, invalidez, viuvez, velhice ou outros casos de perda dos meios de subsistência em circunstâncias fora de seu controle."

Quem tem o dever de garantir o respeito aos direitos humanos econômicos e sociais de cerca de 2,8 bilhões de pessoas que vivem abaixo da linha de pobreza de 2 dólares por dia do Banco Mundial? No caso das violações de direitos humanos civis, é possível identificar quem são os perpetradores dessas violações; e é possível estabelecer um nexo causal claro entre os danos sofridos pelas vítimas e determinadas ações praticadas pelos agentes que devem ser responsabilizados por esses danos. Mais ainda, tendemos a sentir mais ultraje moral no caso das ações praticadas internacionalmente que infligem danos a outros. Que os nexos de intencionalidade e causalidade sejam sempre passíveis de ser explicitados assim talvez explique a razão pela qual hoje existe uma estrutura internacional de vigilância e combate a violações de direitos humanos civis muito mais desenvolvida do que aquela que se verifica no caso das violações de direitos econômicos e sociais. Mas sobre quem deveria recair a responsabilidade pelas mortes que ocorrem no mundo por causas relacionadas à pobreza e que correspondem aproximadamente, *a cada semana*, às perdas de vida ocasionadas pelo Tsunami de 26 de dezembro de 2004 no sul da Ásia? Estamos diante de uma catástrofe humana de proporções superlativas e, no entanto, não sabemos como lidar com ela – nem mesmo no terreno da teoria política normativa.

Se enfrentássemos essa mesma questão em âmbito doméstico, a resposta, da ótica da justiça rawlsiana, seria clara. Menciono-a aqui de forma resumida. Teríamos de recorrer à noção de responsabilidade coletiva discutida no capítulo 1, segundo a qual somos coletivamente responsáveis pelos danos sofridos por aqueles que se encontram na pior posição em dada estrutura básica – ainda que ninguém, em particular, tenha a intenção de causá-los –, se há um arranjo institucional alternativo possível sob o qual esses danos seriam evitados e se nada fazemos para colocá-lo em prática. Essa responsabilidade recai especialmente sobre os mais privilegiados na estrutura básica vigente e que são também os mais bem posicionados para reformá-la de modo a torná-la mais justa. Supõe-se que por trás dessa imputação de responsabilidade moral há uma conexão de natureza causal entre os arranjos institucionais e as políticas implementados e os danos e o sofrimento infligidos àqueles que se encontram na posição do indivíduo representativo mais mal situado na distribuição das vantagens e dos benefícios da cooperação social. Essa argumentação é essencial para estabelecer a existência, mais do que de um dever positivo de prestar auxílio aos necessitados, de um dever de justiça a ser desempenhado de forma institucional. A questão é: há razões suficientes para que uma argumentação normativa similar seja empregada para lidar com as disparidades socioeconômicas que se verificam em âmbito global? Espero conseguir responder a essa questão de forma satisfatória no capítulo 7. E é essa resposta, como se verá, que mais distancia o que denomino "justiça rawlsiana" de pontos de vista que o próprio Rawls sustentou.

Capítulo 1
Progresso moral

Que sentido é possível dar, se é que é possível dar algum, a uma idéia de "progresso moral"? Tratarei dessa questão da ótica da teoria política normativa e, mais especificamente, da ótica de uma teoria liberal-igualitária da justiça social, o que não significa dizer que haja apenas essa perspectiva. Essa é uma questão que, de uma forma ou de outra, se apresenta a todos que compartilham de sentimentos de justiça e de igualdade. Vou analisá-la, neste capítulo, esforçando-me por definir um critério segundo o qual o progresso moral possa ser estimado, o que envolverá, como veremos, uma discussão mais ampla sobre qual concepção de justiça distributiva tomaríamos como apropriada a uma sociedade democrática. Esse é o propósito central deste capítulo, ainda que a temática se reapresente em outros pontos do livro, como, por exemplo, na discussão sobre se as fronteiras nacionais se constituem em barreiras intransponíveis para nossa capacidade de identificação empática com a sorte de outros menos afortunados e, conseqüentemente, para a realização de uma concepção de justiça em âmbito internacional[1].

---

1. Ver, neste volume, a seção "Segunda objeção: inexistência de significados compartilhados", cap. 7, p. 300.

Crítica à moralidade deontológica

Começarei a discussão pelos padrões de conduta e pelas práticas que, acredito, não são capazes de fornecer um critério plausível de progresso moral. Em primeiro lugar, é preciso enfatizar que aquilo que uma pessoa faz entre as quatro paredes de sua casa, desde que fazê-lo não cause danos a outros, não pertence ao território da moralidade que aqui está em questão. Há uma vasta porção da conduta individual que deve ser vista como uma zona moralmente livre, com respeito à qual a linguagem da moralidade política não se aplica. O único critério moral que se aplica a essa porção da conduta individual é o enunciado por John Stuart Mill em "On Liberty": a sociedade só deve intervir, quer por meio da coerção coletiva quer por meio da coerção moral, quando isso for necessário para evitar que danos sejam causados a outros[2]. É o princípio de Mill (o chamado "Harm Principle") que tem lugar, da ótica aqui adotada, em um critério para estimar o progresso moral e não, digamos, uma avaliação de que a conduta heterossexual e monogâmica deveria ser vista como moralmente superior à conduta homossexual e promíscua entre adultos consencientes.

Em segundo lugar, uma ética puramente deontológica também não é capaz de oferecer um critério nítido de progresso moral. O que entendo por "ética deontológica" é um sistema de normas de conduta e de virtudes individuais que se exprime de forma paradigmática em constrições do seguinte tipo: "não roube", "seja honesto", "não descumpra suas promessas" e assim por diante[3]. Uma ética dessa natureza, apesar de encontrar sólido apoio no senso comum, tem problemas insanáveis. Fazer o que é certo, levando-se tudo em conta, nem sempre corresponde ao curso de ação

---

2. Mill, 1961a.
3. No primeiro capítulo de *A justiça igualitária e seus críticos* (Vita, 2007), sustento que a moralidade política proposta por Rawls (2008) não é de natureza deontológica no sentido que entendo aqui.

recomendado por uma adesão incondicional a preceitos deontológicos. Não há dúvida de que a capacidade de avaliar o que é mais certo fazer *nas circunstâncias*, levando-se em conta as conseqüências prováveis de cursos alternativos de ação, também constitui um componente importante de caráter moral desejável. Os cientistas políticos, adotando a distinção proposta por Max Weber entre uma "ética da convicção" e uma "ética da responsabilidade", gostam de pensar que a avaliação conseqüencialista é específica ao julgamento político, mas ela também se aplica a outros âmbitos de nossa vida. Dispor-se a cumprir deveres deontológicos de forma incondicional, independentemente das circunstâncias e do que os outros façam, implica sujeitar-se a ser explorado por outros (ou sujeitar terceiros a sofrer sérios danos)[4].

Os becos sem saída de uma moralidade deontológica estrita ficam ainda mais evidentes quando a consideramos de um ponto de vista político. É sem dúvida melhor viver em um mundo no qual os deveres morais reconhecidos por uma moralidade desse tipo – de não atentar arbitrariamente contra a vida ou a integridade física de outras pessoas, de não descumprir os próprios contratos e promessas, de não mentir – são em geral respeitados. O problema é que as recomendações normativas de uma ética deontológica nos deixam no escuro sobre como chegar mais perto de um mundo como esse – sobre como, afinal, o progresso moral,

---

4. Suponhamos que a única forma de impedir que "A" inflija um sério dano à vida ou à integridade física de "B" requeira que "C" viole um direito menos importante de "D" (um aspecto de seus direitos de propriedade ou seu direito à privacidade). Essa é uma estrutura de situação na qual "C" terá de pesar a disposição de cumprir estritamente deveres deontológicos (como respeitar os direitos de propriedade e de privacidade de outros) contra as conseqüências que se seguirão se ele fizer isso (a saber, os danos que "B" sofrerá à sua integridade física). Esse exemplo mostra que, mesmo na conduta individual, o curso de ação mais justificável moralmente pode muito bem ser o recomendado por uma avaliação conseqüencial, e não por uma adesão incondicional a deveres deontológicos.

em termos estritamente deontológicos, é possível. Isso se deve ao tipo de individualismo estreito que é característico dessa perspectiva normativa. Se perguntássemos ao deontologista que espécie de eventos ou de situações se qualificam como injustiças, ele apontaria para a conduta de agentes individuais – quer se trate de cidadãos privados, de organizações ou de autoridades públicas – sobre a qual se possa afirmar que viola algum dever moral[5]. Da ótica dessa modalidade de avaliação moral, para que um agente "A" tenha o direito de se considerar vítima de uma injustiça, é indispensável que seja possível estabelecer um nexo causal entre o dano sofrido por esse agente "A" (a violação de um de seus direitos) e a conduta de algum outro agente "B".

A relevância política de uma ética deontológica é limitada. Ela serve de fundamento a uma intervenção estatal circunscrita a converter em normas de cumprimento obrigatório os deveres morais passíveis de positivação legal. E se presta a criticar a conduta de agentes públicos ou quase-públicos (como os movimentos guerrilheiros ou nacionalistas que disputam seriamente o monopólio do exercício legítimo da violência em dado território) quando são eles próprios os causadores de violações a esses deveres. Nisso se incluem práticas como as condenações por "crimes de consciência" e a tortura ou a execução de opositores políticos ou de pessoas suspeitas de terem praticado crimes comuns. Talvez devêssemos também incluir nessa categoria as práticas de subornar ou de se deixar subornar, sobretudo no exercício de funções públicas, ou de se valer de cargos públicos para obter vantagens privadas. Não há dúvida de que a disseminação de uma atitude de indignação e de repulsa morais por condutas dessa natureza e, quando possível, ações institucionais que objetivem impedir que ocorram constituem uma parte importante do que devemos contar como "progresso moral". Mas isso não é o suficiente.

---

5. Nozick (1974) e Hayek (1976, vol. 2) são dois dos expoentes contemporâneos mais sofisticados da posição normativa que critico aqui.

O que dizer das injustiças – pelo menos, aquilo que um grande número de pessoas não teria nenhuma dúvida em qualificar como "injustiças" – que não são causalmente imputáveis a condutas de agentes individuais identificáveis? Nessa categoria entram os danos que muitas pessoas sofrem a seus interesses mais fundamentais e que não são causados pela ação intencional de ninguém em particular, mas são inequivocamente produzidos pelos arranjos institucionais vigentes. Há teóricos deontológicos que chegam a ponto de negar que se possam considerar danos dessa natureza como injustiças[6]. Quem é responsável, neste país, pela existência de pobreza absoluta e fome endêmica, de crianças que são obrigadas a trabalhar em vez de freqüentar a escola e de trabalhadores rurais desesperados em virtude de lhes ser vedado o acesso a seu meio de vida? Para lidar com esses casos, os critérios de responsabilização e de intencionalidade adotados pelo deontologista para caracterizar uma dada conduta como uma violação de direitos podem ser mantidos, com a condição de que os interpretemos de uma forma coletiva. Se há um arranjo institucional alternativo sob o qual esses danos poderiam ser evitados ou pelo menos muito mitigados, então se pode dizer que somos positiva e coletivamente responsáveis por causá-los se nada fazemos ou se não fazemos o suficiente para passar do *status quo* para esse arranjo alternativo[7]. Essa responsabilização coletiva é crucial para que – para mencionar alguns dos casos de injustiças que nos são mais familiares – as vítimas da pobreza absoluta, da exploração do trabalho infantil e da distribuição iníqua da terra possam pleitear, mais do que ações de benemerência, o reconhecimento institucional de seus direitos. Sem isso, a linguagem moral deontológica, sobretudo quando combinada, como muitas vezes acontece (isso se aplica a Nozick e a Hayek), com a

---

6. Ver Hayek, 1976, pp. 35-44.
7. Nagel (1991, pp. 83-4) formula uma noção de "responsabilidade negativa" similar à proposta aqui.

defesa da distribuição de recursos gerada exclusivamente por mecanismos de mercado, parecerá oca ou, pior ainda, um discurso que se presta à manipulação ideológica. Para exemplificar, que sentido há em esperar de um trabalhador rural famélico do Nordeste brasileiro a observância a deveres morais de cumprimento de contratos e de respeito a direitos de propriedade quando os arranjos institucionais vigentes não lhe asseguram sequer seu direito elementar à sobrevivência fisiológica? Não é a conduta do saque que, nessas circunstâncias, deve ser alvo da nossa indignação moral, e sim, sobretudo, uma distribuição institucional de titularidades, recursos e oportunidades que faz com que uma forma atroz (e evitável) de sofrimento ainda afete um número tão grande de pessoas.

Julgo que há dois tipos de deveres morais que, se fossem mais reconhecidos do que hoje o são em sociedades injustas como a nossa, nos permitiriam falar em "progresso moral". Um deles diz respeito aos deveres que o deontologista está ansioso por ver cumpridos e que, como vimos, se aplicam exclusivamente à conduta de agentes individuais. O ideal político que corresponde a essa perspectiva ética se exprime em uma concepção de liberdade negativa[8]. Cada pessoa deve ter um âmbito de escolha e decisão protegido de interferências arbitrárias por parte de outros e, em especial, por parte dos que exercem o poder político. Isso é essencial para que cada um possa levar adiante os objetivos e os fins que julga mais valiosos, desde que fazê-lo não cause danos a outros. Apesar de violações desses deveres de não-interferência arbitrária ocorrerem com freqüência, e de a gravidade moral disso ser maior quando são praticadas por agentes públicos, diretamente ou com sua conivência[9], essas violações são mais facilmente reconhecidas como "injustiças". À parte alguns radialistas brasileiros,

---

8. Berlin (2002 [1958]) é a referência clássica para a noção de liberdade negativa.

9. Violações de direitos praticadas por agentes públicos (ou quase-públicos), ou com sua conivência, se configuram como violações de direitos humanos.

aos quais se dá o direito de se valer de uma concessão pública (de emissoras de rádio) para incitar à violência e vociferar contra os direitos humanos, poucos deixariam de reconhecer como injustiças ações como os massacres de presos na Casa de Detenção de São Paulo (em 2 de outubro de 1992), de crianças de rua na Igreja da Candelária (no Rio de Janeiro, em 23 de julho de 1993) e de trabalhadores rurais sem-terra em Eldorado dos Carajás (em 17 de abril de 1996). Poderia ainda ser incluído, entre outros eventos, o número extremamente elevado de civis mortos pelas polícias militares, sempre com a alegação de que os óbitos ocorreram em situações de "confronto com a polícia"[10].

O reconhecimento da outra modalidade de deveres morais é mais difícil, no que se refere às exigências cognitivas e motivacionais que apresenta, e também é de interpretação mais controversa. A noção de responsabilidade coletiva supõe que sejamos capazes de reconhecer a existência de um dever moral de não contribuir para perpetuar arranjos políticos e socioeconômicos nos quais muitos, entre os que estão obrigados a viver sob esses arranjos, sejam sistematicamente perdedores na distribuição produzida de encargos e benefícios da cooperação social; e que sejamos capazes de nos dispor a fazer o que nos for exigido numa estrutura institucional alternativa que implemente uma concepção defensável de justiça social e política. Nesse caso, as constrições deontológicas à conduta individual constituem somente um dos componentes de uma estrutura normativa que tem por objeto primeiro a estrutura básica da sociedade. O ideal político correspondente é uma concepção específica de liberdade positiva, ou de liberdade *efetiva*, que será discutido no capítulo 3[11].

---

10. De acordo com dados da Secretaria de Estado de Segurança Pública do Rio de Janeiro, a polícia do Rio de Janeiro matou 1.195 civis em 2003. Só para ter uma idéia do que isso significa, o número de civis mortos pela polícia em todo o território norte-americano, em 2000, foi de 561.

11. Ver a seção "Igualdade do quê?", cap. 3, p. 96, em que a noção de liberdade efetiva em questão é examinada.

Vejamos as razões pelas quais deveres morais dessa segunda categoria impõem ônus motivacionais e cognitivos mais pesados. Muitas vezes se considera a ética deontológica excessivamente exigente, e é comum entendê-la como uma manifestação de rigorismo moral kantiano. Só muito parcialmente isso pode ser considerado verdadeiro. Uma ética desse tipo exige apenas que os agentes não desobedeçam a determinadas restrições morais ao decidir que curso de ação irão adotar. É claro que há custos de oportunidade envolvidos em abster-se das condutas interditadas – são muitas as circunstâncias nas quais um ato de iniqüidade é mais vantajoso, para o agente, do que o cumprimento do dever moral –, mas ninguém está obrigado, dessa perspectiva, a levar em conta os interesses (nem os mais fundamentais) de outros. A exortação "Aja de forma moral!" (ou "Seja honesto!") requer que o agente avalie se *sua própria* conduta é consistente com as restrições morais pertinentes. Se julgar que sim, esse agente, do ponto de vista examinado aqui, tem um direito moral a ignorar os danos sofridos por outros, sob os arranjos vigentes, que não tenham sido direta e intencionalmente produzidos por sua própria ação. E pode mesmo ignorar os interesses mais fundamentais de outros – como o trabalhador rural famélico que mencionei acima – que não estão sequer em condições de cumprir integralmente com seus próprios deveres deontológicos.

Já os deveres associados à noção de responsabilidade coletiva a que fiz menção só poderão ser reconhecidos se um grande número dos cidadãos e seus representantes estiverem convencidos de que as instituições básicas da sociedade devem devotar uma consideração igual e imparcial pelo bem-estar de todos que sob elas têm de viver. Os ônus cognitivos desse reconhecimento são maiores (do que no caso anterior), pois é preciso ser capaz de perceber como injustiças não só crimes e injúrias por agentes identificáveis, mas também "crimes" produzidos por mecanismos impessoais e por disposições institucionais que, se não foram criados por ninguém, em particular, nem por isso deixam de ser convenções humanas. Os ônus motivacionais também são maiores: dispor-se a criar e a preservar instituições que distribuam encargos e benefícios da vida social de forma eqüitativa é algo muito diferente de preocupar-se exclusivamente com a correção moral-deontológica dos próprios atos.

A natureza desses ônus será mais bem explicitada adiante. Antes de passar a esse ponto, notemos o quanto essa breve demarcação de posições normativas feita até agora já introduz de ambigüidade na exigência, que surge com freqüência no debate público brasileiro, de "mais ética na política"[12]. Imaginemos um político de conduta ilibada, obcecado em não descumprir nenhuma das restrições deontológicas relevantes, mas que rechace inteiramente a noção de responsabilidade coletiva tal como entendida acima. Pensemos, por exemplo, em um Newt Gingrich de conduta deontologicamente irrepreensível que acredite que os serviços e as transferências para os mais desprivilegiados devem ser drasticamente cortados, a fim de incentivar o esforço e a iniciativa individuais. Se políticos como esse conseguissem determinar o rumo das políticas públicas e das reformas institucionais, prevalecendo sobre aqueles que estão habituados à intermediação clientelista (e, em alguns casos, até mesmo a práticas ilegais de financiamento de campanhas eleitorais), não seria por isso que avançaríamos sequer um pequeno passo na direção de "mais ética na política" – quando interpretamos essa aspiração de acordo com a segunda categoria de deveres morais discutida acima. Não estou sustentando que uma ética deontológica não tenha nenhuma aplicação à política, mas que uma éti-

---

12. Enquanto eu trabalhava neste texto, em agosto de 2005, encontrava-se em plena ebulição a crise política gerada pela revelação de que a cúpula do Partido dos Trabalhadores recorreu, entre 2002 e 2004, a um vasto esquema de "caixa dois" para o financiamento de suas campanhas eleitorais e também, de acordo com as denúncias feitas na época, para o suborno de deputados federais de outros partidos que compunham a base aliada do governo de Luiz Inácio Lula da Silva, um esquema que ficou conhecido como "mensalão".

ca centrada unicamente na conduta individual dos agentes não é capaz de fornecer um critério para avaliar um progresso moral sobre o qual valha a pena falar[13].

A noção de igualdade humana fundamental

Tal critério só pode nos ser fornecido por uma concepção de justiça que tenha por objeto os arranjos socioeconômicos e políticos fundamentais que correspondem àquilo que Rawls denomina "estrutura básica da sociedade". Isso abrange as normas de distribuição de direitos legais, as normas que determinam as formas de acesso às posições de poder e autoridade, as normas e instituições, incluindo o sistema educacional, que determinam o acesso a profissões e a posições ocupacionais; e o complexo de instituições, incluindo-se aí as normas que regulam a propriedade, o direito de herança e o sistema tributário e de transferências, que determinam a distribuição da renda e da riqueza na sociedade. Não me estenderei no momento sobre que concepção de justiça julgo ser mais defensável, nem sobre qual é a melhor maneira de concretizá-la em termos

---

13. Muitos têm afirmado, diante da crise política brasileira mencionada na nota anterior, que uma reforma política poderia trazer "mais ética na política". Pode haver razões fortes para introduzir institutos como o da fidelidade partidária e algum esquema de financiamento público das campanhas eleitorais, além de medidas para baratear o custo das campanhas (estas são algumas das reformas mais freqüentemente mencionadas), mas é discutível que disso resulte uma política mais ética no sentido deontológico. Mesmo sob os melhores arranjos políticos institucionais que seja possível conceber, sempre haverá a possibilidade de optar por práticas ilegais, desonestas ou corruptas. O que poderia surtir pelo menos algum efeito de dissuasão é a identificação e a punição exemplares de políticos envolvidos em práticas dessa natureza. Vai nessa direção a histórica decisão do Supremo Tribunal Federal, em julgamento realizado em agosto de 2007, de processar criminalmente quarenta pessoas, entre ex-ministros, dirigentes partidários, políticos e empresários envolvidos no "mensalão". De toda forma, da ótica da discussão que aqui se desenvolve, não é nada claro de que maneira seria possível dar um sentido mais preciso à aspiração de "mais ética na política", quando tal aspiração é interpretada de uma perspectiva exclusivamente deontológica.

institucionais[14]. Neste capítulo, discutirei duas idéias normativas fundamentais que, acredito, devem orientar nossos esforços para lidar com essas questões. Essas duas idéias, como se verá logo a seguir, estão fortemente conectadas entre si.
A primeira delas é a idéia de igualdade humana fundamental. A vasta maioria (de ambos os sexos) da humanidade tem pelo menos uma potencialidade para a reflexão moral, para agir a partir de restrições morais, para desenvolver as capacidades necessárias para participar como membro ativo de sua cultura e de sua comunidade e para perseguir os objetivos e os fins que são próprios ao ponto de vista individual de cada pessoa. É essa idéia que dá sentido às noções, já citadas, de responsabilidade coletiva e de consideração igual e imparcial pelos interesses de todos que têm de viver sob uma mesma estrutura institucional. Na próxima seção, conectarei essa noção a uma teoria específica (liberal-igualitária) da justiça distributiva. Antes disso, no entanto, examino brevemente uma objeção que pode ser feita à formulação universalista proposta aqui para a noção de igualdade humana fundamental. Disse, no início deste parágrafo, que essa noção se aplica à "vasta maioria (de ambos os sexos) da humanidade" e não somente, digamos, aos cidadãos de uma democracia liberal de tipo ocidental. Não são poucos os que acreditam que o universalismo moral dessa formulação nem sempre é compatível com valores morais afirmados pelos membros de comunidades morais de caráter não-liberal. Essa objeção é especialmente relevante para a posição normativa defendida ao longo deste livro e que rejeita a suposição de que há uma acentuada descontinuidade entre a teoria da justiça aplicada em âmbito doméstico (a comunidade política liberal-democrática) e a aplicada em âmbito global. Por ora, faço duas observações sobre essa objeção relativista[15].

---

14. Ver caps. 5-7 de Vita, 2007.
15. No capítulo 6, examino mais detalhadamente duas das mais importantes variantes dessa posição antiuniversalista na teoria política normativa contemporânea.

Há quem seja cético sobre a noção de valor intrínseco igual dos seres humanos porque isso pressuporia uma concepção controversa, própria dos herdeiros do Esclarecimento, de natureza humana. A formulação proposta no parágrafo anterior, no entanto, não necessita se apoiar em nenhuma concepção desse tipo. Se há alguma suposição dessa ordem, aliás, ela opera em sentido contrário àquele que a objeção cética alega ocorrer. O que se supõe, na interpretação universalista da noção de igualdade humana fundamental, é que as pessoas possam ser persuadidas a agir de forma moral, uma vez que compreendam as razões (morais) para fazê-lo – e mesmo quando agir moralmente *contraria* algumas das disposições menos generosas que a natureza embutiu no *hardware* e no *software* humanos. Observemos, no entanto, que, se há razões para sermos céticos em relação a um argumento que necessita apelar a uma natureza humana comum, para daí extrair implicações definidas para práticas e instituições sociais e políticas, apelar a uma noção de natureza humana que opera de forma *negativa* tem muito mais plausibilidade. Adapto aqui uma idéia de Julia Annas: "Concebemos mal a função da natureza humana na ética, se esperamos que ela produza determinada forma ideal de vida. A natureza humana não nos impõe um leque específico de coisas a fazer e um modo de viver; antes, ela funciona de modo menos específico e mais negativo como uma limitação a formas de vida e regras éticas propostas."[16]

---

16. Annas, 1993, p. 152. O argumento de Annas, dirigido contra autoras feministas que adotam uma concepção relativista de natureza humana, é que podemos esperar expandir o conhecimento que temos de uma natureza humana não-relativa de forma retrospectiva: "é porque podemos ver a injustiça da discriminação de oportunidades educacionais baseadas no sexo (ao menos em sociedades mais tradicionais do que a nossa) que também podemos ver que a natureza humana sustenta oportunidades iguais de educação para homens e mulheres, já que não há base relevante para a negação disso. Essa afirmação não se baseia num prévio compromisso com um modo de vida ideal e específico para homens e mulheres, e, portanto, não é afetada por afirmações que podem ser feitas em outras áreas com respeito ao fato de homens e mulheres terem necessidades distintas". *Ibid.*, p. 153.

Podemos não saber o que é uma vida boa de ser vivida por todos os seres humanos em toda parte, mas temos uma idéia muito mais nítida do que degrada ou torna a vida humana ruim em toda parte: a pobreza extrema, o trabalho escravo, o trabalho infantil, a mutilação genital feminina, a proibição – imposta a muitas mulheres no mundo – de freqüentar a escola, trabalhar e ter acesso a cuidados médicos, a prisão, tortura e execução de dissidentes e opositores políticos, as práticas de "limpeza étnica" e de estupro em massa de mulheres em conflitos étnicos (uma lista completa seria bem mais longa)[17]. Não representa conforto tampouco apoio para as vítimas dessas atrocidades afirmar, na esteira de Richard Rorty, que nossa linguagem moral – "nossa", isto é, dos herdeiros da tradição moral e política do Esclarecimento – nos impede de ir além da afirmação de que "nós não fazemos essas coisas por aqui"[18]. Da ação de ONGs para libertar crianças do trabalho escravo na Índia e em outros países asiáticos até os esforços que estão sendo feitos de criação de um tribunal internacional de responsabilização individual e penal por crimes contra a humanidade, essas iniciativas encontram um sólido fundamento normativo, e de alcance universal, em uma concepção negativa de natureza humana.

A segunda observação é a seguinte: há trilhas promissoras a serem exploradas no que se refere a como conceber,

---

17. É claro que uma moralidade deontológica também exclui várias dessas práticas, mas o momento é oportuno para uma vez mais ressaltar as limitações dessa perspectiva normativa. Uma vez que o deontologista só se preocupa com a correção da conduta de agentes individuais, tudo o que se requer é que você não explore o trabalho de crianças, mas você (e os demais) não tem um dever de evitar que o trabalho infantil continue existindo no mundo. Só é possível dar sentido a esta última preocupação se nos dispomos a criar um arranjo institucional (por exemplo, um sistema de provisão de uma renda mínima vinculada à freqüência à escola) sob o qual as crianças não se vejam obrigadas a escolher entre ir à escola e passar fome e trabalhar e ganhar alguma renda. A forma de individualismo que, como vimos, caracteriza a perspectiva ética deontológica a impede de dar um peso apropriado à igualdade humana fundamental.

18. Ver a discussão sobre o ceticismo epistemológico de Rorty no capítulo 6.

de maneira mais positiva, a combinação entre valores universais e valores locais. Uma delas vem sendo proposta por Amartya Sen em uma seqüência de escritos que remonta ao início da década de 1980[19]. Sen sugere que deveríamos escavar, em busca da melhor interpretação possível do universalismo moral, a dimensão normativa que ele denomina "espaço das *functionings* e das capacidades". Como há uma discussão mais longa sobre o enfoque normativo de Sen em outra parte deste volume, limito-me agora a mencionar a definição das duas noções básicas desse enfoque[20]. Por *functionings* entendem-se tanto estados – como o de estar adequadamente nutrido e estar livre de epidemias e de doenças evitáveis – como também certas atividades e formas de realização – como saber ler e escrever e participar de forma ativa da vida em comum –, que são vistos como valiosos em uma variedade de contextos culturais. O conjunto das *functionings* (ou de diferentes combinações de *functionings*) que estão ao alcance de uma pessoa constitui sua "capacidade". E o que essa noção de capacidade objetiva captar é a liberdade que uma pessoa tem de escolher entre diferentes modos de vida que ela pode considerar valiosos. Para mencionar um dos exemplos preferidos de Sen, considerem-se duas situações que são muito distintas do ponto de vista de avaliação normativa. Uma pessoa pode se ver desnutrida por conta de uma opção religiosa de realizar jejuns prolongados, ou, alternativamente, ela pode se en-

---

19. Ver, por exemplo, Sen, 1992, cap. 3, e a literatura ali citada.
20. Ver a discussão desenvolvida no capítulo 3 em que sustento que o enfoque normativo proposto por Sen é especialmente apropriado para especificar (de modo mais claro e direto do que o de Rawls) um nível minimamente decente de "capacidade de funcionar", mas enfrenta dificuldades sérias como uma interpretação da norma de igualdade com a qual deveríamos nos preocupar em uma sociedade liberal justa. Essa noção de um patamar mínimo de "capacidade de funcionar", no entanto, parece inteiramente apropriada para enfrentar objeções relativistas aos direitos humanos (aos direitos econômicos e sociais sobretudo) e também para interpretar deveres de justiça distributiva internacional, tópico que, neste volume, é examinado no capítulo 7.

contrar em um estado de desnutrição ou de inanição por conta de circunstâncias de destituição que jamais podem ser objeto de escolha. Mesmo que, nos dois casos, os níveis fisiológicos de desnutrição acabem sendo os mesmos, o que nos termos de Sen equivale a dizer que ambos os casos seriam idênticos da ótica de a *functioning* "estar adequadamente nutrido", isso se apresenta de forma muito diferente quando a noção de capacidade entra na avaliação. Ao passo que, no primeiro caso, a capacidade da pessoa em nada se reduziria, teríamos de interpretar o segundo caso como uma evidência de degradação da capacidade que uma pessoa deve ter de levar a vida que julgue ser mais valiosa.

Ainda que o impulso fundamental dessa perspectiva encontre-se, a meu ver, na aspiração de encontrar o tom adequado para tratar de compromissos normativos universais, o foco nas *functionings* e capacidades abre um espaço considerável para que considerações relativas a contextos específicos possam ser acomodadas. Menciono duas formas segundo as quais essa acomodação pode ser concebida. Em primeiro lugar, o que é relativo a sociedades e culturas específicas não são as *functionings* e capacidades em si mesmas, e sim os meios (no que diz respeito a renda, bens e serviços) necessários para colocá-las ao alcance das pessoas. Os requisitos de renda, recursos e serviços necessários para uma pessoa participar ativamente da vida de sua comunidade não são os mesmos em Nova York e em áreas rurais do sul da Ásia. Mas a *functioning* em questão é a mesma (o mesmo vale para *functionings* mais específicas do que essa, como "ter uma escolarização adequada"). Em segundo lugar, as *functionings* que estão ao alcance de uma pessoa definem sua capacidade de levar a forma de vida que ela própria julga digna de ser vivida. Como nada é dito sobre qual forma de vida todos os seres humanos deveriam (se fossem racionais) considerar a melhor, há muito lugar para acomodar objetivos e fins últimos definidos em contextos culturais específicos, desde que esses "significados compartilhados" (para empregar uma expressão de Michael Walzer) não corroborem as práticas excluídas pela concepção negativa de natureza humana a que fiz menção acima[21]. Não há nenhuma razão por que interpretar a capacidade de levar a vida que se julga digna de ser vivida de uma forma ocidental-individualista. Essa capacidade está ao alcance dos membros do povo Amish, nos Estados Unidos, ainda que, com respeito a um modo de vida fortemente comunitário e que preserva as mesmas características básicas desde o século XVII, não faça nenhum sentido se falar em escolha individual do modo de vida. Essa mesma capacidade, em contrapartida, não está ao alcance dos homens negros do bairro do Harlem, em Nova York (no coração da mais próspera sociedade do planeta e da que mais valoriza a escolha individual dos próprios objetivos), que têm uma probabilidade de chegar aos 40 anos de idade inferior à dos homens bengaleses[22].

Admitamos que haja, como estou argumentando, razões fortes para não abandonar uma noção de igualdade humana fundamental de alcance universal. Seria possível derivar implicações distributivas mais específicas dessa idéia? Aqui entramos em um outro terreno de controvérsia, já que mesmo entre os que aceitam a noção de valor intrínseco igual dos seres humanos há discordâncias sobre qual a melhor maneira de interpretá-la e de reconhecer suas exigências nas instituições básicas da sociedade. Explicitarei, a seguir, aquela que me parece ser a interpretação mais vigorosa dessa idéia, quando o que se tem em mente é especificar uma concepção de justiça distributiva que seja praticável em uma sociedade democrática e forneça um critério (liberal-igualitário) de progresso moral.

---

21. Não há nada de sacrossanto na diversidade cultural. Há situações em que o problema está em práticas culturais que devem ser criticadas e alteradas, e não nas dificuldades que cercam a formulação e a aplicação de um padrão moral universal (refiro-me aos direitos humanos). Discutirei esse tópico, tendo por referência o tipo de ceticismo moral defendido por Michael Walzer, na seção "O ceticismo interno de Walzer", cap. 6, p. 200.

22. Sen, 1992, p. 114.

"Sorte bruta" e justiça distributiva

É hora de introduzir a segunda idéia normativa básica que examinarei neste capítulo. Trata-se da suposição de que há uma distinção moral de importância capital entre aquilo (sobretudo posições relativas desiguais na distribuição de vantagens sociais) que resulta de escolhas individuais genuínas e circunstâncias que não deixam às pessoas outra opção que não a de se ajustar a seus efeitos. Essa é a distinção a ser enfatizada no exemplo de Sen, antes mencionado, que confronta a escolha de jejuar por conta de uma opção religiosa com a circunstância de passar fome em virtude de estar sujeito a uma situação de destituição. Estendendo consideravelmente, mas de forma plausível, a idéia intuitiva que esse exemplo busca captar, podemos fazer a passagem da noção de igualdade humana fundamental para uma concepção específica de justiça distributiva. Uma sociedade que possibilita que as pessoas sejam iguais ao menos do ponto de vista moral é aquela cujas instituições básicas se organizam de maneira a impedir que o quinhão distributivo de cada um – o acesso que cada pessoa tem a uma parcela de bens, recursos e oportunidades sociais – seja determinado por fatores que, como no exemplo das circunstâncias da destituição, estão fora do alcance de escolhas individuais genuínas. Em uma sociedade de iguais, a distribuição de vantagens sociais não pode se fazer de acordo com fatores "moralmente arbitrários", isto é, de acordo com fatores que se impõem às pessoas como circunstâncias que não lhes deixam outra opção que não a de se adaptar o melhor que podem à própria sorte[23].

Quais formas de desigualdade deveríamos ver como circunstâncias que, do ponto de vista de cada pessoa, não resultam de suas próprias escolhas? Os fatores que respondem por quinhões distributivos desiguais podem ser classificados da seguinte forma: as desigualdades raciais e de gê-

---
23. Ver a nota 30, p. 41.

nero (vamos denominar esse fator "Discriminação"), de origem familiar e posição social ("Classe"), de talentos naturais ("Talento") e de esforço, dedicação e empenho individuais ("Empenho")[24]. Esses fatores de desigualdade estão dispostos em um contínuo que vai do que é mais externo a escolhas individuais ("Discriminação") ao que é mais determinado por essas escolhas ("Empenho").

Em um dos extremos desse contínuo encontram-se as desigualdades – pensemos em formas institucionalizadas de discriminação racial ou de gênero – que, justamente porque têm por base fatores adscritícios (a cor da pele, o sexo), com respeito aos quais a possibilidade de escolha individual é nula, são também as que mais facilmente despertam nossa indignação moral. As discordâncias podem ser grandes no que se refere a que instituições e políticas adotar para combater os efeitos da discriminação, mas é muito grande o grau de concordância sobre a ilegitimidade dos benefícios ou dos ônus associados a essas desigualdades. Considerando que aquilo que proponho aqui é uma interpretação (talvez não a mais comum) do enfoque rawlsiano sobre a justiça social, talvez valha a pena nos determos um pouco mais na maneira como a teoria de Rawls lida com as desigualdades geradas por "Discriminação". Não é tão claro que os dois princípios de justiça justifiquem, de forma direta, a adoção de políticas de ação afirmativa. Em particular, não é nada claro que se possa invocar, como às vezes se supõe, o "princípio de diferença" – segundo o qual as desigualdades socioeconômicas só são moralmente legítimas se tiverem por objetivo elevar ao máximo os benefícios para aqueles que se encontram na posição social mínima da sociedade – para justificar a adoção de políticas de "discriminação reversa", como um sistema de cotas raciais ou de gênero[25]. Permitam-me explicar por que isso não é claro.

---

24. Adoto aqui uma classificação proposta por Nagel, 1991.

25. Seria quase desnecessário esclarecer, se esse equívoco não fosse às vezes cometido, que o "princípio de diferença" não tem nenhuma relação com

Um primeiro ponto a observar é que os dois princípios de justiça dispostos em ordem lexical pertencem àquilo que Rawls denomina "teoria ideal" da justiça e se aplicam à estrutura básica de uma "sociedade bem-ordenada"[26]. Nesse caso-limite (trata-se de uma idéia reguladora), o princípio de diferença não se aplicaria a desigualdades raciais ou de gênero, não porque elas não importem, mas porque elas teriam deixado de existir. Como sustenta Rawls na seção 16 de *Uma teoria da justiça*, diferenças raciais e de gênero não constituem posições sociais relevantes a partir das quais a distribuição de vantagens e de encargos da sociedade possa ser avaliada do ponto de vista da justiça[27]. As únicas desigualdades que seriam moralmente aceitáveis em uma sociedade bem-ordenada, às quais o princípio de diferença se aplicaria, seriam as de renda e riqueza ("aceitáveis", desde que as exigências distributivas desse princípio fossem cumpridas). Rawls não supõe, portanto, que o princípio de diferença venha a ser aplicado, de forma contínua e permanente, para lidar com desigualdades raciais e de gênero, porque é difícil (se não impossível) imaginar circunstâncias em que essas desigualdades possam ser moralmente aceitáveis, como podem ser moralmente aceitáveis, sob certas condições, as desigualdades de renda e riqueza. Dito isso, o objeto "desigualdade racial" e as políticas concebidas para combater essa forma de desigualdade só podem fazer parte daquilo que Rawls denomina "teoria não-ideal" da justi-

---

a "política da diferença" defendida por teóricos do multiculturalismo. Em um artigo recente sobre ação afirmativa no ensino superior, uma autora brasileira afirma que "seu [de Rawls] princípio da diferença tem vários pontos de aproximação com as políticas de ação afirmativa" e, logo a seguir, que "[Rawls] propõe, então, uma política da diferença e a utilização da identificação racial como nova medida de igualdade". Ver Moehlecke, 2004, pp. 761-2. Por ora, meu propósito é mostrar que esse é um entendimento equivocado do princípio de diferença proposto por Rawls. A "política da diferença", a ação afirmativa e o sistema de cotas raciais serão discutidos aqui no capítulo 5.

26. A noção de "teoria ideal da justiça", em contraste com a de "teoria não-ideal", aparece em Rawls, 2008, pp. 10-1, 298, 304-11 e 486.

27. *Ibid.*, p. 118.

ça, juntamente com outros objetos examinados desse ponto de vista, como a desobediência civil ou a guerra justa. Trata-se da forma como essa concepção de justiça vai ser aplicada não à estrutura básica de uma sociedade bem-ordenada mas a uma sociedade na qual existem injustiças severas nas instituições ou na conduta de indivíduos e grupos. Uma implicação importante de tratar das desigualdades racial e de gênero no âmbito da teoria não-ideal da justiça é a de que essas são formas de desigualdade que deveriam estar fadadas a desaparecer – a cor da pele e o sexo deveriam, idealmente, pesar tanto na distribuição de bens primários quanto, digamos, a cor dos olhos ou a altura de uma pessoa (ou seja, nada)[28]. Se isso é correto, então as políticas propostas para enfrentar tais desigualdades, entre as quais a ação afirmativa, também devem ser concebidas como tendo uma natureza transitória, em contraste com as desigualdades de renda e riqueza que seriam, sob certas condições, aceitáveis mesmo em uma sociedade justa e, por isso, permanentemente reguladas pelo princípio de diferença.

É possível que a justiça rawlsiana ofereça uma justificativa para a adoção de medidas de ação afirmativa, mas não de forma óbvia. O próprio Rawls, diferentemente de Dworkin, não tratou explicitamente dessa temática[29]. Seria preciso construir esse argumento como parte, em meu entender, de um esforço de aplicação da "teoria não-ideal" da justiça a circunstâncias nas quais o fator racial pesa significativamente na distribuição de bens primários sociais. Uma idéia seria trabalhar com o "argumento da arbitrariedade moral", a que fiz menção acima, exposto por Rawls ao longo do capítulo 2 de *Uma teoria da justiça*. A justificação normativa da ação afirmativa recairia nas considerações (nas formas de "arbitrariedade moral" que deveriam ser abolidas ou mitigadas tanto quanto possível) que justificam a

---

28. O argumento de que a distribuição de "bens primários sociais" é o que importa, da ótica da justiça social, é examinado aqui no capítulo 3.
29. Ver Dworkin, 2000, caps. 11 e 12.

passagem de um "sistema de liberdade natural" para um sistema de "igualdade eqüitativa de oportunidades"[30]. Em meu entender, as desigualdades de recursos sociais produzidas por fatores adscritícios recaem, assim como aquelas que resultam de "Classe" (sobre as quais algo mais será dito adiante), sobre as considerações que justificam a igualdade eqüitativa de oportunidades. Em suma, se existem elementos com base nos quais se pode conceber uma justificação rawlsiana para a ação afirmativa, eles não se encontram em uma aplicação do princípio de diferença, que Rawls concebe como um remédio exclusivamente para as desigualdades de renda e riqueza geradas por "Talento". Não vale argumentar, portanto, que a ação afirmativa e mesmo o sistema de cotas se justificam com base em uma idéia, com a qual o princípio de diferença da teoria de Rawls é muitas vezes confundido, de que a justiça exigiria "tratar os diferentes de acordo com suas diferenças"[31]. O que estou expondo equivale a dizer que não há, pelo menos na perspectiva rawlsiana sobre a justiça, uma justificativa de princípio para a ação afirmativa. Ela só poderia se justificar como uma política de natureza transitória[32], supondo-se que seja

---

30. Rawls, 2008, cap. II. Discuto esse argumento da arbitrariedade moral, assim como as concepções de "sistema de liberdade natural", "igualdade eqüitativa de oportunidades" e "igualdade democrática" em Vita, 2007, pp. 238-50.
31. A idéia de tratar os diferentes de acordo com suas diferenças, por seu turno, é às vezes referendada por uma concepção de justiça distributiva atribuída a Aristóteles. Mas, como Samuel Fleischacker mostra em um livro recente, a concepção de justiça distributiva de Aristóteles não tinha nenhuma relação com uma noção de igualdade socioeconômica. Na interpretação de Fleischacker, considerações de valor moral ou de mérito eram um componente essencial da concepção de Aristóteles. A injustiça, nesse caso, consiste em tratar de forma igual, por exemplo, na distribuição da autoridade política, aqueles que são desiguais em mérito (ver Fleischacker, 2006, Introdução e cap. 1).
32. Dessa perspectiva, é difícil ver como poderia haver lugar para aquelas políticas que, como acontece com os sistemas de cotas rígidas, tendem a perpetuar identidades e divisões raciais ou étnicas. Na seção "Receita para uma sociedade dividida", capítulo 5, além de mostrar que um sistema de cotas não é a única forma de ação afirmativa que pode ser implementada, critico a proposta de introdução de um sistema de cotas raciais no Brasil.

possível demonstrar plausivelmente – e esse é essencialmente um julgamento empírico, não de princípio – que de fato tal política contribui para reduzir as desigualdades associadas ao fator "Discriminação" e, dessa maneira, contribui para garantir a igualdade de oportunidades para os indivíduos.

Voltemos à nossa discussão. No outro extremo do contínuo que vai da sorte bruta àquilo que resulta de escolhas das pessoas estão as desigualdades de quinhões distributivos que derivam do fator "Empenho", que, por serem as mais sujeitas à responsabilização individual, são também as que menos mobilizam nosso senso de justiça. Dworkin argumentou que a forma de igualdade com a qual deveríamos nos preocupar em uma sociedade liberal justa deveria ser "sensível à dotação", mas não "sensível à ambição"[33]. Uma sociedade assim deveria ter por objetivo reduzir tanto quanto possível a desigualdade distributiva entre seus cidadãos que resulta de dotação de talentos naturais e recursos externos, mas aceitar como legítima a desigualdade que resulta de ambição e esforço individuais. Para Dworkin, a justiça exige que os indivíduos sejam compensados pelos aspectos de sua situação pelos quais não são responsáveis, e que podem impedir que eles sejam capazes de fazer em sua vida o que julgam valioso, mas somente por esses aspectos. Na visão de Dworkin, a "sorte bruta", isto é, aquilo que resulta de fatores circunstanciais sobre os quais uma pessoa não tem nenhum controle, é uma forma moralmente arbitrária de distribuir recursos, mas é justo que as pessoas sofram as conseqüências da "sorte opcional", isto é, da posição relativa na distribuição de recursos sociais escassos que resulta do cultivo de determinados gostos e preferências ou de riscos conscientemente assumidos[34]. Nossas preocupações igualitárias não requerem que sejamos compensados

---

33. Dworkin, 1981; republicado em Dworkin, 2000, pp. 65-119.
34. Dworkin, 2000, pp. 73-7, para a distinção entre "sorte bruta" e "sorte opcional".

por estar em pior situação do que outros quando aquilo que nos coloca em uma situação pior são as preferências (ou gostos, ou valores) que escolhemos cultivar. Uma teoria liberal-igualitária da justiça distributiva deve reservar um lugar importante para a responsabilidade individual[35].

Mesmo no caso do fator "Empenho" (que, em princípio, está inteiramente dentro da "sorte opcional"), no entanto, é possível ter dúvida sobre onde localizá-lo no contínuo mencionado acima. As disposições e preferências individuais – de trabalho em relação a lazer, de aversão ao risco, preferências temporais – que levam uma pessoa a fazer sacrifícios hoje visando benefícios no futuro, a persistir em uma atividade ou carreira exigente, a poupar em vez de consumir, e assim por diante, também podem em grande medida ter resultado de fatores ambientais (como um ambiente familiar e educacional propício a que essas disposições sejam cultivadas) que, novamente, não são objeto de escolha individual. De todo modo, a idéia de que cada pessoa deveria reter os benefícios daquilo que resulta de seus próprios esforços e arcar com os ônus que decorrem de suas próprias escolhas e opções goza de uma legitimidade moral muito grande nas sociedades liberais. Sob uma estrutura básica justa – o que de modo algum é uma cláusula trivial[36] – não teríamos nenhuma razão para considerar as desigualdades de recursos imputáveis ao fator "Empenho" como injustiças.

E o que dizer de "Classe" e "Talento"? Esses são os fatores que apresentam os desafios maiores para uma teoria da justiça distributiva e para todos aqueles que se preocupam com a igualdade social. Por desigualdades de classe entendo aquelas que se produzem da distribuição desigual

---

35. Ver Roemer, 1996, cap. 7. Volto a esse tópico no capítulo 3.
36. Elster (1999, p. 33) sustenta que só poderíamos considerar os indivíduos plenamente responsáveis pelos efeitos que sua própria preferência e escolhas têm para determinar a posição relativa de cada um na distribuição de vantagens sociais quando a influência de fatores genuinamente arbitrários, como a riqueza e o *background* cultural e educacional familiar, tivesse sido eliminada.

de recursos externos – em contraposição a recursos internos, isto é, talentos naturais – que têm mais peso para determinar as oportunidades de vida de cada pessoa, como o nível educacional e cultural da família e a posse de riqueza e propriedade. "Classe" aqui designa todos os fatores ambientais que determinam as oportunidades que cada qual tem de fazer algo de valioso de sua vida sob os arranjos socioeconômicos e políticos vigentes. Como ninguém pode escolher os fatores ambientais que determinarão suas oportunidades de vida, esses fatores devem ser vistos como moralmente arbitrários; em virtude disso, nosso critério normativo prescreve que as desigualdades distributivas originadas de "Classe" sejam tanto quanto possível eliminadas[37]. Se a neutralização desse fator exaurisse toda a nossa preocupação com a igualdade e a justiça distributiva, diríamos que as oportunidades de acesso a cargos e posições (públicos e privados) mais valorizados na sociedade, no que se refere a benefícios econômicos, *status* social ou poder que a eles estão associados, não deveriam depender de riqueza ou de posição social privilegiada. Essas oportunidades deveriam ser iguais para aqueles que têm talentos similares e uma mesma disposição de cultivá-los e exercê-los.

As implicações distributivas disso, que pode ser denominado "igualdade eqüitativa de oportunidades", se realmente levamos esse ideal a sério, já são bastante consideráveis[38]. Entre as condições institucionais e de políticas públicas necessárias para colocá-lo em prática estão a abolição da pobreza, a garantia de oportunidades educacionais e de acesso a cuidados médicos e serviços de saúde iguais para todos, uma burocracia pública relativamente livre de clientelismo e nepotismo e um poder judiciário independente e acessível àqueles que são mais destituídos de re-

---

37. Neste contexto, "desigualdades de classe" não estão necessariamente vinculadas, como para autores marxistas, à propriedade e não-propriedade dos meios de produção.
38. A noção de "igualdade eqüitativa de oportunidades" é de Rawls (1971, p. 73).

cursos. Sob a mesma rubrica encontram-se ainda as instituições necessárias para garantir a eqüidade na competição pelos cargos de mando político, como o financiamento público a partidos políticos e a restrição aos gastos em publicidade e campanhas eleitorais.

Desigualdade e loteria natural

Em muitas sociedades, representaria um progresso extraordinário dar passos na direção de uma igualdade eqüitativa de oportunidades. No que concerne a opções reais de política pública da ótica da justiça social, acredito que, nas melhores circunstâncias imagináveis, não nos ocuparemos de outra coisa ao longo das próximas décadas no Brasil. Mas o critério normativo adotado aqui para identificar as formas de desigualdade com as quais devemos nos preocupar, se o que queremos é viver juntos como iguais do ponto de vista moral, exige mais do que isso. Pois as desigualdades de quinhões distributivos atribuídos ao fator "Talento" são grandes demais para serem negligenciadas e a ninguém é dada a opção de escolher a própria dotação genética. Pensemos no caso simples de duas pessoas que se dedicam a uma mesma atividade, com níveis similares de empenho e motivação, mas que, ao término de um certo tempo, acabam com quinhões distributivos (de bens sociais escassos) muito diferentes. À parte a sorte pura, que é o mais arbitrário dos fatores[39], teríamos de atribuir a capacidade produtiva desigual a talentos naturais diferenciados. Uma socieda-

---

39. Poderíamos pensar que o fator "sorte" (como algo distinto dos demais considerados até aqui) também tem um peso não-negligenciável na produção de desigualdades. Mas, do ponto de vista normativo, parece mais relevante considerar que a capacidade de enfrentar adversidades repentinas (quando a sorte é madrasta) varia segundo os quinhões distributivos de cada um. Ao passo que um golpe de azar (uma doença, a morte de um provedor, a perda do emprego) pode obrigar uma família privilegiada a fazer ajustes em seu padrão de vida, uma adversidade similar pode fazer uma família pobre ser reduzida à penúria extrema.

de democrática, que não tem outro princípio com base no qual organizar suas instituições básicas que não o *status* do cidadão portador de direitos iguais, não pode permitir que os quinhões de cada um sejam determinados, em uma medida significativa, por uma loteria genética.

Não se trata, evidentemente, de fomentar a inveja contra os que são tão afortunados a ponto de possuírem os talentos naturais "certos" – isto é, os talentos que são mais valorizados pelos arranjos socioeconômicos existentes[40] – e de encontrarem condições ambientais propícias para desenvolvê-los, pois não há dúvida de que "Classe" potencializa as desigualdades geradas por "Talento". Importa saber como é possível dissociar a distribuição dos benefícios da cooperação social da posse de talentos e capacidade produtiva superiores. Aqui não se está negando, é preciso enfatizar, que deve haver condições para que as diferenças de talento se manifestem, sejam admiradas e mesmo recompensadas de forma diferenciada. A idéia de eqüidade embutida no critério de Rawls de justiça maximin[41] considera ser não somente mais eficiente mas também *justo* um arranjo institucional sob o qual benefícios maiores sejam propiciados aos mais talentosos *se* isso também contribuir para elevar (em termos absolutos) o quinhão distributivo de todos, em particular daqueles que se encontram na extremidade inferior da estratificação social. O problema está em os mais talentosos e capacitados considerarem legítimo assenhorearse de um quinhão distributivo imensamente maior do que

---

40. O mero fato natural da diferenciação de talentos não gera desigualdades, que são sempre produzidas por instituições sociais. Em Esparta, os arranjos institucionais distribuíam recursos sociais escassos de maneira a recompensar aqueles cujos talentos naturais os predispunham a exibir coragem física. Sob os arranjos socioeconômicos do capitalismo global no qual hoje vivemos, a distribuição de recursos sociais escassos privilegia de forma desproporcional os portadores de determinados talentos intelectuais, em detrimento dos talentos que são próprios do trabalhador "blue collar". Instituições, não a natureza, geram desigualdades.

41. "Justiça maximin" é só uma outra denominação para o princípio de diferença.

aquele das pessoas que recolhem o lixo nas ruas ou limpam os banheiros. Não há nada mais distante de uma convivência coletiva fundada no *status* igual dos cidadãos do que uma distribuição meritocrática de vantagens sociais. Quando o conhecimento e o "capital humano" começam a suplantar a riqueza (o que parece ocorrer nas condições do capitalismo contemporâneo) como o principal fator na distribuição desigual de recursos sociais escassos, os mais afortunados podem se sentir no direito de exigir um quinhão distributivo desproporcionalmente maior em virtude de algo que carregam no próprio cérebro, e não em virtude da propriedade de recursos externos. Daí até se considerar que a recompensa desigual se deve a diferenças de valor intrínseco entre as pessoas a distância é pequena. Fora da esfera que lhe é própria (como princípio organizador de instituições específicas, como as universidades), a meritocracia vai de encontro à idéia normativa mais básica da qual partimos, a de igualdade humana fundamental.

Que arranjos institucionais são necessários para contrabalançar as desigualdades que resultam do fator "Talento"?[42] Os sistemas redistributivos dos *welfare states*, montados na maior parte das democracias industriais no século XX, têm por objetivo mitigar as desigualdades geradas não só por "Classe" mas também por "Talento". Isso se percebe quando se confrontam dois modelos de Estado de bem-estar social, seguindo uma classificação sugerida por Philippe van Parijs, que enfatiza os fundamentos éticos de cada modelo[43]. O modelo "bismarckiano" e o "beveridgiano" objetivam oferecer proteção sobretudo contra o risco de perda ou redução da renda (esse não é o único risco contra o qual os *welfare states* oferecem proteção, mas é o mais cen-

---

42. Isso é equivalente a perguntar, da ótica da teoria de Rawls: "Que arranjos institucionais são necessários para atender às exigências distributivas do princípio de diferença?" Discuto isso mais detalhadamente em Vita, 2007, pp. 254-63.

43. Van Parijs, 1995a.

tral), mas há distinções entre eles especialmente relevantes em nossa discussão. O modelo "bismarckiano" está fundado essencialmente em um princípio de seguro que é semelhante aos seguros de vida ou contra roubo de propriedade, para os quais a contribuição é voluntária e contratada de forma privada. Cada um dos participantes desse esquema conhece seus talentos e capacidade produtiva e admite ser racional contribuir compulsoriamente para um fundo comum ao qual poderá recorrer, em um momento futuro, na eventualidade de ter de cobrir gastos elevados com tratamento médico ou para obter uma renda, caso esteja incapacitado para o trabalho por razões de doença ou velhice ou não consiga obter renda por razões de desemprego involuntário. A cláusula de que os participantes levam em conta seus próprios talentos e capacidade produtiva tem a implicação de que prêmios e benefícios são diferenciados segundo a capacidade contributiva de cada um. Aqueles que não têm nenhuma capacidade contributiva ficam excluídos dos benefícios. O componente redistributivo desse modelo é mínimo, e basta um apelo ao interesse próprio para justificar a cada um dos participantes por que é racional aderir a um esquema compulsório dessa natureza. Se alguma redistribuição há, é somente aquela, de tipo intraindividual e intertemporal, que existe quando um eu presente se dispõe a fazer sacrifícios em seu bem-estar atual em benefício do bem-estar de seus próprios eus futuros. Denominemos "prudência" essa disposição, que não pode ser considerada, uma vez que nenhum sacrifício é feito em benefício de outros eus, de natureza moral.

Mas, sem que tivessem perdido inteiramente esse componente de seguro prudencial do modelo bismarckiano, os Estados de bem-estar social acabaram por incorporar em graus variados um componente que Van Parijs denomina "beveridgiano"[44]. Nesse modelo, os titulares de rendimen-

---

44. A referência é a William Henry Beveridge, que foi responsável pelo "Relatório Beveridge" de 1942, documento que contribuiu para a vitória do Partido Trabalhista em 1945 e lançou as bases do *welfare state* britânico.

tos de trabalho ou de capital abrem compulsoriamente mão de uma parte desses rendimentos para financiar um fundo comum que garante proteção a todos contra contingências como se ver incapacitado a obter um determinado patamar de rendimento por meios próprios (em virtude de idade, deficiência ou enfermidade) e se ver diante da impossibilidade de conseguir um emprego cuja remuneração seja suficiente para o próprio sustento[45]. Esse arranjo redistributivo ainda poderia ser descrito como uma forma de seguro, mas, como aponta Van Parijs[46], agora teríamos de pensar em um seguro hipotético contratado sob um véu de ignorância nos moldes concebidos por Dworkin para justificar sua concepção de igualdade de recursos[47].

Detenhamo-nos um pouco mais na argumentação de Dworkin. Uma concepção atraente de igualdade de recursos deve ter por objetivo central igualar os complexos de recursos em seu conjunto – o que abrange recursos externos e internos – entre as pessoas. Essa distribuição, de acordo com Dworkin, deve satisfazer um "teste da inveja", isto é, deve ser tal que ninguém tenha razões fundadas para invejar o complexo de recursos de nenhuma outra pessoa ao longo da vida inteira[48]. Muitos dos recursos "circunstanciais" (que resultam da "sorte bruta"), no entanto, não podem ser transferidos de uma pessoa para outra. Não é possível, por exemplo, transferir os genes, deficiências de vários tipos ou talentos de uma pessoa para outra. A questão que se apresenta, então, é saber que transferência de recursos externos poderia compensar as pessoas por deficiências de talento.

Para lidar com essa questão, Dworkin propõe o seguinte experimento mental (similar à posição original da teoria de Rawls): imaginemos que, sob um véu de ignorância que

---

45. Van Parijs, 1995a, p. 56.
46. *Ibid.*, pp. 63-4.
47. Dworkin, 2000, pp. 65-119.
48. *Ibid.*, pp. 67-8.

nos impedisse de conhecer nossos próprios talentos e capacidade produtiva, tivéssemos de contratar um esquema de seguro que oferecesse proteção contra o risco de sofrer de uma determinada deficiência de talento. O leque de possibilidades vai desde ter uma deficiência física ou mental severa até não ser talentoso como um executivo ou um excepcional jogador de futebol como o brasileiro Ronaldo. Que nível de cobertura seria racional contratar nessas circunstâncias, considerando-se que, quanto maior a cobertura contratada (transferências e benefícios do *welfare state*), tanto maior os prêmios (isto é, os impostos) a serem pagos? Um nível muito elevado de cobertura – o que equivale a uma pessoa ter direito de ser compensada por ser desprovida de talentos e capacidade produtiva que estão bem acima da média – escravizaria os mais talentosos. Sendo necessário colocar os prêmios em um nível muito elevado (isto é, dado que um nível muito elevado de tributação seria necessário para financiar um nível tão generoso de cobertura), os mais talentosos teriam de dar o máximo de sua capacidade produtiva para pagar os prêmios a que estariam sujeitos. Partindo-se desse caso extremo, a racionalidade *ex ante* (sob o véu de ignorância que impede cada um de conhecer seus próprios talentos) de escolha de um dispositivo hipotético de seguro contra não ter determinados talentos se tornaria mais forte conforme diminuísse o nível de cobertura contratado. Conforme esse nível cai, mais isso se aproxima do caso-padrão de seguro (privado), em que as pessoas aceitam um pequeno custo financeiro certo para evitar uma perda que, por mais improvável que lhes pareça no presente, é grande o suficiente para motivá-las a arcar com o ônus do prêmio. Dworkin supõe que todos escolheriam, se pudessem, se segurar contra não ser capaz de ganhar aquilo que os colocaria no trigésimo centil da distribuição de renda, bastante acima do nível de renda adotado nos Estados Unidos e na Grã-Bretanha para que uma pessoa faça jus a transferências compensatórias[49]. Note-se que, se a justifi-

---

49. Dworkin, 2000, p. 97.

cação do tipo de seguro característico do modelo anterior pode ser de natureza prudencial (apelando somente ao interesse próprio de longo prazo de cada um), o seguro sob o véu de ignorância concebido por Dworkin é uma forma de traduzir as exigências motivacionais mais fortes – de natureza ética – do *welfare state* beveridgiano. Isso é assim porque, embora seja impossível a uma pessoa saber ao certo a que tipo de riscos ela estará sujeita no futuro – em virtude de circunstâncias que não pode controlar (contrair uma moléstia ou sofrer um acidente, por exemplo), o que a motiva assumir os custos de se proteger contra esses riscos futuros –, ela efetivamente conhece seus próprios talentos e capacidade produtiva. Os mais talentosos, em circunstâncias reais, sabem que não precisam se proteger contra o risco de ter uma capacidade produtiva que só lhes valeria um quinhão distributivo inferior à média. Se mesmo assim eles se dispõem a dar apoio a um sistema de tributação e de transferências voltado para oferecer compensação àqueles, como supõe Dworkin, cuja capacidade produtiva os coloca abaixo do trigésimo centil da distribuição de renda, é porque têm uma motivação de natureza ética.

Não estou argumentando que um *welfare state* beveridgiano, mesmo em suas versões mais fortemente redistributivas (como no caso do modelo socialdemocrata escandinavo), seja o remédio institucional apropriado para neutralizar as desigualdades originadas de "Classe" e "Talento". Não tenho como examinar de forma adequada qual seria o remédio mais apropriado para essa questão no momento. Isso nos obrigaria a confrontar os méritos relativos de um capitalismo de *welfare state* (beveridgiano) com propostas de reformas institucionais de larga escala que, após o fracasso das experiências socialistas do século XX, só são debatidas em círculos acadêmicos ou políticos restritos[50]. John

---

50. Uma excelente discussão sobre os esquemas de redistribuição de renda, propriedade e riqueza, existentes ou propostos para as economias contemporâneas, com o foco na questão da compatibilidade entre igualdade e eficiência, pode ser encontrada em Putterman, Roemer e Silvestre (1998).

Rawls argumentou que o arranjo socioeconômico que melhor traduziria as exigências dos princípios de justiça de sua teoria não seria um capitalismo de *welfare state* (ainda que este deva ser considerado um arranjo socioeconômico muito mais justo do que um capitalismo de *laissez-faire*), e sim uma versão do modelo de *property-owning democracy*, que foi originalmente proposto pelo economista britânico James Meade[51]. Autores como Robert Dahl e Jon Elster argumentaram a favor da substituição das empresas capitalistas de propriedade de acionistas por empresas autogeridas ou democraticamente governadas pelos trabalhadores[52]. E Philippe van Parijs vem defendendo a substituição das transferências e dos benefícios condicionais do *welfare state* – condicionais no sentido de que só são concedidos àqueles que podem demonstrar sua incapacidade para ganhar a vida por seus próprios meios – por uma renda básica que seria concedida incondicionalmente a todos, simplesmente em virtude do *status* comum da cidadania. A idéia fundamental, neste último caso, é, de um lado, evitar a chamada "armadilha da pobreza", o que (no esquema proposto) é uma decorrência de a pessoa não perder, como hoje ocorre com os benefícios de caráter condicional, sua renda de cidadania uma vez que ela consiga alguma outra fonte de rendimentos no mercado exercendo seus talentos e capacidade produtiva; e, de outro, propiciar um suporte material mínimo que possibilite à pessoa arriscar o seu trabalho em empreendimentos produtivos (empresas autogeridas, cooperativas, microempresas, trabalho por conta própria etc.) que não

---

51. Ver Rawls, 2003, pp. 191-8, e Vita, 2007, pp. 254-63, para uma discussão desse modelo.
52. Dahl, 1985, e 1989, cap. 23; Elster, 1990a, pp. 202-16; 1990b. No caso das reformas concebidas por Dahl e Elster, no entanto, não é tão explícita, como nas outras duas mencionadas, uma preocupação em contrabalançar as desigualdades geradas por "Talento". Dahl (1985, cap. 3) admite que mesmo uma economia constituída majoritariamente por empresas autogeridas não seria "uma ordem igualitária auto-regulável", isto é, tal economia teria de ser complementada por um sistema de tributação redistributiva e de transferências semelhante a um *welfare state*.

oferecem a segurança financeira do trabalho assalariado em condições permanentes[53].

Para concluir este capítulo, gostaria de mencionar uma assimetria de exigências motivacionais que se evidencia quando se confrontam aquilo que seria necessário para neutralizar "Classe" e aquilo que seria necessário para neutralizar "Talento". O ponto central é que as condições institucionais necessárias à realização de uma igualdade eqüitativa de oportunidades, mencionadas acima, são pelo menos em certo sentido compatíveis com as motivações auto-interessadas que os arranjos de mercado fomentam nos indivíduos. Essas condições podem exigir uma intervenção redistributiva de escala considerável no *status quo* socioeconômico e, dessa ótica, podem enfrentar obstáculos políticos de peso. Mas, uma vez alcançadas, elas podem operar apoiando-se em grande medida em motivações próprias ao ponto de vista individual de cada pessoa. Afinal, o que se faz, quando se busca neutralizar o fator "Classe", é oferecer aos competidores um campo de disputa menos desigual. Trata-se, nesse caso, de oferecer oportunidades para que todos possam competir de forma eqüitativa pelas posições da sociedade que são mais valorizadas no que se refere a bens como poder, autoridade, *status*, auto-realização ou recompensas materiais. A neutralização de "Classe", portanto, vai no sentido de tornar as pessoas mais capazes de competir por uma posição na sociedade, algo que, pelo menos em princípio, não parece incompatível com as exigências de eficiência de uma economia de mercado.

Já a neutralização de "Talento" só pode ir adiante supondo-se que uma integração mais complexa de motivações seja possível. Temos de supor que os mais talentosos e capacitados se disporiam, sob um arranjo que objetivasse

---

53. A defesa mais completa dessa proposta encontra-se em Van Parijs (1995b). Uma renda básica nesses moldes também é um componente do modelo de *property-owning democracy* de James Mead. Dos teóricos mencionados, somente Elster (1999, pp. 33-4) rejeita inteiramente a proposta da renda básica, por razões semelhantes às que considero brevemente adiante.

neutralizar a loteria genética, a fazer o máximo que podem (no mercado) com seus talentos e capacidades ao mesmo tempo que, na condição de cidadãos, considerassem moralmente condenável pleitear todos os benefícios que poderiam esperar sob arranjos alternativos. ("Arranjos alternativos" seriam aqueles nos quais o nível de tributação das faixas mais elevadas de rendimento e riqueza, com o objetivo de proporcionar benefícios aos cidadãos que se encontram na posição mínima da sociedade, fosse mais baixo.) Enfrentar as desigualdades geradas por "Talento" requer a realização institucional de uma idéia de fraternidade. Isso é especialmente verdadeiro nas condições do capitalismo contemporâneo, em que certos mercados, como o mercado de trabalho para pessoas de alta qualificação, tendem a se globalizar rapidamente. Como afirma Van Parijs em uma discussão recente sobre o princípio de diferença, "sem essa lealdade [dos mais talentosos a arranjos institucionais que incorporam uma medida de fraternidade], os países terão de se engajar, para conseguir reter os mais qualificados, em uma guerra fiscal deletéria que vai fomentar a desigualdade em toda parte e deprimir as expectativas dos mais desfavorecidos em todos os países para muito abaixo daquilo que ocorreria caso nenhum receio houvesse com respeito à mobilidade que beneficia os interesses daqueles que têm uma alta qualificação"[54].

Talvez seja levar muito longe nossas expectativas de progresso moral acreditar que um arranjo institucional dessa natureza, e a integração de motivações que seria necessária para lhe conferir estabilidade, seja praticável[55]. Pode-

---

54. Van Parijs, 2003, p. 231.
55. Trata-se, aqui, de uma noção de estabilidade *normativa*. A questão é saber se, sob as circunstâncias mais favoráveis antevistas pela teoria, a realização institucional de seus princípios de justiça seria capaz de fomentar, pelo menos em grande parte dos cidadãos, a disposição de dar sustentação, de forma continuada ao longo do tempo, a arranjos institucionais justos, mesmo quando as exigências desses arranjos conflitam com o interesse próprio individual ou com as concepções do bem às quais alguns ou muitos cidadãos aderem. Essa é a questão com a qual Rawls se debate ao longo da Parte III de *Uma*

se objetar, por exemplo, que essa partição de motivações – entre empenhar-se, no mercado, em obter o máximo da própria capacidade produtiva, de um lado, e dispor-se, *qua* cidadão, a fazer a própria parte para dar sustentação a arranjos redistributivos, de outro – é implausível. No próximo capítulo, examinarei aquela que me parece ser a variante mais sofisticada dessa objeção, na literatura recente de teoria da justiça, articulada por G. A. Cohen[56].

Por ora, e para contrabalançar a avaliação cética mencionada no parágrafo anterior, limito-me a fazer duas breves observações. Uma delas é que tal integração de motivações já se mostrou possível e foi necessária à criação e à sustentação pública dos *welfare states* beveridgianos. E, ainda que tenha se tornado comum, nos anos 1980 e 1990, inclusive em setores da esquerda política, se falar em "crise" e mesmo em "colapso" do *welfare state*, há poucas evidências de que os eleitorados das democracias industriais venham a autorizar um desmantelamento em larga escala do componente redistributivo desse regime socioeconômico. Como Putterman, Roemer e Silvestre mostram, o que ocorreu, nos países da Organização para a Cooperação e Desenvolvimento Econômico (OCDE), foi uma redução da progressividade tributária e uma estabilização nos níveis do gasto social (após a expansão acelerada ocorrida entre 1950 e 1973)[57]. Esse foi um dos fatores que contribuíram para o

---

teoria da justiça, sem ter dado a ela uma resposta inteiramente satisfatória. A melhor discussão que conheço sobre esse tópico encontra-se em Barry (1995c).

56. Ver o capítulo 2, p. 61.

57. Mesmo no caso brasileiro, há uma clara tendência à expansão, e não de desmantelamento, do componente beveridgiano do Estado de bem-estar social, o que se revela em programas como o Fundeb (Fundo de Manutenção e Desenvolvimento da Educação Básica e de Valorização dos Profissionais de Educação), o SUS (Sistema Único de Saúde) e as diversas formas de renda mínima garantida (os benefícios em dinheiro que são concedidos sem que tenha havido nenhuma contrapartida de contribuição por parte do beneficiário) hoje existentes, como o Bolsa Família, a Loas (Lei Orgânica de Assistência Social, que garante como benefício um salário mínimo a idosos e deficientes físicos destituídos de meios próprios ou familiares para se manter) e a aposentadoria rural.

aumento da desigualdade de renda pós-tributação nos países da OCDE nas últimas duas décadas, mas reconhecer isso é algo distinto de falar em "colapso" do *welfare state*. Para completar essa linha de raciocínio, note-se que algumas das propostas de reforma de regime socioeconômico mencionadas acima, que são defendidas em nome de mitigar as desigualdades geradas por "Classe" e "Talento", são vistas por seus proponentes como alternativas ao desmantelamento e como formas de *aperfeiçoamento* do *welfare state*. Isso é claro, por exemplo, no "capitalismo de renda básica" proposto por Van Parijs. Há objeções de peso contra essa proposta de reforma institucional de larga escala. No caso específico da proposta da renda básica universal, a objeção fundamental é de natureza ética: será justo que pessoas saudáveis tenham direito, sem que tenham de trabalhar para isso, a uma renda garantida financiada por tributação redistributiva que terá necessariamente de recair sobre a renda daqueles que se dispõem a trabalhar? Dessa objeção ética deriva uma avaliação cética sobre as perspectivas de os eleitorados das democracias industrializadas virem a dar apoio a uma reforma dessa natureza. A resposta de Van Parijs a tal objeção é complexa e exigiria uma discussão à parte[58]. Apenas menciono o ponto central de uma argumentação que me parece ser forte. Nas "sociedades de emprego" em que vivemos, nas quais a produção é em geral organizada por meio da relação de assalariamento, os mercados de trabalho não tendem ao equilíbrio. Sob essas condições, oportunidades de emprego constituem um recurso escasso de grande importância para perseguir a própria concepção do bem. E esses mercados não se equilibram, não somente em virtude dos obstáculos institucionais que os economistas neoliberais costumam apontar (entre os quais, a existência de um salário mínimo legal e a garantia de direitos trabalhistas), mas também porque aqueles que conseguem os postos de trabalho de melhor quali-

---

58. Ver Van Parijs, 1995b.

dade têm condições de obter uma remuneração bem acima do nível *market-clearing*, isto é, bem acima do nível de remuneração que seria estabelecido em uma alocação de equilíbrio em um mercado perfeitamente competitivo. Isso justifica, argumenta Van Parijs, falar em uma "renda" – termo empregado em um sentido técnico para designar o que se obtém a mais em um mercado imperfeito, em comparação àquilo que seria obtido em um mercado competitivo perfeito, do controle de um recurso escasso – extraída do controle de um recurso escasso crucial. A existência de "rendas de emprego" (*"employment rents"*) nas "sociedades de emprego" justifica a redistribuição de uma parte disso para financiar uma renda básica que seria garantida a todos, incluindo os desempregados involuntários *e* os desempregados voluntários. O ponto central dessa argumentação está em estabelecer uma equivalência moral, para as finalidades da justiça distributiva, entre a renda extraída da posse de um recurso escasso, como a riqueza herdada, e as "rendas" extraídas da titularidade de empregos de qualidade[59].

Por mais fortes que possam ser as objeções levantadas contra a proposta de Van Parijs, a modalidade de integração de motivações díspares exigida dos cidadãos que teriam de manifestar um apoio continuado aos arranjos institucionais de tal regime socioeconômico não seria radicalmente distinta daquela que já se provou ser possível no capitalismo de *welfare state*.

A segunda observação vem de uma reflexão sobre a igualação social em sociedades liberais considerando-se uma perspectiva temporal mais longa. Nós partimos da idéia normativa mais básica de igualdade humana fundamental. Uma "sociedade democrática" é aquela cujas instituições mais importantes objetivam assegurar pelo menos essa forma de igualdade entre seus cidadãos. Trata-se de uma igualdade de *status*, que Tocqueville, apesar de não fazer menção explícita à noção de igualdade humana funda-

---

59. Ver Van Parijs, 1995b, cap. 4.

mental, identificou como o traço mais importante da forma de organização social e política que havia surgido de maneira mais nítida nos Estados Unidos, mas que, a seu juízo, se constituía também na Europa pós-Antigo Regime[60]. O passo seguinte consistiu em mostrar que essa idéia normativa, por mais importante que fosse, não era suficiente para nos oferecer uma teoria específica da justiça distributiva. Como vimos acima, esse trabalho é realizado, em uma teoria liberal-igualitária da justiça, pela intervenção de uma segunda idéia normativa básica, aquela que temos de distinguir entre as vantagens e as desvantagens sociais que podem ser atribuídas a escolhas e decisões dos indivíduos e aquelas que deveríamos atribuir à "sorte bruta". E, uma vez que levamos a sério essa segunda idéia normativa, temos de admitir que diferenças de talento e capacidade produtiva não oferecem uma justificativa moralmente aceitável, em uma sociedade democrática, para as desigualdades socioeconômicas.

Encerro este capítulo afirmando (e esta é, de fato, a segunda observação) que não se trata de uma idéia arbitrária, criada por *fiat* filosófico. O critério normativo em questão, que nos permite distinguir injustiças de disparidades de recursos moralmente justificáveis, é precisamente o mesmo que, ao longo do último século e meio, corroeu a legitimidade moral de algumas formas de desigualdade – as geradas por "Discriminação" e, de modo muito mais parcial, por "Classe". Nunca é demais lembrar que há apenas cento e cinqüenta anos a escravidão negra era vista como algo perfeitamente natural em países como os Estados Unidos e o Brasil. Há menos de um século, não se pensava, e isso mesmo nos países que mais haviam avançado no processo de democratização, que constituísse uma injustiça gritante

---

60. A noção de sociedade democrática, como já foi dito na Introdução, não deve ser confundida com a de democracia política. Será examinado à parte em que medida um regime democrático pode contribuir para que essa igualdade de *status* entre os cidadãos seja assegurada. Neste volume, isso será discutido no capítulo 4.

excluir as mulheres da cidadania política. Somente pouco mais de cinco décadas atrás, aceitava-se como parte da ordem natural a existência de um regime de *apartheid* racial nos estados do sul dos Estados Unidos. Há meros quarenta anos, não se colocava seriamente em questão, no Brasil, o fato de que a imensa maioria da população era analfabeta ou não tinha oportunidade de ir além da quarta série do curso primário.

Seria possível prosseguir nessa enumeração, mas gostaria de ressaltar que esses exemplos de desigualdade acabaram sendo percebidos como "injustiça" e, em todos esses casos, o critério normativo examinado aqui pode fazer parte da explicação de por que isso ocorreu. Se a deslegitimação dessas formas de desigualdade pode contar como "progresso moral", temos alguma razão para supor que uma deslegitimação semelhante venha a ocorrer (de modo mais consistente) com as desigualdades geradas por "Classe" e, sobretudo, por "Talento"? Não é possível afirmar nada a esse respeito. O talento e a capacidade produtiva diferenciados, que costumam ser atribuídos a mérito individual diferenciado, constituem a trincheira última e mais inexpugnável da justificação moral de desigualdades socioeconômicas. Sem penetrar nessa trincheira, será difícil que os eleitorados das democracias capitalistas em qualquer parte do mundo venham a aprovar reformas como a incorporação de uma renda básica da cidadania como um componente fundamental do *welfare state* ou alguma reforma institucional que tenha um propósito similar. Tudo o que a teoria da justiça pode dizer a esse respeito é que o critério normativo que deslegitima uma distribuição muito desigual de recursos sociais escassos passível de ser imputada a "Talento" é precisamente o mesmo que vem operando, nos últimos cento e cinqüenta anos, na deslegitimação moral de desigualdades que já são rejeitadas com muito mais veemência. O critério que distingue os efeitos da "sorte bruta" daqueles que devem ser atribuídos a escolhas e decisões individuais não foi produzido pela mente de um teórico, por Rawls ou por quem quer que seja. Trata-se do critério que empurra normativamente os processos de igualação social, por mais parciais e incompletos que sejam – e a justiça, da ótica adotada neste trabalho, não é uma questão de tudo ou nada –, nas sociedades em que o ideal de uma sociedade de iguais encontra ressonância política. Tudo o que uma teoria da justiça pode fazer é extrair todas as implicações de um padrão normativo socialmente gestado, implicações essas que, por sua vez, podem ir de encontro a percepções e convicções morais que ainda são compartilhadas por um grande número de cidadãos nas sociedades liberais de hoje.

Capítulo 2
A crítica de Cohen ao foco na estrutura básica

A discussão deste capítulo está fortemente conectada à do capítulo precedente. Examinarei, a seguir, a crítica mais sofisticada, no campo da teoria da justiça, ao tipo de integração de motivações que sustentei, no final do capítulo anterior, ser necessária à estabilidade normativa dos arranjos institucionais que objetivam reduzir ou mesmo neutralizar as desigualdades socioeconômicas geradas pelo fator "Talento". Essa crítica foi formulada por G. A. Cohen em uma admirável seqüência de ensaios escritos nos anos 1990, que tinham por alvo mais direto aquilo que Cohen denominou o "argumento dos incentivos" em favor do "princípio de diferença" ou do critério "maximin" de justiça social[1]. O que inicialmente se apresentou como uma crítica ao grau em que a justificação do princípio de diferença se apóia em incentivos econômicos geradores de desigualdades acabou se convertendo em uma objeção a outros componentes centrais da posição normativa que denomino "liberalismo igualitário", em particular a suposição de que o objeto da justiça social é, fundamentalmente, a estrutura básica da sociedade[2]. Para chegar à crítica ao foco na estrutura básica, primeiro é preciso passar pela discussão de Cohen sobre o princípio de diferença.

---

1. Cohen, 1992, 1995 e 1997.
2. Formulo uma definição dessa expressão no início da seção "A noção de igualdade humana fundamental" do capítulo precedente.

Duas interpretações do princípio de diferença

No argumento de Rawls a favor do princípio de diferença, os afastamentos em relação a uma distribuição estritamente igual de bens primários sociais são moralmente justificáveis quando são necessários para maximizar o quinhão distributivo, em termos absolutos, daqueles que se encontram na posição do indivíduo representativo mais desfavoravelmente situado na distribuição desses bens. Certa medida de desigualdade de renda e riqueza não se justifica somente por razões de eficiência econômica, mas também por razões de natureza *moral*[3]. Somos levados a endossar alguma versão do princípio de diferença quando inquirimos sobre o critério de justiça socioeconômica que seria mais igualitário sem que, no entanto, tivéssemos de recair em um igualitarismo estrito. Este último tem o defeito fatal, da ótica aqui adotada, de ignorar que o excedente passível de distribuição não constitui uma quantidade fixa; se esse fosse o caso, o quinhão de recursos sociais escassos propiciado a alguns só poderia ser aumentado se o de outros fosse reduzido na mesma proporção e, sob tais condições, uma divisão estritamente igual do que quer que houvesse para ser distribuído constituiria a única interpretação possível para a norma de igualdade. Em contraste, supõe-se que por trás da justificação do princípio de diferença os benefícios maiores concedidos aos mais talentosos podem contribuir para elevar o excedente passível de distribuição e, se a estrutura básica da sociedade tiver por base um princípio de reciprocidade, isso também contribuirá para melhorar o quinhão distributivo de todos, incluindo aqueles que estão na posição social mais desfavorável. O que ressalto, ao chamar a atenção para a natureza moral do argumento em favor do princípio de diferença, é que, uma vez que se rejeita um igualitarismo

---

3. "Certa medida" não é um primor de precisão, mas o leitor encontrará comentários sobre as exigências distributivas do princípio de diferença na seção "Desigualdade e loteria natural" do capítulo precedente.

estrito, esse princípio (ou alguma variação dele) é aquilo que de mais igualitário podemos conceber em matéria de justiça econômica. Mas a crítica de Cohen colocou em questão a suposição de que o "maximin" é essencialmente um princípio de justiça social, e não uma forma de compromisso com as desigualdades socioeconômicas produzidas por uma economia capitalista.

Na interpretação de Cohen, as desigualdades autorizadas pelo princípio de diferença são necessárias para incentivar os mais talentosos – aqueles que têm uma capacidade maior de contribuir para o excedente passível de distribuição – a dar o máximo de si e a colocar sua capacidade produtiva também a serviço da elevação dos benefícios sociais proporcionados àqueles que se encontram na extremidade social inferior. Para Cohen, esse argumento que apela a incentivos econômicos para elevar a produtividade dos mais talentosos justifica desigualdades que uma concepção de justiça social como a de Rawls não poderia aceitar[4]. Uma consideração preliminar a essa objeção é que Cohen não parece ter levado em conta as implicações distributivas que decorrem da realização do *primeiro* princípio de justiça da teoria de Rawls (o princípio que tem por objeto as liberdades civis e políticas), em particular aquelas que decorrem da exigência de garantir o "valor eqüitativo das liberdades políticas"[5]. Essa exigência impõe restrições às desigualdades que até mesmo o princípio de diferença autorizaria. Que nível de desigualdade socioeconômica a teoria de Rawls consideraria aceitável é um julgamento que não pode levar em conta somente um de seus componentes, mas também as implicações distributivas dos dois princípios de justiça considerados em conjunto. Deixemos, no entanto, passar esse primeiro ponto para prosseguir na discussão.

---

4. Ver, sobretudo, Cohen, 1992 e 1995.
5. Ver Rawls, 2008, seção 32, e sobretudo a discussão mais detalhada desse tópico em Rawls, 1993b, cap. VIII, seção 7. Ver, neste volume, a seção "Igualdade de oportunidades políticas", cap. 4, p. 148. Estlund (1998, p. 110) enfatiza as exigências distributivas do primeiro princípio.

Em suas *Tanner Lectures* de 1992, Cohen argumentou que a distinção traçada por Rawls entre desigualdades justas e desigualdades moralmente arbitrárias o obrigaria a distinguir entre uma "interpretação estrita" e uma "interpretação frouxa" do princípio de diferença[6]. De acordo com a interpretação estrita, as desigualdades que beneficiam os "high-fliers" do mercado de trabalho só são justificadas caso se possa demonstrar que, sem elas, os mais talentosos seriam incapazes de empregar seus talentos de forma a elevar o quinhão distributivo daqueles que estão na posição mínima. Na interpretação frouxa do princípio, os incentivos só são necessários porque os mais talentosos se recusariam a dar tudo de suas capacidades se tais incentivos não existissem. Nesse caso, as desigualdades geradas por esses incentivos só são "necessárias" de forma relativa às intenções que os próprios agentes – os mais talentosos – *escolhem* ter.

Para mostrar como a "interpretação frouxa" é inaceitável, Cohen sugere que consideremos o "argumento do incentivo", primeiro, tal como formulado de maneira impessoal, que é como esse argumento costuma se apresentar na discussão política, e, a seguir, na forma como apareceria se fosse um argumento que os mais talentosos e ricos apresentassem em primeira pessoa aos pobres não-talentosos. Cohen formaliza o "argumento do incentivo", em sua variante impessoal, da seguinte forma:

> As desigualdades econômicas se justificam quando melhoram materialmente a situação das pessoas que estão na pior posição. {Premissa maior, normativa};

> Quando a alíquota máxima do imposto de renda é de 40%, (a) os mais talentosos e ricos produzem mais do que o fazem quando essa alíquota é de 60%, e (b) os que estão na pior posição, em conseqüência, têm sua situação material melhorada. {Premissa menor, fatual};

---

6. Cohen, 1992, p. 311.

Portanto, a alíquota máxima de tributação não deve ser elevada de 40 para 60%.[7]

Se esse argumento soa plausível ao ser formulado desse modo impessoal, o mesmo não ocorre, sustenta Cohen, quando são os próprios talentosos e ricos que o proferem aos pobres não-talentosos, em primeira pessoa, para justificar as desigualdades geradas pelos incentivos aos "high-fliers". O "argumento do incentivo", nesse caso, se apresentaria como uma forma de chantagem: "se vocês elevarem o nível de tributação para as faixas mais elevadas de renda, nós (os mais talentosos) retiraremos nossa capacidade produtiva superior, o que terá por resultado a redução do quinhão distributivo de todos". Formulando-o dessa maneira, o "argumento do incentivo" não passa por um teste de aceitabilidade interpessoal apropriado àquilo que Cohen denomina "comunidade de justificação"[8]. Fomentamos uma comunidade desse tipo com nossos concidadãos quando nos dispomos a oferecer a eles justificações, para as políticas que defendemos, que se mantêm em pé mesmo variando-se as situações de "quem profere" e "quem ouve" o argumento[9]. Na boca dos mais talentosos e privilegiados, e em primeira pessoa, o "argumento do incentivo" pode ser uma justificação, mas não do tipo que seria exigida pelo ideal de comunidade de justificação. De fato, o teste interpessoal proposto por Cohen é uma variante dos procedimentos contrafatuais de deliberação moral que são discutidos (em sua relação com os procedimentos de deliberação política) no capítulo 4[10].

---

7. Cohen, 1992, p. 271. A referência fatual imediata de Cohen foi à reforma fiscal executada por Nigel Lawson, no governo de Margaret Thatcher na Inglaterra, que reduziu a tributação para os mais ricos. O "argumento do incentivo", no caso, oferece uma justificativa para que uma reforma dessa natureza não seja revertida.
8. Cohen, 1992, pp. 279-85.
9. *Ibid.*, p. 280.
10. Sobretudo nas seções "Argumentação moral e deliberação política" e "Razão pública e incerteza democrática" (em que examino a noção de Rawls de "razão pública", com a qual a noção de Cohen de "comunidade de justificação" tem muito em comum).

O princípio de diferença, em sua interpretação frouxa, é equivalente ao argumento do incentivo. No melhor dos casos, é um compromisso que leva em conta as intenções e atitudes que os mais talentosos e ricos cultivam nas sociedades injustas existentes e não aquilo que se propõe a ser, isto é, um princípio fundamental de justiça. No entendimento de Cohen, resta apenas a "interpretação estrita" que, como já foi dito acima, só aceita as desigualdades econômicas sem as quais os mais talentosos se veriam *incapacitados* a usar seus talentos de forma a elevar os benefícios para o indivíduo representativo mais mal situado. Cohen abre lugar para somente dois tipos de incentivos: 1) os necessários para recompensar as pessoas que se dispõem a exercer atividades especialmente árduas, perigosas ou estressantes (caso dos "encargos especiais"); e 2) os necessários para garantir uma certa "prerrogativa relativa ao agente", já que Cohen está disposto a admitir que a justiça é em si mesma uma forma de compromisso entre a igualdade e o interesse próprio[11]. Essas duas exceções, sobretudo a segunda, que garante "um direito modesto de interesse próprio", colocam problemas específicos para a argumentação de Cohen, mas o ponto a ser ressaltado no momento é outro.

Para o princípio de diferença (em sua interpretação estrita) ser implementado, é preciso, acredita Cohen, haver um *ethos* informado pelo princípio – uma cultura de justiça – na sociedade como um todo. Essa é a tese mais controversa da argumentação de Cohen que examinamos até aqui. Cohen duvida que indivíduos para quem as únicas desigualdades moralmente aceitáveis são aquelas que beneficiam os mais desprivilegiados possam desconsiderar essa convicção igualitária em suas escolhas *pessoais* – sobretudo em sua conduta econômica. Em uma sociedade justa, os mais talentosos não devem retirar seu trabalho e sua capacidade produtiva em resposta à elevação da tributação redistributiva somente porque isso seja o melhor da ótica de seu interesse próprio. Mas as exigências do "*ethos*

---

11. Cohen, 1992, pp. 295-304.

igualitário" de Cohen vão além disso e não se limitam à escolha de instituições, como sistemas tributários, elas se estendem às escolhas individuais. Os indivíduos de talento superior, em uma sociedade rawlsiana (sempre de acordo com Cohen), aceitariam dar tudo de si por um ganho relativamente modesto, se isso contribuísse para elevar os benefícios providos para os que estão na posição mínima, mesmo que tivessem a alternativa de só dar um uso socialmente benéfico para a própria capacidade produtiva se esse ganho fosse multiplicado várias vezes. À possível objeção de que cada uma dessas pessoas se veria diante de um problema de ação coletiva – "por que deveria ser *eu* a abrir mão das oportunidades de obter uma recompensa maior por minha capacidade produtiva se os mais desprivilegiados só serão beneficiados por essa escolha se as demais pessoas de talento superior adotarem a mesma conduta, algo que elas poderão não fazer?" – Cohen esclarece:

> (...) a questão apropriada aqui não é: em que consiste, independentemente do caráter da sociedade na qual se encontra, a obrigação moral de uma pessoa de talento superior que acredita na justiça rawlsiana? A questão correta é: como seria uma *sociedade* que é justa em conformidade com o princípio de diferença? Como, entre outras coisas, *em geral* se comportariam as pessoas de talento superior em uma tal sociedade? Se, como argumento, elas em geral aceitariam empregos por salários modestos, então cada uma delas poderia pensar que, juntamente com as demais, estaria fazendo uma diferença muito substancial para aqueles (que, de outra forma, estariam) muito desfavorecidos.[12]

Estrutura informal da sociedade

A resposta rawlsiana a essa tentativa de Cohen de extremar as exigências motivacionais impostas pelo princípio

---

12. Cohen, 1992, p. 313, nota 30.

de diferença tem por elemento central a restrição do objeto da justiça à estrutura básica da sociedade. Creio que vale a pena, no ponto em que estamos, citar uma passagem bem conhecida de *Uma teoria da justiça* em que essa temática emerge:

> A estrutura básica é o principal objeto da justiça porque suas conseqüências são profundas e estão presentes desde o início. Aqui a idéia intuitiva é que essa estrutura contém várias posições sociais e que as pessoas nascidas em condições diferentes têm expectativas diferentes de vida, determinadas, em parte, tanto pelo sistema político quanto pelas circunstâncias econômicas e sociais. Assim, as instituições da sociedade favorecem certos pontos de partida mais que outros. Essas são desigualdades muito profundas. Além de universais, atingem as oportunidades iniciais de vida; contudo, não podem ser justificadas recorrendo-se à idéia de mérito. É a essas desigualdades, supostamente inevitáveis na estrutura básica de qualquer sociedade, que se devem aplicar em primeiro lugar os princípios da justiça social. Esses princípios, então, regem a escolha de uma constituição política e os elementos principais do sistema econômico e social.[13]

O foco na estrutura básica sugere de imediato uma linha de resposta à argumentação de Cohen. Uma vez que o princípio de diferença, como um princípio de justiça social que é, só se aplica às instituições da estrutura básica da sociedade, os indivíduos de talento superior não o estão desconsiderando quando o ignoram em suas escolhas e decisões *pessoais*. A justiça só requer deles, assim como dos demais cidadãos, que contribuam para instaurar e preservar ao longo do tempo arranjos institucionais justos. Se esse dever de justiça for cumprido (o que não é pouca coisa), cada um estará livre para viver sua própria vida sem ter de avaliar, a cada momento, se suas escolhas pessoais se con-

---

13. Rawls, 2008, pp. 8-9.

formam a princípios de justiça. Em outros termos: a justiça institucional é uma condição para desonerar moralmente as escolhas pessoais[14]. Uma vez que com a idéia de um "*ethos* igualitário" Cohen não acredita que tal desoneração seja possível, é preciso colocar em questão o próprio foco da justiça na estrutura básica. De fato, outros componentes centrais da visão liberal-igualitária sobre o que é uma sociedade justa são igualmente colocados em questão. Esse é o caso, em particular, da partição de motivações a que fiz menção no final do capítulo anterior. Trata-se da suposição de que, ao passo que a atividade política dos cidadãos e seus representantes que têm por objeto os arranjos institucionais básicos deve ser (é desejável que seja) regulada por princípios de justiça, não há em princípio limites ao comportamento auto-interessado no mercado[15].

A réplica de Cohen a essa linha de resposta da perspectiva rawlsiana veio em um texto posterior a suas *Tanner Lectures*[16]. No seu ponto mais central, essa réplica oferece uma interpretação daquilo que Rawls entende por estrutura básica da sociedade como uma noção que se aplica exclusivamente a instituições *legalmente coercitivas*. Restringindo-se dessa maneira o alcance da noção de estrutura básica, o passo seguinte de Cohen consiste em mostrar que aquilo que poderia ser denominado "estrutura informal da sociedade" – basicamente, convenções ou estruturas não-coercitivas, *ethos* social e escolhas pessoais – também pode ter efeitos "muito profundos e [que] se fazem sentir desde

---

14. Retomo essa idéia de "desoneração moral" na seção "A teoria de Rawls da justiça internacional" (cap. 7, p. 233), ao fazer menção à forma como Rawls responde à objeção "Wilt Chamberlain" formulada por Robert Nozick. Nesse contexto, no entanto, recorro a essa idéia para criticar a forma como Rawls entendeu a extensão de sua teoria para o âmbito internacional.

15. Além daqueles, é claro, que também seriam aceitos por uma moralidade deontológica convencional do tipo discutido no início do capítulo anterior.

16. Cohen, 1997.

o início" sobre as oportunidades e expectativas de vida dos membros da sociedade. Muito brevemente, o exemplo de Cohen de *convenção ou estrutura não-coercitiva* é o dos padrões vigentes de comportamento com respeito à divisão do trabalho doméstico entre cônjuges que trabalham e à distribuição de oportunidades educacionais, dentro da família, entre meninos e meninas. Por "*ethos* social" se entendem as atitudes compartilhadas no que se refere a diferentes formas de relação com outros: pode-se pensar, por exemplo, em um *ethos* que celebra o sucesso competitivo ou, alternativamente, em um *ethos* que celebra a igualdade e a preocupação com os que levam a pior e os destituídos. Por fim, as *escolhas pessoais* que Cohen tem em mente dizem respeito a quanto de seus rendimentos um "high-flier" despende na satisfação de seus próprios desejos e a quanto disso ele estaria disposto a devotar aos menos favorecidos[17].

Caso se restrinja a aplicação dos princípios de justiça às "instituições legalmente coercitivas", então esses princípios não poderão ser empregados para criticar fatores que, apesar de pertencerem à "estrutura informal da sociedade", têm efeitos profundos sobre as expectativas de todos. Restringindo-se dessa maneira o objeto da justiça, a conduta maximizadora no mercado está claramente fora da estrutura básica; mas essa concepção de justiça, prossegue a réplica de Cohen, também não poderá ser empregada para criticar aquilo que muitos de nós entendemos ser um exemplo claro de injustiça, a saber, a distribuição intrafamiliar de recursos, oportunidades e encargos que prejudica as mulheres[18]. A alternativa a essa opção pouco palatável, para Cohen, é considerar todos esses fatores – estruturas não-coercitivas, *ethos* e certas escolhas pessoais (a dos "highfliers" no mercado) – como parte de uma noção muito mais abrangente de "estrutura básica da sociedade", estando por isso sujeitos à avaliação pelo princípio de diferença.

---

17. Cohen, 1997, pp. 19-20.
18. *Ibid.*, pp. 21-2.

Até aqui, limitei-me a expor a linha de objeção ao liberalismo igualitário articulada por Gerald Cohen. É hora de submetê-la a um exame crítico. É o que farei nas duas próximas seções.

A suposição de descontinuidade

Principio esta discussão do seguinte ponto: será mesmo em geral verdadeiro, como supõe Cohen, que se um critério de justiça como o princípio de diferença se aplica à estrutura básica ele também deve se aplicar a tudo o mais – convenções, *ethos* social e escolhas pessoais? Se os indivíduos que têm uma capacidade produtiva superior, e os cidadãos em geral, devem ter por objetivo garantir que os arranjos institucionais básicos se orientem por um dado critério de justiça, disso se segue que eles também se encontram sujeitos a uma obrigação de orientar sua conduta por esse mesmo critério? À primeira vista, isso soa plausível. Como poderia ser moralmente importante para nós nos empenharmos para que a estrutura básica de nossa sociedade promova um dado objetivo se esse mesmo objetivo não é moralmente importante para nós em nossa conduta pessoal? Se o princípio de diferença traduz essencialmente uma idéia de fraternidade, essa idéia não deveria também informar a conduta dos indivíduos, sobretudo dos mais talentosos, no mercado?[19] No entanto, não é em geral nem desejável nem verdadeiro que seja sempre preciso haver uma coerência perfeita entre os objetivos institucionais e as escolhas e as estratégias adotadas por aqueles que agem sob o arranjo institucional em questão.

Para perceber os motivos disso, pensemos no caso da justiça penal. Nós, na condição de cidadãos, queremos uma

---

19. Como argumentei no capítulo anterior, a neutralização das desigualdades geradas por "Talento", diferentemente daquelas geradas por "Classe", requer o reconhecimento institucional de um princípio de fraternidade.

justiça penal que tenha por objetivo central garantir a punição dos culpados por crimes que cometeram sem que inocentes sejam punidos. Esse é o objetivo institucional da justiça penal. Mas o fato de que o sistema deva funcionar de modo a realizar esse objetivo no grau máximo que seja factível não implica que todos os envolvidos na operação desse sistema devam guiar sua conduta diretamente pelo objetivo central do arranjo institucional. Os advogados de defesa, por exemplo, devem fazer tudo o que é legalmente permissível para proteger de punição mesmo pessoas sobre as quais recai forte suspeita de serem culpadas. Não há nenhuma esquizofrenia na conduta do advogado que, na condição de cidadão, endossa o objetivo central do sistema e, na condição de advogado de defesa, faz tudo o que é possível para evitar a punição ou minimizar a punição de uma pessoa que pode ser culpada.

Consideremos, agora, uma linha de defesa que alguns utilitaristas adotam para lidar com certas implicações contra-intuitivas da moralidade utilitarista quando aplicada, de forma direta, a todos os âmbitos da vida. Para o utilitarista, o objetivo de importância moral suprema é a elevação máxima do total líquido de felicidade, ou da felicidade média, no mundo. Mas isso não significa que esse objetivo de importância suprema seja mais bem promovido dirigindo-se todos os fatores considerados aqui – estrutura básica, convenções, *ethos* e escolhas pessoais – para a realização desse objetivo. Se tiver de decidir, a cada momento, se devo cumprir minhas promessas avaliando os efeitos dessa decisão para a utilidade social, poderei às vezes concluir que o critério de utilidade recomenda descumpri-las. Se outros raciocinam como eu, é possível que a própria prática de fazer (e cumprir) promessas acabe caindo em descrédito. Um "utilitarismo de normas" ou "indireto" aceita uma descontinuidade de motivações similar àquela que apontei no caso da justiça penal. Argumenta-se que, se é verdade que um mundo constituído por maximizadores de utilidade não leva à maximização da utilidade social, então as pessoas deveriam ser educadas para desenvolver quaisquer disposições e traços de caráter que fossem maximizadores da utilidade social que desenvolverem. Elas deveriam ser levadas a cultivar, por exemplo, a disposição de cumprir as próprias promessas[20]. Nós, como cidadãos de uma sociedade utilitarista justa, avaliamos práticas e instituições sociais de acordo com o critério de utilidade; mas, como indivíduo, cada um se dispõe a cumprir deontologicamente as exigências de tais práticas e instituições. Novamente, não se supõe que as escolhas pessoais devam ser motivadas pelos mesmos objetivos colocados como desejáveis para as práticas e instituições sociais. Essa argumentação costuma ser desenvolvida para mostrar de que forma uma perspectiva utilitarista pode acomodar exigências morais deontológicas que se aplicam à conduta individual. Mas também podemos vê-la como um esforço para lidar com os problemas que surgem quando um princípio de justiça social (nesse caso, o critério da "maior felicidade do maior número") é empregado para avaliar escolhas em todos os âmbitos da vida social e individual.

Cohen rejeita a suposição de descontinuidade presente nos dois casos examinados acima. Para ele, é característica necessária de uma sociedade justa que os próprios cidadãos sejam justos no sentido de reconhecerem que estão sujeitos a uma obrigação de maximizar a igualdade distributiva também em suas decisões e escolhas pessoais. Podemos, neste ponto, tornar o resultado da discussão até aqui mais vívido mostrando como o argumento de Cohen (contra a suposição de descontinuidade) pode ser plausivelmente rejeitado. Para simplificar, pensemos no caso de uma pessoa para quem uma sociedade justa deve alcançar um compromisso eqüitativo entre os interesses dos mais talentosos e os dos mais desfavorecidos. Essa pessoa rejeita as sociedades imaginadas por Nozick e Gauthier porque essas

---

20. John Stuart Mill (1961b) foi o primeiro a interpretar a moralidade utilitarista dessa forma.

sociedades dão muito aos mais talentosos e muito pouco aos mais vulneráveis e aos destituídos[21]. E rejeita também a visão de sociedade justa que Cohen supõe que Rawls estaria obrigado a defender – uma sociedade na qual a estrutura básica, as convenções, o *ethos* e as escolhas pessoais seriam guiados pelo objetivo de maximizar os benefícios para quem está na extremidade social inferior – porque o inverso se verificaria. Essa pessoa poderia, então, chegar ao seguinte compromisso: que se organize a estrutura básica da maneira como Rawls propõe – de forma a satisfazer (entre outras exigências) o princípio de diferença – e se deixem os indivíduos se empenhar por seus próprios interesses, dentro das restrições estabelecidas por essa estrutura básica, tão vigorosamente quanto o desejarem. *Sob* uma estrutura básica justa, a moralidade libertariana proposta por Nozick pode ter livre curso[22]. Esse compromisso imaginário tem o sentido de mostrar que um rawlsiano pode consistentemente se comprometer com a visão de que os arranjos institucionais básicos devem se orientar por um determinado objetivo sem por isso ter de se comprometer com a idéia de que todos os demais fatores sob controle humano – convenções, *ethos* e escolhas pessoais – também tenham de se orientar por esse mesmo objetivo.

Para encerrar esta seção, há um último ponto a ser esclarecido. Não há por que supor que a interpretação institucional do princípio de diferença conduza necessariamente à "interpretação frouxa" desse princípio, tal como formulada por Cohen. E, para explicitar esse motivo, adapto para a experiência brasileira um exemplo que o próprio Cohen apresenta com um propósito similar ao meu ao discutir este último ponto, a saber, o de mostrar que as exigências igualitárias do princípio de diferença são maiores do que se poderia supor à primeira vista. Consideremos o sistema de "segunda porta" ou de "dupla entrada" em hospitais públi-

---

21. Discuto as visões de Nozick e Gauthier em Vita, 2007, caps. 2 e 3.
22. Ver Nozick, 1974.

cos como o Hospital das Clínicas de São Paulo, que oferece aos pacientes que têm seguro ou plano privado de saúde um atendimento diferenciado, e melhor, do que é dispensado aos pacientes que só contam com a cobertura do Sistema Único de Saúde (SUS)[23]. É possível justificar a adoção desse sistema recorrendo a uma versão do "argumento do incentivo" descrito por Cohen. Pode-se argumentar, por exemplo, que o Hospital das Clínicas só conseguirá manter em seus quadros os médicos e profissionais mais talentosos se puder oferecer a eles incentivos apropriados, entre os quais uma remuneração próxima àquela que poderiam obter em instituições privadas. E, para garantir esse nível de remuneração, prossegue o argumento, os recursos extras obtidos pelo sistema de "dupla entrada" são necessários. A desigualdade de tratamento, dessa forma, se justifica em nome da manutenção da qualidade do atendimento, que também vai beneficiar os pacientes do SUS. A desigualdade se estabelece em benefício de todos, incluindo aqueles que estão na posição mais desfavorável. Poderia parecer, então, que o sistema de dupla entrada encontra apoio em um princípio de justiça como o maximin.

O ponto a ressaltar, para esta discussão, é que esse argumento não é uma aplicação correta do princípio de diferença. A razão para isso é simples. Só se pode justificar o sistema de "dupla entrada" como algo que beneficia os mais desfavorecidos aceitando-se como dada – sem justificação – a vasta desigualdade de renda que possibilita que alguns paguem convênios de saúde privados de boa qualidade, ao passo que a outros (muitos outros) não resta outra opção que não a de recorrer ao SUS. E não se demonstrou que essa desigualdade de renda tenha se estabelecido

---

23. Cohen (1992, pp. 269-70) discute um exemplo similar a este. Os defensores do sistema de "dupla entrada" no Hospital das Clínicas costumam alegar que as diferenças são somente de "hotelaria" (o que não seria pouco). Mas há fortes evidências de que o acesso a procedimentos como tomografias computadorizadas e ressonâncias magnéticas também é muito diferenciado para pacientes de convênios privados e para pacientes do SUS.

em benefício dos que estão na posição social mais desfavorecida[24]. É possível justificar o sistema de dupla entrada, mas a justificativa só poderá ser, no melhor dos casos, um compromisso com desigualdades moralmente arbitrárias, e não uma justificativa fundada em um princípio de justiça. É uma aplicação perversa do princípio de diferença tomar a estrutura de desigualdades socioeconômicas existente, e as atitudes e disposições que sob ela são cultivadas (sobretudo pelos mais privilegiados), como o *status quo* moral apropriado para avaliar que desigualdades se estabelecem em benefício dos que estão na posição social mínima. Esse é o equívoco central da "interpretação frouxa", corretamente apontado por Cohen. Mas a alternativa a isso não requer, como espero também ter demonstrado, que se abandone a interpretação institucional do princípio de diferença.

---

24. Observe-se que o princípio de diferença, tal como penso que é correto interpretá-lo, aplica-se aos arranjos institucionais – como o sistema tributário e de transferências – que determinam a distribuição de renda e riqueza na sociedade. Como já foi dito mais de uma vez, esse princípio aplica-se *exclusivamente* às desigualdades de renda e riqueza geradas pelo fator "Talento" (ver essa discussão no capítulo anterior). Nos termos da perspectiva normativa examinada aqui, a distribuição de cuidados básicos à saúde deve ser analisada da ótica do princípio de igualdade eqüitativa de oportunidades, e não com base no princípio de diferença. Constitui um sério erro de natureza objetal aplicar esse princípio à discussão de questões relativas ao acesso a serviços de saúde e a procedimentos médicos. Essa foi a crítica central que fiz (ver Vita, 2004) a um artigo de Carlos Dimas Martins Ribeiro e Fermin Roland Schramm, em que os autores afirmam que "numa sociedade eqüitativa, o Estado deveria oferecer uma gama variada de serviços médicos que seriam priorizados com base numa focalização que consideraria as condições socioeconômicas dos grupos sociais, conforme estabelece o princípio de diferença, e priorizando os interesses dos cidadãos mais desamparados". Ver Ribeiro & Schramm, 2004, p. 1144. Quer seja ou não justificada uma política de focalização na provisão de serviços médicos, o princípio de diferença não se presta a oferecer tal justificação. Um pouco adiante, os autores afirmam que "a teoria ética utilizada – a *justiça como eqüidade* – objetiva fornecer as regras normativas da estrutura básica da sociedade, incluindo um sistema de atenção à saúde, não sendo adequado aplicá-la inteiramente à distribuição de recursos à beira do leito". *Ibid.*, pp. 1146-7. Eu diria que *não é de modo algum* adequado aplicá-la à distribuição de recursos "à beira do leito".

Coercitividade ou publicidade?

Consideremos, agora, uma segunda linha de resposta à crítica de Cohen ao foco na estrutura básica. Recordemos a réplica de Cohen à resposta rawlsiana de que a conduta maximizadora dos "high-fliers" no mercado, em uma sociedade justa, não está sujeita à avaliação pelo princípio de diferença porque esse princípio tem sua aplicação restrita aos arranjos institucionais básicos. Como vimos na penúltima seção, Cohen replica que, restringindo-se o objeto da justiça à estrutura legalmente coercitiva da sociedade, isso certamente permite descartar como "não-estrutural" a conduta econômica maximizadora dos mais talentosos, mas a um custo moralmente proibitivo: o de ter de excluir do escopo da justiça práticas que vemos como injustiças claras, como aquelas que resultam em uma distribuição intrafamiliar de recursos injusta. A interpretação institucional dos princípios de justiça nos levaria a negligenciar uma forma patente de desigualdade de gênero?

A resposta ao contra-argumento de Cohen elabora de forma mais plausível o objeto fundamental da justiça. Sobre isso, apóio-me na linha de argumentação desenvolvida por Andrew Williams em um artigo de alguns anos atrás[25]. Será útil expô-la mais detalhadamente agora, pois acredito que também é possível empregá-la em um contexto distinto, na discussão do "enfoque da capacidade" de Amartya Sen[26]. O ponto de partida consiste em esclarecer melhor o que Rawls entende por "instituição". Peço licença para citar mais longamente algumas passagens da seção 10 de *Uma teoria da justiça*, em que Rawls expõe sua noção de instituição:

> Por instituição, entendo um sistema público de normas que define cargos e funções com seus direitos e deveres, po-

---
25. Williams, 1998.
26. Ver, neste volume, a seção "Por que bens primários?", cap. 3, p. 108.

deres e imunidades etc. Essas normas especificam que certas formas de ação são permissíveis e outras, proibidas; e estipulam certas penalidades e defesas, e assim por diante, quando ocorrem transgressões. Como exemplos de instituições ou, de forma mais geral, de práticas sociais, podemos citar jogos e ritos, julgamentos e parlamentos, mercados e sistemas de propriedades.

(...) A instituição existe em determinado momento e local quando os atos especificados por ela são regularmente realizados segundo um entendimento público de que se deve obedecer ao sistema de normas que a define. Assim, as instituições parlamentares são definidas por determinado sistema de normas (ou por uma família de tais sistemas, para permitir variações). Essas normas enumeram certas formas de ação que vão da realização de sessões do parlamento, passando pela votação de projetos de lei, ao levantamento de questões de ordem. Organizam-se vários tipos de normas gerais em um sistema coerente.

(...) Ao afirmar que a instituição, e, portanto, a estrutura básica da sociedade, é um sistema público de normas, quero dizer que todos nela envolvidos sabem o que saberiam se tais normas e sua participação nas atividades que essas normas definem fossem resultantes de um acordo. A pessoa que participa da instituição sabe o que as normas exigem dela e das outras. Também sabe que as outras pessoas sabem disso e sabem que ela sabe disso, e assim por diante. Decerto essa estipulação nem sempre é cumprida no caso das instituições existentes, mas é um pressuposto simplificador razoável. Os princípios de justiça devem aplicar-se a arranjos sociais entendidos como públicos nesse sentido. Quando as normas de determinado setor de uma instituição só são conhecidas por quem a ele pertence, podemos supor que existe um entendimento de que essas pessoas podem criar normas para si mesmas, contanto que essas normas se destinem a atingir fins amplamente aceitos e que outros não sejam prejudicados. A divulgação das normas da instituição garante que aqueles nela envolvidos podem saber que limitações de conduta esperar uns dos outros e quais são os tipos de atividade permissíveis. Há um fundamento comum para a definição das expectativas mútuas.[27]

Importa enfatizar, neste contexto, que o componente central dessa definição de instituição e de estrutura básica como um "sistema público de normas" não é a coercitividade legal, como o contra-argumento de Cohen supõe, e sim a *publicidade* – isto é, a medida em que a aplicabilidade, as exigências específicas e a obediência a essas normas são passíveis de se converter em "conhecimento comum" de todos os participantes. Essa concepção é complementada pela idéia de que é preciso distinguir entre as "normas constitutivas" de uma instituição, que estão sujeitas ao critério de publicidade, e as estratégias adotadas por indivíduos e grupos que agem procurando tirar proveito das oportunidades que essas normas lhes oferecem para realizar seus próprios interesses. Nas palavras de Rawls, "as estratégias e as táticas adotadas pelos indivíduos, essenciais como são à avaliação de instituições, não fazem parte dos sistemas públicos de normas que as definem"[28].

A partir dessa caracterização de "instituição", podemos reformular o argumento rawlsiano do foco na estrutura básica da maneira como se segue. Os princípios de justiça de Rawls prescrevem o estabelecimento de instituições que, *grosso modo*, garantam liberdades básicas iguais para todos, igualdade eqüitativa de oportunidades e a distribuição da renda e da riqueza de acordo com o princípio de diferença. Esses princípios, no entanto, não se aplicam a certas escolhas, por maiores que possam ser seus efeitos para o perfil distributivo que se produz, porque não há como avaliá-las nem por estarem em conformidade, nem por violarem normas que satisfazem o critério de publicidade que é central à concepção de instituição expressa nas passagens acima. Entre essas escolhas "não-institucionais", está a de

---

27. Rawls, 2008, pp. 66-7.
28. *Ibid.*, pp. 67-8.

uma pessoa que investe suas energias e capacidade produtiva superior para se tornar um "high-flier", em vez de guiar sua própria atividade econômica por um princípio igualitário de justiça distributiva. Note-se que dizer que elas estão fora do alcance de princípios de justiça aplicados somente às "normas constitutivas" que definem as instituições, e não às estratégias e decisões que os indivíduos adotam sob tais normas, não equivale a dizer que a conduta maximizadora do "high-flier" seja *recomendada*.

E por que essas escolhas pessoais não poderiam ser examinadas, mesmo que desejássemos, da ótica do critério relevante de publicidade? A resposta a essa questão depende de constituir um julgamento sobre até que ponto aquilo que Cohen denomina *"ethos* igualitário" pode ser considerado como realizando normas públicas – isto é, como um padrão que fornece normas passíveis de aplicabilidade geral, cujas exigências possam ser claramente identificadas e obedecidas por quase todos que a elas estejam submetidos. Como Williams observa, dois tipos de exigência desse *ethos* são especialmente importantes: exigências que bloqueariam os mais talentosos de pleitear recompensas desproporcionalmente grandes para o emprego pleno de sua capacidade produtiva ("obrigações distributivas"); e exigências que dizem respeito a escolhas de que talentos desenvolver e a escolhas de que carreira perseguir ("obrigações produtivas") – já que decisões e escolhas individuais desse tipo também podem, se guiadas por um "auto-interesse ocupacional" e nada mais, resultar em desigualdades socioeconômicas substanciais[29].

A pergunta central, com respeito a esses dois tipos de obrigações impostas pelo *ethos* igualitário de Cohen, é: a medida em que essas exigências são cumpridas ou não pode ser avaliada de forma a satisfazer o critério de publicidade que está no cerne da noção de Rawls de instituição? Haveria alguma forma de discernir em que casos o diferen-

---

29. Williams, 1998, p. 235.

A CRÍTICA DE COHEN AO FOCO NA ESTRUTURA BÁSICA 81

cial de rendimento se deve ao não-cumprimento das exigências do *ethos* igualitário ou, alternativamente, a um dos dois fatores de diferenciação de renda que Cohen supõe que seu próprio *ethos* autorizaria – os "encargos especiais de trabalho" e a "prerrogativa relativa ao agente"? David Estlund aponta *uma* outra complexidade moral envolvida na interpretação dessa prerrogativa de Cohen. "Razões relativas ao agente"[30] podem motivar uma pessoa a obter o máximo possível de sua capacidade produtiva no mercado porque essa é a maneira que ela encontra de conseguir beneficiar uma outra pessoa ou determinadas outras pessoas, com as quais tenha vínculos de afeição, amizade ou amor[31]. Mesmo uma pessoa que acredita que as instituições básicas de sua sociedade devem incorporar uma medida de fraternidade em relação àqueles que estão na posição mais desfavorável pode rejeitar, como moralmente implausível, uma noção de fraternidade segundo a qual nossas obrigações para com os cidadãos mais destituídos em geral deveriam sempre prevalecer, nas escolhas pessoais, sobre as obrigações que temos para com os que são parte do "pequeno pelotão ao qual pertencemos na sociedade"[32]. Dadas as dificuldades envolvidas, que não são somente motivacionais mas também de ordem informacional, é muito improvável

---

30. Ver o capítulo 1 de Vita (2007) para mais discussão sobre essa categoria de razões morais.
31. Estlund, 1998.
32. A expressão ("the little platoon we belong in society") é de Edmund Burke (1791). Interpreto-a de uma forma que não corresponde precisamente ao teor da passagem específica em que aparece, mas que é fiel, acredito, ao espírito comunitarista do pensamento político de Burke. Apesar de essa referência a Burke parecer um tanto fora de contexto na presente discussão, creio que Burke captou algo importante na crítica que fez, em *Reflections on the Revolution in France*, à fraternidade cruel dos revolucionários que, em nome dos interesses do povo francês, ou mesmo da humanidade como um todo, estavam sempre prontos a exigir o sacrifício das afeições, dos sentimentos de compaixão e dos laços identitários que constituem o núcleo da vida moral de cada um de nós no "pequeno pelotão ao qual pertencemos na sociedade". Como diz a passagem que serve de epígrafe a este volume, "justiça sem compaixão é um matadouro, e não justiça".

que tal *ethos* possa ser entendido como uma instituição que corporifica normas públicas – isto é, que possa fornecer, como diz Rawls, "uma base comum que determina as expectativas mútuas". E, se esse *ethos* não tem como satisfazer o critério de publicidade, ele permanece fora, mesmo em uma sociedade justa, da estrutura básica da sociedade e, em conseqüência, também do âmbito de aplicação de princípios de justiça. As decisões e as escolhas pessoais abrangidas pelo *ethos* igualitário, mesmo resultando em desigualdade distributiva substancial, não podem ser trazidas para o tribunal da razão pública (por assim dizer) da maneira como isso é possível no caso das "normas constitutivas" que definem instituições. A preocupação com arranjos institucionais como o sistema tributário e o sistema de transferências se deve ao impacto distributivo que têm *em combinação com seu caráter público*.

Consideremos, para finalizar essa discussão, o outro contra-exemplo de Cohen ao argumento rawlsiano do foco na estrutura básica: a injustiça doméstica. Como argumenta Cohen corretamente, é possível haver uma sociedade cuja estrutura básica seja *neutra* com respeito a gênero e, a despeito disso, gere muita pobreza associada à desigualdade de gênero em virtude de convenções e escolhas sexistas que privam as mulheres de oportunidades iguais de acesso à educação e a cuidados médicos e as prejudicam com um quinhão desproporcional dos encargos domésticos. Como diz Cohen, "para terem uma força coercitiva informal, não é preciso que tais expectativas [sexistas] sejam sancionadas pela lei: a estrutura familiar sexista é consistente com um direito da família neutro em relação a gênero"[33]. Um pouco adiante no mesmo ensaio, Cohen observa que "a injustiça distributiva que reflete escolhas pessoais que ocorrem sob uma estrutura coercitiva justa não pode de modo algum ser atribuída a essa própria estrutura, nem tampouco, por essa razão, a quem quer que a tenha instituído"[34].

---

33. Cohen, 1997, p. 22.
34. *Ibid.*, p. 24.

Não há dúvida de que, se a estrutura básica é justa, ela não pode ser considerada a causa da desigualdade em questão. Mas o fato de uma estrutura básica ser neutra com respeito a gênero não é suficiente para afirmar que ela seja *justa*. Um critério de justiça que tem por objeto arranjos institucionais não está obrigado a deixar convenções e *ethos* social da forma como existem. A interpretação institucional desse critério não nos compromete com uma visão liberal estreita da separação entre o público e o privado, segundo a qual aquilo que se passa em um âmbito da vida privada – neste caso, a família – deveria permanecer inteiramente insulado da ação política. Há muito a ser feito por instituições e políticas públicas para combater a injustiça intrafamiliar. Pensemos, por exemplo, no caso da violência doméstica – uma pesquisa recente realizada em dez países, sob a coordenação da Organização Mundial da Saúde, ajudou a dar uma idéia mais clara de proporções desse problema[35]. Não basta que a estrutura básica de uma sociedade não sancione a conduta de homens que acreditam que têm o direito de espancar ou de abusar sexualmente da mulher, das filhas ou das irmãs desde que façam isso entre as quatro paredes de sua casa. Também não basta, para descartarmos a estrutura básica da sociedade em questão como um dos fatores que fomentam essa forma de injustiça, que a conduta dos agressores seja meramente criminalizada, ainda que tipificá-la e criminalizá-la de maneira apropriada já possa representar um avanço importante[36]. Além de um esforço

---

35. No Brasil, a pesquisa "Violência contra a mulher e saúde no Brasil – estudo multipaíses da OMS sobre saúde da mulher e violência doméstica" foi realizada pelo Departamento de Medicina Preventiva da USP, em parceria com duas associações, o Coletivo Feminista Sexualidade e Saúde e o SOS Corpo – Gênero e Cidadania. Com base em entrevistas realizadas em São Paulo e na Zona da Mata de Pernambuco, o estudo constatou que perto de um terço das mulheres que já tiveram relações íntimas com homens afirma que já foram vítimas de agressões físicas ou sexuais cometidas por seus parceiros.

36. Para exemplificar, até 2005, um artigo do Código Penal Brasileiro (artigo 107) estabelecia que o casamento do estuprador com a vítima constituía uma razão para a extinção da punibilidade. Essa causa de extinção de punibi-

educativo para deslegitimar a convenção sexista que autoriza esse tipo de conduta, a autoridade política pode realizar reformas institucionais e implementar políticas com o objetivo de garantir às vítimas da violência doméstica os meios necessários para enfrentá-la. Isso vai desde a reforma do aparato policial e judiciário (por exemplo, a criação de juizados especiais para a violência doméstica) até a provisão pública das formas de apoio (assistência jurídica e psicológica, lares e renda substitutos) que são necessárias às mulheres cuja única alternativa é a "saída" da comunidade familiar. Um raciocínio semelhante pode ser desenvolvido em relação à distribuição intrafamiliar desigual – sempre em detrimento das mulheres, e das meninas em particular – de recursos, que é uma prática social corrente em grande parte do mundo em desenvolvimento. Não basta a uma estrutura básica que aspira ser justa que não existam obstáculos legais (o que também pode ocorrer) à igualdade de oportunidades educacionais e ocupacionais entre homens e mulheres. É preciso, ademais, haver reformas institucionais e políticas voltadas para expandir o acesso das mulheres à educação, a cuidados médicos, a benefícios sociais, à propriedade da terra e de capital, ao crédito e ao mercado de trabalho[37]. Nos termos da nossa discussão

---

lidade foi abolida pela Lei 11.106/2005. Em 7/8/2007, entrou em vigor a Lei 11.340, "Lei da violência doméstica e familiar contra a mulher", conhecida por Lei Maria da Penha, que não somente tipifica e criminaliza as condutas de agressão à mulher como também prevê várias das medidas de proteção a mulheres agredidas que são mencionadas a seguir.

37. Ver, por exemplo, Sen, 1995, cap. 8; 1999, caps. 8 e 9. Ver também aqui a nota 26 do capítulo 6, sobre o cálculo de Sen sobre o número de "mulheres faltando", no sul da Ásia, em virtude da distribuição intrafamiliar de recursos. Sen (1999, p. 201) observa que o acesso à propriedade da terra e de capital é fortemente enviesado em favor dos homens em muitos países do mundo em desenvolvimento. Isso, por sua vez, restringe o acesso que as mulheres, sobretudo as mais pobres, têm ao crédito. Não basta haver uma preocupação com o acesso das meninas à educação, por mais importante que isso seja, se a expansão das oportunidades educacionais não for complementada pela expansão das oportunidades econômicas das mulheres. Susan Moller Okin, que provavelmente foi a mais importante teórica política feminista das

A CRÍTICA DE COHEN AO FOCO NA ESTRUTURA BÁSICA 85

ações nessa direção são iniciativas de natureza institucional que, no entanto, oferecem incentivos sociais poderosos para que convenções geradoras de desigualdades de gênero, no grupo familiar, venham a ser alteradas. Considerações dessa natureza começam a ser levadas em conta em algumas áreas de política social no Brasil, por exemplo, quando se elege a mulher como alvo preferencial para o recebimento de benefícios familiares em programas como o Bolsa-Família, reforma agrária e programas habitacionais. Além de contribuírem para fortalecer a posição da mulher dentro da família, ações desse tipo também são a maneira mais efetiva de beneficiar o grupo familiar em seu conjunto, as crianças em particular. As evidências são abundantes, em diferentes países do mundo em desenvolvimento, no sentido de que, enquanto os homens tendem a considerar os rendimentos que obtêm antes de tudo como seus, as mulheres vêem a renda e os benefícios que obtêm como recursos a serem empregados no bem-estar da família[38].

É possível, portanto, e contrariamente àquilo que Cohen argumenta, restringir a aplicação de princípios de justiça a instituições sem que implique fechar os olhos para a injustiça no âmbito familiar. A razão disso está relacionada, novamente, com o entendimento que Rawls tem do que é uma instituição à qual são aplicados os princípios de justiça. Diferentemente do contra-exemplo de Cohen que já foi discutido – o da conduta maximizadora (e geradora de desigualdade distributiva) no mercado –, as convenções e condutas familiares que geram desigualdade de gênero são passíveis de ser examinadas e criticadas no tribunal da razão pública. As "normas constitutivas" dos arranjos institucionais e políticos colocados em prática para combater essa for-

---

décadas recentes, em um de seus últimos trabalhos (ela faleceu prematuramente em 2004, quando contava com apenas 57 anos de idade), escreveu um ensaio de revisão da literatura recente, especialmente na área de Teoria Política, sobre questões de gênero, pobreza e desenvolvimento social. Ver Okin, 2003.

38. Ver a breve referência que faço, na nota 41 abaixo, à "ética do cuidado".

ma de desigualdade têm como satisfazer o critério da publicidade e podem se converter em "uma base comum que determina as expectativas mútuas". Como diz o *slogan* feminista, "o pessoal é político". Mas há uma forma de entender esse *slogan* que não nos obriga a retirar da noção de justiça seu foco institucional.

Imparcialidade moral de segunda ordem

Encerro este capítulo com uma reflexão sobre o tipo de imparcialidade moral que é incorporado pela moralidade política proposta pelo liberalismo igualitário. É muito comum que se perca de vista que as exigências da imparcialidade moral, nessa perspectiva normativa, se restringem à avaliação pública, realizada pelos cidadãos e seus representantes, dos arranjos institucionais básicos e decisões políticas fundamentais. Trata-se, como diz Brian Barry, de uma imparcialidade moral "de segunda ordem"[39]. O que está em questão aqui é a proposição de que as exigências da imparcialidade moral não devem ser "trazidas" (como Cohen supõe) do âmbito institucional para a avaliação de tudo o mais que se encontra sob controle humano. O "eu liberal" – entendendo-se por isso a individualidade que se encontra pressuposta na moralidade política liberal-igualitária discutida neste capítulo e no anterior – não é um "ser desencarnado", como afirmou um crítico comunitarista do liberalismo pouco mais de vinte anos atrás[40], sempre pronto a se despir de tudo aquilo que dá "enchimento" moral à vida das pessoas comuns para se conceber como puro agente de deliberação moral em uma posição original rawlsiana ou em um procedimento similar, tal como o imperativo categórico kantiano. Muito diferente disso, o "eu liberal" percebe que as formas de deliberação moral aplicadas

---

39. Barry, 1995a, Parte III, especialmente cap. 10.
40. Sandel, 1984 e 1985.

a instituições e decisões políticas fundamentais podem não ser apropriadas, e como regra geral não o são, para julgar que deveres e responsabilidades cada um tem em outros âmbitos da vida social e pessoal[41].

Permitam-me formular a mesma idéia de uma outra perspectiva. Para isso, consideremos o conhecido "Dilema de Heinz", um dos dilemas dos quais Lawrence Kohlberg se valia, em suas pesquisas empíricas, para determinar o nível de desenvolvimento moral de seus respondentes:

> Em uma cidade da Europa, uma mulher estava a ponto de morrer de um tipo muito raro de câncer. Havia um remédio, feito à base de Rádio, que os médicos imaginavam que poderia salvá-la, e que um farmacêutico da mesma cidade havia descoberto recentemente. A produção do remédio era cara, mas o farmacêutico cobrava por ele dez vezes mais do que lhe custava produzi-lo: o farmacêutico havia pago 400,00 pelo Rádio, mas cobrava 4000,00 por uma pequena dose do remédio. Heinz, o marido da enferma, procurou todos que conhecia para pedir-lhes dinheiro emprestado, e tentou todos os meios legais para consegui-lo, mas só pôde obter uns 2000,00, que era justamente a metade do que custava o medicamento. Heinz disse ao farmacêutico que sua mulher estava morrendo e lhe pediu que vendesse o remédio mais barato, ou que o deixasse pagá-lo depois. Mas o farmacêutico respondeu: "Não, eu descobri o remédio e vou ganhar dinheiro com ele." Assim, depois de tentados todos os meios legais, Heinz se desespera e considera arrombar a far-

---

41. De acordo com esse entendimento, não há por que supor que o "eu liberal" tenha um viés de gênero. Uma vez que se aceite que a justiça é sobretudo uma virtude de instituições, e não da conduta individual, não há por que opor, como algumas feministas fizeram, uma "ética da justiça" (preocupada com direitos e com a eqüidade, que seria própria do universo moral masculino) a uma "ética do cuidado" (que privilegia o cultivo e a preservação das relações pessoais à "justiça abstrata" e seria típica do universo moral feminino). A oposição entre as duas éticas foi proposta primeiro por Gilligan (1982). Kymlicka (1990, pp. 262-86) faz um bom apanhado da discussão, no entanto, não menciona o argumento do foco (dos princípios de justiça) na estrutura básica, desenvolvido neste capítulo, como essencial à compatibilidade entre as duas éticas.

mácia para roubar o remédio para sua mulher. Deve Heinz roubar o remédio?[42]

De acordo com Kohlberg, o estágio mais elevado daquilo que ele denominou "moralidade pós-convencional", a moralidade de princípios, responderia (considerando-se que o direito à vida deve ser colocado moralmente acima do direito de propriedade, mesmo quando conferir essa prioridade ao primeiro implica infringir uma norma legal) "sim" à questão apresentada pelo dilema. Mas o que a justiça rawlsiana teria a dizer a Heinz? Diversamente do que Kohlberg supôs[43], a resposta é: *nada*[44]. A única coisa a dizer, da ótica da teoria política normativa examinada aqui, é que os cidadãos e seus representantes têm uma responsabilidade coletiva, como a que foi vista no início do capítulo anterior, de instituir arranjos e políticas – digamos, um sistema público de saúde de boa qualidade – sob os quais ninguém seja privado, por falta de recursos financeiros, do acesso a cuidados médicos essenciais.

Observe-se que a introdução do "Dilema de Heinz" altera a perspectiva de nossa discussão em um ponto importante. A crítica de Cohen coloca em questão a estabilidade normativa de uma sociedade *justa* tal como concebida pelo liberalismo igualitário. Já situações como o "Dilema de Heinz" só podem se apresentar, de forma realística, sob circunstâncias de graves injustiças. Mas, de ambas as perspectivas, a concepção de progresso moral exposta no capítulo anterior requer que as exigências de imparcialidade moral sejam dirigidas ao âmbito apropriado. Pensemos em uma adaptação do Dilema de Kohlberg. Suponhamos que Severino, retirante nordestino submetido a circunstâncias de destituição extrema e sofrendo os efeitos de uma seca pro-

---

42. Kohlberg, 1992, p. 589.
43. Kohlberg denominava o estágio seis de sua teoria do desenvolvimento moral, aquele da moralidade de princípios, "rawlsianismo" ou "kantismo".
44. Sigo aqui a análise de Barry (1995a, cap. 10).

longada, se veja diante desta situação: ou participar de saques de alimentos (o chamado "saque famélico"), ou correr o risco de ver sua família morrer de inanição. O que ele deveria fazer? A justiça rawlsiana, como interpretada neste volume, não tem nada a dizer a Severino sobre o que *ele* deveria fazer, tampouco seria apropriado que outros a invocassem caso devessem deliberar sobre o que é certo Severino fazer na situação em que se encontra[45]. É um equívoco trazer as exigências de imparcialidade moral que se aplicam ao nível institucional para a avaliação de escolhas e decisões dilemáticas que estão no plano da conduta individual. Como no "Dilema de Heinz", a única recomendação possível é que os cidadãos e seus representantes empreendam as ações institucionais e implementem políticas públicas necessárias para que ninguém se veja diante das escolhas desesperadas de Severino. Somente se esse dever encontra um reconhecimento institucional apropriado podemos falar, pelo menos da ótica normativa adotada aqui, em "desenvolvimento moral" e "progresso moral".

No capítulo 4, examinarei de que forma deveríamos entender a relação entre formas de deliberação (hipotética) que incorporam as exigências da imparcialidade moral de segunda ordem exposta aqui e a deliberação política efetiva. Antes disso, porém, ainda há uma questão a respeito das teorias da justiça distributiva em sentido mais estrito. Supondo que estejamos de acordo, pelo menos em benefí-

---

45. O "Dilema de Severino" corresponde à situação com respeito à qual os filósofos do direito natural, de Tomás de Aquino em diante, entendiam que "um direito de necessidade" se aplica. Mas o direito de necessidade (que aos olhos desses filósofos poderia justificar, por exemplo, a invasão de celeiros em episódios de fomes epidêmicas) não era, para eles, um componente do curso normal da justiça. Não se poderia apelar a normas de justiça para justificar um direito de necessidade, porque esse direito só deveria ser exercido em circunstâncias de *colapso* das normas de justiça. Ver, para discussão desse tópico, Fleischacker, 2006, cap. 1. Ainda que a noção de justiça da tradição do direito natural difira, em aspectos centrais, da noção empregada neste trabalho, não vejo razão para discordar desse entendimento do direito de necessidade em particular.

cio da argumentação, no que se refere a princípios de justiça terem sua aplicação limitada aos arranjos institucionais básicos da sociedade, mesmo assim, pelo que foi dito até este ponto, não está claro o que, precisamente, esses arranjos institucionais deveriam distribuir entre os cidadãos de uma sociedade democrática com base em princípios de justiça. É o que examinaremos no capítulo a seguir.

Capítulo 3
Justiça distributiva: a crítica de Sen a Rawls

Que concepção de justiça distributiva melhor traduz as preocupações daqueles que têm sentimentos igualitários fortes? Essa questão constitui o foco de um dos debates mais importantes, na teoria política normativa contemporânea, que se estruturaram a partir da publicação de *Uma teoria da justiça*, de John Rawls, em 1971. Neste capítulo examinarei a contribuição de Amartya Sen a esse debate, confrontando-a com as formulações de Rawls[1]. Em outro trabalho, examinei a posição utilitarista, rejeitada tanto por Rawls quanto por Sen, com respeito à mesma questão[2]. A discussão agora se restringirá ao que se pode entender como uma "briga em família". O exame dessa controvérsia vale a pena como parte do esforço para aclarar as idéias normativas que empregamos ao lidar com questões de desigualdade e pobreza.

Sen não propôs, de fato, uma teoria da justiça alternativa à de Rawls, em parte porque seu "enfoque da capacidade" é, em vários aspectos (como veremos), tributário das estruturas normativa e ideológica da teoria de Rawls. Mas não se trata somente disso. Uma teoria da justiça é, em es-

---

1. Desde suas *Tanner Lectures* de 1979, Sen (1980) publicou um volume impressionante de textos (um dos quais, 1993b, publicado no Brasil) sobre o tema. As idéias centrais de seu enfoque normativo, no entanto, estão muito bem representadas em Sen, 1985b, 1992 e 1999.
2. Vita, 2007, cap. 4.

sência, uma proposta de equilíbrio entre exigências de valores políticos como a liberdade, a igualdade, a fraternidade e a eficiência, que são conflitantes mesmo dentro da tradição política na qual esses valores têm uma saliência maior. Uma concepção de justiça propõe que se acrescente não mais um valor a essa lista e sim uma forma específica de arbitrar as exigências e o peso relativo desses valores políticos centrais. Rawls argumenta que sua proposta de arbitragem é a que melhor acomoda (e estende de forma plausível) os "julgamentos ponderados de justiça" que ocupam um lugar central na tradição política democrática[3]. O enfoque normativo de Sen não tem essa abrangência. Ainda que aceitássemos sua noção de "igualdade de capacidades" como sendo a interpretação mais correta das exigências da igualdade distributiva, ficaríamos sem saber como o enfoque em questão acomoda convicções sobre o valor das liberdades fundamentais ou do império da lei. O que Sen nos propõe não é propriamente uma teoria da justiça, mas uma concepção de justiça distributiva em sentido estrito. É nesses termos que vou examiná-la a seguir, com o propósito de investigar em que medida representa, como quer Sen, um avanço genuíno em relação àquela defendida por Rawls.

Nem perfeccionismo moral nem utilitarismo

A questão de ordem mais geral desta discussão é: supondo-se que temos convicções igualitárias, em que aspectos ou com respeito a que deveríamos ter por objetivo tornar as pessoas tão iguais quanto possível? Com base em que deveríamos comparar os níveis relativos de vantagem ou de benefício individual? Essas questões, que são centrais para o pensamento político igualitário, mereceram bem pouca atenção de teóricos e pensadores igualitários que prece-

---

3. Rawls, 2008, pp. 58-62.

deram Rawls[4]. Da resposta que a elas se dê depende a especificação dos objetivos para os quais as instituições e as políticas igualitárias – existentes ou propostas – devem estar orientadas.

Assim como Rawls, Sen esforça-se por identificar um espaço de avaliação normativa intermediário entre uma concepção plenamente objetiva de bem-estar e outra inteiramente subjetiva ("welfarista"). Concepções plenamente objetivas, ou "perfeccionistas", não têm como lidar com um dos componentes centrais daquilo que Rawls denominou "circunstâncias da justiça": o pluralismo moral. Nas sociedades modernas, sobretudo nas liberal-democráticas, rejeita-se a crença – que pode ter sido considerada verdadeira, por exemplo, pelos cidadãos da *pólis* grega – de que há somente um modo de vida ou de atividade na qual as formas de excelência moral e intelectual distintivas do ser humano podem se desenvolver. Alguns acreditam que a distribuição social de direitos, deveres, oportunidades e recursos deveria obedecer às exigências de um ideal de cidadão ativo e de democracia participativa. Outros, no entanto, podem considerar que a vida do cidadão ultraparticipativo é alienante e talvez prefiram contar com autoridades eleitas e responsabilizáveis que os liberem para empregar seus quinhões de recursos sociais escassos para promover as formas de excelência artística, científica ou religiosa que consideram ter um valor intrínseco. Não há como comparar quinhões distributivos tendo por referência concepções incomensuráveis sobre o que torna a vida humana digna de ser vivida.

Mas a recusa ao perfeccionismo moral não deveria nos levar a adotar uma concepção "welfarista" de bem-estar.

---

4. Essa questão foi quase que inteiramente ignorada por Marx e pelos marxistas. Como observa G. A. Cohen (1994), os socialistas clássicos acreditavam que a igualdade econômica era tanto historicamente inevitável como moralmente correta e acreditavam mais fortemente na primeira suposição do que na segunda. E, porque achavam que a igualdade econômica viria de todo modo, eles não despenderam muito tempo refletindo sobre a igualdade entendida como uma norma moral.

Uma concepção desse tipo estima o bem-estar de uma pessoa unicamente em termos de suas reações mentais ou apreciações subjetivas. Há duas variantes principais (duas acepções de "utilidade" individual): os estados mentais podem ser avaliados por um cálculo benthamita de prazer *versus* dor; ou as apreciações subjetivas do agente podem ser levadas em conta mediante um cálculo de satisfação *versus* frustração de desejos e preferências. Esta segunda é hoje, de longe, a mais influente das duas e impera em áreas do conhecimento como a economia do bem-estar, a filosofia moral e política utilitarista e os enfoques "econômicos" sobre a democracia e a justiça. Não tratarei aqui da métrica welfarista de estimação do bem-estar, mas parece-me indispensável mencionar as razões pelas quais Sen a rejeita.

Não se trata somente da dificuldade, normalmente apontada na literatura da economia do bem-estar, de realizar comparações interpessoais de utilidade que levem em conta, como seria necessário para uma teoria da justiça distributiva que adotasse a métrica subjetiva, também a intensidade dos desejos e das preferências. Antes disso, há o problema de por que desejos, e mesmo desejos intensos, devem ser considerados a fonte única daquilo que tem valor no bem-estar de uma pessoa. Quando desejos e preferências são tomados não como uma *evidência* de que algo é valorizado, mas como a fonte única de valor, nossa avaliação de níveis relativos de bem-estar tenderá a tomar como pontos de partida legítimos desejos que podem significar somente adaptações, não raro penosas, a circunstâncias arbitrárias. Esse problema se apresenta, sobretudo, nos contextos de destituição e desigualdades profundas e arraigadas, que tenderão a ser naturalizadas pela métrica welfarista:

> (...) nossa interpretação do que é possível em nossa situação e posição pode ser crucial para a intensidade de nossos desejos, e pode afetar até mesmo o que ousamos desejar. Os desejos refletem compromissos com a realidade, e a realidade é mais dura com uns do que com outros. O destituído desesperançado que deseja somente sobreviver, o trabalhador

sem-terra que concentra seus esforços em garantir a próxima refeição, a empregada doméstica em regime de dia-e-noite que anseia umas poucas horas de descanso, a dona de casa subjugada que luta por um pouco de individualidade podem ter, todos eles, aprendido a ajustar seus desejos a suas respectivas condições. As destituições que sofrem são silenciadas e abafadas pela métrica interpessoal da satisfação de desejos. Em algumas vidas, as pequenas mercês têm de contar muito.[5]

Não é infreqüente que as vítimas da destituição e de desigualdades arraigadas, talvez para evitar o sofrimento causado por dissonância cognitiva, desenvolvam desejos e preferências que, por exigir muito pouco dos recursos sociais escassos, acabam por reforçar essas mesmas desigualdades[6]. Em um nível mais elevado de abstração, esse "argumento das pequenas mercês" evidencia a relação inadequada que as concepções subjetivas de bem-estar estabelecem entre desejos e valor. Desejar algo, mesmo intensamente, não é uma razão suficiente para julgar – sobretudo da ótica de uma teoria da justiça social – que algo valioso esteja em questão. "O fato de termos um desejo intenso", diz Rawls, "não diz nada sobre em que medida é apropriado satisfazê-lo, do mesmo modo que a força de uma convicção não nos diz nada sobre sua verdade."[7] Considerando que *valorizar* – conferir valor moral a alguma coisa – é uma atividade reflexiva, de forma que meramente desejar ou ter uma preferência não o é, o mais plausível, sustenta Sen, é inverter a relação: porque algo tem valor, isso constitui uma razão para o agente desejá-lo ou preferi-lo[8]. Avaliar a vantagem individual de pessoas submetidas à destituição e a

---

5. Sen, 1985a, p. 191.
6. O "argumento das pequenas mercês" de Sen é complementar à crítica de Rawls às implicações distributivas inaceitáveis da métrica welfarista também no caso daqueles que desenvolvem "gostos caros" (ver Rawls, 1982, e Vita, 1995, para uma discussão mais desenvolvida sobre esse tópico).
7. Rawls, 1982, p. 191.
8. Sen, 1985a, pp. 189-90; 1985b, pp. 31-2.

desigualdades profundas somente por seus desejos e preferências efetivos significa corroborar a injustiça de que são vítimas. Essa avaliação, para Sen, terá de recorrer a escolhas ou preferências "contrafatuais"[9]. Temos de perguntar pela vida que a pessoa *escolheria* viver se não estivesse submetida a certas circunstâncias arbitrárias. Uma pessoa escolheria, se pudesse, viver uma vida na qual estivesse livre da morte por moléstias facilmente curáveis, de epidemias controláveis por políticas preventivas apropriadas e da destituição extrema. A idéia tem mais força quando as escolhas contrafatuais têm por objeto a eliminação de malefícios evidentes. (Teremos de voltar a esse ponto adiante, para ver se não há aqui uma objeção ao enfoque de Sen.) Mas é suficiente para explicitar as razões pelas quais a métrica welfarista pode levar a avaliações inaceitáveis da vantagem individual[10].

Igualdade do quê?

E como podemos identificar um fundamento normativo para a avaliação dos níveis relativos de vantagem individual que rechace o welfarismo sem com isso recair em uma concepção perfeccionista de bem-estar? O problema da seleção do "espaço de avaliação", como diz Sen, é central porque não há como tornar as pessoas iguais simultaneamente em todas as dimensões que podemos considerar importantes para avaliar a vantagem individual. A razão para isso é a diversidade humana. As pessoas diferem em suas circunstâncias sociais (renda, riqueza, nível cultural e

---

9. Sen, 1992, pp. 64-9.
10. Mesmo com respeito aos itens que certamente fariam parte de uma lista de "malefícios evidentes", note-se que uma pessoa pode não desenvolver um desejo de não estar sujeita a epidemias controláveis, por exemplo, simplesmente porque não vê isso como uma possibilidade real para sua vida. Sua própria escala de preferências pode não priorizar a eliminação desses malefícios.

educacional da família), em seus talentos e capacidades naturais (incluindo-se aí quão saudável é a saúde de uma pessoa), em seus gostos e preferências e em seus valores. Nenhuma concepção de igualdade distributiva pode tornar as pessoas iguais em todas essas dimensões ao mesmo tempo, das circunstâncias sociais ao nível de realização das preferências e dos valores de cada qual. A opção por torná-las iguais em uma dessas dimensões implica aceitar que elas se tornem desiguais em outra.

Suponhamos adotar a métrica utilitarista discutida na seção anterior e considerar que aquilo que realmente importa para os igualitários é tornar as pessoas tanto quanto possível iguais nos níveis de utilidade individual (ou de "felicidade") efetivamente alcançados. Nesse caso, uma distribuição muito desigual de recursos materiais e de oportunidades seria necessária para equiparar os níveis de utilidade daqueles que desenvolvem gostos e preferências dispendiosos aos daqueles que aprenderam a ajustar suas expectativas às circunstâncias penosas de sua vida. A igualdade de níveis efetivos de utilidade implica uma profunda desigualdade em outro espaço de avaliação, em benefício daqueles que necessitam de quinhões maiores desses recursos para alcançar o mesmo nível de utilidade de outros cujos gostos são mais modestos. Ou então, suponhamos que os igualitários só se preocupassem em tornar a distribuição da renda tão igual quanto possível. Políticas igualitárias limitadas a esse objetivo implicariam quinhões muito desiguais de benefício individual, pois, dadas as variações de dotação natural, permaneceria desigual a capacidade de converter um quinhão eqüitativo de renda nas realizações que cada um julga serem valiosas. Uma pessoa portadora de deficiência física severa, por exemplo, teria muito mais problemas que uma pessoa saudável para converter um mesmo nível de renda nos objetivos que considerasse serem valiosos para sua vida. Esse não é um argumento contra distribuir renda, mas certamente é um argumento contra restringir as preocupações igualitárias *somente* à distribuição de renda.

A forma de igualdade com a qual os igualitários deveriam se preocupar, segundo Sen, é a "capacidade igual de funcionar" de várias maneiras. Aqui é necessário introduzir terminologia. O que realmente importa não são as "titularidades" de bens e recursos, *de per se*, e sim os estados e atividades valiosos – que Sen denomina *functionings* – aos quais esses bens e recursos possibilitam que as pessoas tenham acesso. Exemplos de *functionings* valiosas são estar adequadamente nutrido e vestido, estar livre de epidemias e da morte por doenças facilmente curáveis, ser alfabetizado, poder aparecer em público sem sentir vergonha de si mesmo, desenvolver um senso de auto-respeito, ser capaz de participar de forma ativa da vida da própria comunidade[11]. A noção normativa mais abrangente no enfoque de Sen, no entanto, não é de *functioning*, como tal, e sim de *capacidade*. As *functionings* constituem os ingredientes do bem-estar; e as *functionings* que uma pessoa consegue realizar (ou ter acesso) em sua vida definem o nível de bem-estar efetivamente alcançado. Mas o bem-estar alcançado não é, para Sen, uma medida suficiente da vantagem ou do benefício individual. As comparações interpessoais de vantagem deveriam se basear sobretudo na *liberdade* de alcançar bem-estar.

Abro parêntese para um esclarecimento. O esquema analítico de Sen é ainda um pouco mais complexo do que isso. A vantagem de uma pessoa pode ser estimada em duas dimensões distintas: a da "agência" e a do bem-estar. A primeira tem a ver com os objetivos que só têm sentido da ótica das convicções e dos valores do próprio agente. Trata-se precisamente da mesma coisa que Rawls identifi-

---

11. Sen não apresenta uma lista canônica das *functionings* relevantes para as comparações interpessoais de vantagem. Aquelas que menciono neste parágrafo aparecem em Sen, 1993a, p. 21. Apesar de argumentar que o bem-estar deve ser avaliado por referência a *functionings* e não por referência a utilidades individuais, Sen de certa forma enfraquece seu argumento antiwelfarista ao supor que a felicidade (no sentido utilitarista) pode ser incluída na lista de *functionings* valiosas. Sobre esse ponto, ver, por exemplo, Sen, 1985b, p. 52.

ca como as concepções do bem ou os "planos de vida" que os indivíduos definem para si próprios. Ambas as dimensões, além disso, podem ser pensadas por referência à "liberdade de realizar ou alcançar" (bem-estar ou os "objetivos de agente") ou em relação à "realização efetiva" (de bem-estar ou dos objetivos de agente). Isso nos deixaria com quatro *equalisanda* possíveis: liberdade de bem-estar, nível de bem-estar efetivamente alcançado, liberdade de agência e nível de êxito dos agentes na realização de seus objetivos. Felizmente, o próprio Sen encarrega-se de esclarecer que as duas dimensões não são igualmente importantes para uma teoria da justiça distributiva[12]. Alguém se empenhar para construir um templo suntuoso para a divindade na qual acredita é parte de sua liberdade de agência. Mas não supomos que esse objetivo, por mais valioso que seja aos olhos do próprio agente, deva ser apoiado por ação pública da mesma forma como acreditamos, em contraste, que retirar uma pessoa da situação de miséria absoluta é um objeto apropriado de ação pública. Para os nossos propósitos, podemos restringir a discussão do enfoque normativo de Sen à dimensão do bem-estar.

Voltemos ao ponto em que tínhamos parado. Sen pensa que é importante para a estimação da vantagem individual não só o nível de bem-estar efetivamente alcançado, mas também a liberdade que uma pessoa tem de escolher entre diferentes tipos de vida. E o nível dessa liberdade desfrutada por uma pessoa constitui o que Sen denomina sua *capacidade*. Em termos técnicos, a capacidade representa a liberdade efetiva que uma pessoa tem de escolher entre diferentes combinações possíveis de *functionings* valiosas. A idéia é similar à de *budget set* empregada pela teoria econômica do consumidor. O *budget set* de uma pessoa determina as n combinações possíveis de bens, mercadorias e serviços que estão ao alcance dessa pessoa; da mesma maneira que a capacidade de uma pessoa (seu *capability set*)

---

12. Sen, 1992, pp. 71-2; 1993a, p. 36.

determina as *n* combinações de *functionings*, entre as quais ela pode escolher uma.

E por que isso que para Sen é uma forma de liberdade – a capacidade de escolher entre diferentes "bem-estares" – é importante? Há pelo menos três razões para valorizar a liberdade de alcançar bem-estar (em contraposição ao bem-estar ou às *functionings* realizados). Em primeiro lugar, tomar a capacidade como a medida fundamental da vantagem individual permite que Sen evite apoiar sua visão normativa em uma concepção do bem-estar humano que antes (na seção precedente) denominei "perfeccionista". O tema é correlato ao da "prioridade da justiça sobre o bem", que Rawls argumentou ser característica central de qualquer concepção de justiça política apropriada para uma sociedade democrática. A visão de Sen é antiperfeccionista porque dela não se segue a idéia de que uma única forma de vida pode ser apontada como a que melhor promove as qualidades intelectuais e morais do ser humano. Não se valoriza um tipo específico de vida, e sim a capacidade de escolher entre tipos de vida que as pessoas têm razões para valorizar.

Em segundo lugar, a ênfase na capacidade de efetivar diferentes combinações de *functionings* distancia o enfoque de Sen de concepções welfaristas de bem-estar, pois em uma sociedade comprometida com a igualdade de capacidade de funcionar o nível de bem-estar que cada um efetivamente alcança – quer se avalie isso em termos de utilidade individual quer em termos de *functionings* realizadas – sempre dependerá das preferências, dos valores e das escolhas de cada um. Diversamente do que se passa com a perspectiva welfarista, há um lugar importante reservado à responsabilidade individual[13]. Uma pessoa que desenvolve gostos dispendiosos pode se sentir profundamente infeliz com os complexos de *functionings* entre os

---

13. Essa é uma característica que as teorias da justiça distributiva de Sen e Rawls têm em comum.

quais pode escolher, ainda que seu quinhão distributivo (estimado pela métrica da capacidade) não seja inferior ao de outra, cujos gostos podem ser mais facilmente satisfeitos. Ou então, o quinhão de recursos sociais escassos de que uma pessoa dispõe lhe permite efetivar a *functioning*, "ter uma nutrição adequada", mas ela opta por fazer jejuns prolongados por conta de seus valores religiosos. Nos dois exemplos, ainda que o nível de bem-estar realizado possa variar muito, não há variação no que Sen denomina "liberdade de realizar bem-estar". Se conferimos um peso moral à responsabilidade individual, a vantagem individual deve ser avaliada, não pelo nível de bem-estar alcançado, mas sim pelas *oportunidades* que uma pessoa tem de alcançar bem-estar[14].

Em terceiro lugar, a liberdade de escolha entre tipos diferentes de vida tem um valor intrínseco que não é captado quando somente as *functionings* efetivadas são levadas em conta. Mesmo quando o nível de bem-estar realizado de duas pessoas, Pedro e Maria, é exatamente o mesmo, isto é, mesmo que ambos realizem ou tenham acesso a uma idêntica combinação de *functionings*, devemos considerar que a vantagem de Pedro é maior se ele pôde escolher essa combinação entre outras possíveis, ao passo que Maria não teve outra opção senão aceitá-la. "A 'boa vida'", diz Sen, "é em parte uma vida de escolha genuína, e não aquela em que a pessoa é forçada a viver determinada vida – por mais rica que possa ser em outros aspectos."[15]

Sen admite que observar capacidades é muito mais difícil do que observar *functionings* realizadas. Pelo menos no

---

14. Sen, 1992, pp. 148-50.
15. Sen, 1985b, p. 70. Observe-se que Sen (1992, pp. 59-66), no entanto, também se dá conta de que a multiplicação de escolhas e decisões pode não significar uma ampliação da forma de liberdade positiva que a noção de capacidade objetiva captar. A multiplicação de escolhas triviais e a obrigação de participar de todo tipo de tomada de decisão de fato impedem que o agente possa optar por certos modos de vida. Isso vai ao encontro da observação que fiz na seção precedente sobre considerar que a vida do cidadão ultraparticipativo é a melhor vida para o ser humano.

que se refere às *functionings* básicas, existem informações quantificadas na forma de índices de desnutrição, de mortes causadas por epidemias e doenças curáveis, de longevidade, de escolarização, de acesso a água potável, ar puro e serviços básicos de saúde, de criminalidade. Muitas vezes, dada a precariedade empírica da construção de complexos de capacidade, será preciso se contentar em relacionar o bem-estar a *functionings* efetivadas[16]. Voltarei ao problema das exigências informativas do enfoque de Sen na última seção deste capítulo. Por ora, pretendo evidenciar uma dificuldade que se apresenta em relação à linguagem empregada por Sen.

Não é muito claro que a concepção normativa central de Sen deva ser considerada, como ele quer, uma forma de *liberdade*. Sen acredita que sua noção de capacidade oferece uma interpretação para a idéia de liberdade efetiva, entendendo-se por isso aquilo que uma pessoa é realmente capaz de fazer com os próprios recursos, oportunidades e direitos. Na teoria de Rawls, há uma preocupação similar com a liberdade efetiva, mas isso se expressa de uma forma que me parece mais clara em termos conceituais. Permitam-me comparar brevemente o que ambos dizem sobre esse tópico.

Rawls distingue as liberdades fundamentais (os direitos civis e políticos tradicionais) do "valor" dessas liberdades[17]. Ainda que o esquema institucional de liberdades fundamentais seja o mesmo para todos, dada a existência da pobreza e de desigualdades arraigadas, alguns têm mais meios do que outros para se valer dessas liberdades para promover os fins que consideram valiosos. Para os que têm mais meios, as liberdades têm mais valor. Em vista disso, "a estrutura básica da sociedade deve ser disposta de forma a maximizar o valor, para os menos favorecidos, do esquema completo de liberdades iguais compartilhado por todos.

---

16. Sen, 1992, p. 52.
17. Rawls, 2008, pp. 250-1.

Isso define o fim da justiça social"[18]. Podemos dizer que o "fim da justiça social" consiste em maximizar a liberdade efetiva dos que se encontram no quintil inferior da distribuição de recursos sociais escassos. O raciocínio completa-se com o argumento de que o valor das liberdades fundamentais para os menos favorecidos é garantido mediante uma distribuição eqüitativa de "bens primários", como renda, riqueza e oportunidades de acesso às posições ocupacionais e de autoridade mais valorizadas na sociedade. Ainda que as concepções de igualdade distributiva e de liberdade sejam relacionadas nesse argumento de Rawls, elas são tratadas como conceitos normativos distintos.

Sen, em contraste, por vezes parece estar tentando acomodar as exigências da igualdade e da liberdade (efetiva) sob uma única noção normativa[19]. Note-se que por *functionings* valiosas se devem entender tanto certas formas de *atividade* ("ser capaz de ler e escrever", por exemplo) quanto certas formas de *existência* da pessoa cujo bem-estar se quer avaliar. Nessa avaliação, contam tanto as atividades que a própria pessoa é capaz ela própria de realizar, uma vez que tenha acesso aos recursos materiais e às oportunidades necessários para isso, quanto os estados de existência que só lhe podem ser proporcionados pela ação de outros (e que, portanto, não envolvem nenhum exercício de atividade por parte do beneficiário dessa ação). Apesar de estar de acordo, em termos gerais, com o enfoque de Sen, G. A. Cohen critica as conotações excessivamente "atléticas" da idéia de igualar a "capacidade de funcionar"[20]. Sen enfoca um espa-

---

18. *Ibid.*, p. 251. Rawls (1993, pp. 356-63) supõe, além disso, que medidas redistributivas e instituições específicas são necessárias para assegurar o "valor eqüitativo" das liberdades políticas. Discutirei esse tópico no capítulo 4.

19. Sen (1992, p. 87) admite que "a perspectiva da capacidade, por mais central que seja para uma teoria da justiça, não tem como ser inteiramente suficiente para tal teoria. Há uma necessidade real de introduzir, por meio de um outro princípio, as exigências da liberdade". Ele não nos esclarece, no entanto, que princípio seria esse, nem como essas "exigências da liberdade" seriam equilibradas com as exigências da igualdade de capacidade.

20. Cohen, 1993.

ço de avaliação posterior a titularidades de bens, mercadorias e serviços e anterior à utilidade que essas titularidades geram para os indivíduos. Mas esse espaço intermediário, como corretamente observa Cohen, não é constituído somente por aquilo que as pessoas podem fazer com esses bens e serviços, como a linguagem das *functionings* e das capacidades de Sen pode dar a entender, mas sim também pelos estados desejáveis que essas titularidades lhes proporcionam sem que elas tenham, para isso, de levantar nem mesmo um dedo para alcançá-los. Uma política pública de eliminação do mosquito transmissor do protozoário causador da malária, que propicia a seus beneficiários um estado desejável (o de "estar livre da malária", um dos exemplos mais recorrentes que Sen oferece de *functioning*), serve de ilustração para isso. A linguagem de Sen "superestima o lugar da liberdade e da atividade no bem-estar"[21]. Não é muito claro por que benefícios como se ver livre da malária e ter acesso a água limpa deveriam contar como uma ampliação da liberdade efetiva do agente. Na mesma linha da crítica de Gerald Cohen, Joshua Cohen observa que:

> É compreensível a tentação de pensar que água mais limpa constitui um aumento de liberdade: quando a água é limpa, de fato dizemos que o agente "se viu livre" dos males associados à água contaminada. Mas essa observação lingüística não carrega muito peso conceitual. A locução "se ver livre de" não indica a presença de um outro bem na situação – uma ampliação da liberdade – além da melhoria de bem-estar. Ela indica, mais precisamente, a etiologia da melhoria de bem-estar – a de que tal melhoria consiste na eliminação de um malefício e não no aprimoramento de um bem.[22]

Por enquanto deixarei irresoluta a questão de avaliar até que ponto o problema se resume a uma ambigüidade de linguagem. Ainda que isso ocorra, não é irrelevante. De-

---

21. *Ibid.*, p. 25.
22. Cohen, 1995, p. 279.

nominar aquilo que é essencialmente uma concepção de igualdade socioeconômica de "liberdade", ou, pior ainda, de "verdadeira liberdade", significa recair em um uso duvidoso da nossa linguagem política que não se encontra, acredito, entre as razões pelas quais o marxismo merece ser lembrado. Sobre isso, creio que Isaiah Berlin estava correto ao dizer que "tudo é o que é: liberdade é liberdade, não é igualdade, eqüidade, justiça ou cultura, felicidade humana ou uma consciência tranqüila"[23]. O que Sen formula (como já foi dito no início) é, sobretudo, uma concepção de igualdade distributiva. Já confrontamos a métrica de avaliação e comparação de bem-estar dessa concepção à métrica welfarista. Vamos confrontá-la agora à métrica dos bens primários proposta por John Rawls.

A métrica dos bens primários

Rawls argumenta que a estrutura institucional básica de uma sociedade liberal-democrática bem ordenada deveria distribuir, de acordo com os dois princípios de justiça recomendados por sua teoria, os seguintes bens primários sociais: a) liberdades e direitos fundamentais; b) liberdade de movimento e de escolha de ocupação, contra um pano de fundo de oportunidades variadas; c) capacidades e prerrogativas de cargos e posições de responsabilidade nas instituições políticas e econômicas da estrutura básica da sociedade; d) renda e riqueza; e) as bases sociais do auto-respeito[24].

---

23. Berlin, 2002, "Dois conceitos de liberdade", p. 232.
24. Rawls, 1993b, p. 181. A formulação definitiva que Rawls dá aos dois princípios é a seguinte:

a) cada pessoa tem direito igual àquele esquema plenamente adequado de liberdades fundamentais ao que seja compatível com um esquema similar para todos;

b) as desigualdades sociais e econômicas devem satisfazer duas condições. Em primeiro lugar, elas devem se vincular a posições e cargos abertos a todos em condições de igualdade eqüitativa de oportunidades; e, em segundo lugar, elas devem se estabelecer para o máximo benefício dos membros menos favorecidos da sociedade (o chamado "princípio de diferença"). Rawls, 1993b, p. 291.

É com base em um índice que agregue essa pluralidade de bens que devemos, segundo Rawls, comparar os quinhões distributivos dos cidadãos de uma sociedade liberal-democrática justa. São bens "sociais" no sentido de que ou são distribuídos diretamente por instituições sociais básicas, ou sua distribuição, como nos casos da renda e da riqueza, é regulada por essas instituições. Os bens primários arrolados em (a) e (b) devem ser propiciados igualmente a todos, ainda que, como vimos acima, a existência de um esquema de liberdades iguais para todos não significa que o valor dessas liberdades seja igual para todos. Os bens arrolados em (c) e (d) podem ser distribuídos de forma desigual, sem que isso seja interpretado como uma injustiça, se essas desigualdades forem estabelecidas para elevar ao nível máximo possível o quinhão dos que se encontram na posição menos favorável.

O item (e) é o de interpretação menos evidente, por isso merece um comentário à parte. As "bases sociais do auto-respeito" existem quando as instituições da estrutura básica da sociedade fornecem um apoio substancial à capacidade de cada um de seus membros de desenvolver um sentido de respeito por si próprio. Esse suporte só é plenamente proporcionado quando as exigências dos dois princípios de justiça (ver a nota 24) são simultaneamente satisfeitas pelos arranjos institucionais básicos. A proteção efetiva às liberdades fundamentais representa um aporte social ao auto-respeito de cada um porque, se essas liberdades são reconhecidas, isso significa que os arranjos institucionais básicos não embutem nenhum julgamento sobre o valor intrínseco maior de vínculos, empreendimentos e fins, de alguns cidadãos em detrimento daqueles que são afirmados por outros. Só desenvolvemos um sentido de auto-respeito quando vemos valor em nossos próprios empreendimentos e fins e para isso é fundamental que eles não sejam percebidos, da ótica dos arranjos institucionais básicos, como desprezíveis ou inferiores. Por outro lado, as instituições básicas da sociedade só oferecem um suporte efetivo ao auto-respeito caso distribuam a cada um de seus membros um quinhão eqüitativo dos bens primários listados em (c) e (d). Essa é uma condição para que cada cidadão seja de fato capaz de se empenhar na realização daquilo que julga ser valioso. Dado o valor inestimável que o auto-respeito tem para os indivíduos, Rawls considera as bases sociais do auto-respeito o mais importante dos bens primários[25].

Há mais esclarecimentos a serem feitos sobre o *equalisandum* proposto por Rawls, mas antes vejamos o que desagrada a Sen na métrica rawlsiana. Sen faz duas objeções interligadas aos bens primários[26]. A primeira delas é que a métrica dos bens primários é demasiado inflexível porque ignora variações interindividuais significativas que fazem com que seja mais difícil para uns do que para outros converter bens primários em capacidades básicas. Trata-se essencialmente da mesma crítica que Sen dirige às comparações interpessoais de bem-estar que se baseiam exclusivamente na titularidade de renda ou de bens e mercadorias. Uma mesma disponibilidade de renda não garante que uma pessoa que necessite de cuidados médicos especiais, por exemplo, porque seus rins não funcionam, e uma pessoa saudável tenham uma capacidade igual de alcançar bem-estar. Proporcionar os mesmos recursos nutricionais a uma pessoa que sofre de doenças parasitárias e a outra que está livre desse malefício não garante a ambas uma oportunidade igual de alcançar um mesmo estado adequado de nutrição. Da mesma maneira, garantir um quinhão eqüitativo de bens primários a todos não significa que todos serão igualmente capazes de colocar esses recursos a serviço do tipo de vida e dos fins que valorizam.

Em vista disso – e esta é a segunda objeção –, o *equalisandum* da teoria de Rawls localiza-se no "espaço de avaliação" errado. Rawls desviou nossa atenção, em questões

---

25. Rawls, 2008, p. 543.
26. Ver, entre outras passagens, Sen, 1992, pp. 79-87.

de justiça distributiva, da avaliação de desigualdades de resultados e realizações, como faz o welfarismo utilitarista, para a avaliação de desigualdades de oportunidades. Mas o foco na igualdade de bens primários fez com que esse deslocamento permanecesse incompleto. Afinal, argumenta Sen, não estamos preocupados com bens *de per se*, mas sim com o que as pessoas, dadas certas variações interindividuais significativas, são capazes de fazer com esses bens. A métrica dos bens primários, assim como os demais enfoques normativos que fazem comparações interpessoais somente em termos da posse de determinados bens e recursos, é prisioneira de uma forma de "fetichismo da mercadoria"[27]. Nos termos de Sen, que, como argumentei acima, tende a exprimir questões de igualdade distributiva em uma ambígua linguagem de liberdade, a teoria de Rawls concentra-se nos "meios para a liberdade", quando o que realmente importa é a "liberdade em si mesma"[28] – isto é, a liberdade efetiva de escolher entre os diferentes tipos de vida que os indivíduos têm razões para valorizar. Somente o foco nas *functionings* e capacidades, em lugar de bens primários, pode captar aquilo (a "liberdade em si mesma") que os igualitários de fato prezam.

Por que bens primários?

Sen e Rawls, como vimos antes (na seção "Igualdade do quê?"), estão de acordo sobre o que importa da perspectiva da justiça social: a liberdade efetiva. Mas Sen também acredita que os bens primários não constituem o *equalisandum* apropriado para promover a liberdade efetiva. Para examinar até que ponto essa crítica de Sen é pertinente, há

---

27. Sen (1993b, p. 322) critica dessa forma aqueles que interpretam necessidades básicas por referência a quantidades mínimas de bens essenciais (como alimentos, vestuário, moradia) e estende essa crítica ao enfoque dos bens primários.

28. Sen, 1992, p. 86.

uma pergunta a ser respondida: por que Rawls supõe que as comparações interpessoais de quinhões distributivos devem ser feitas com base em bens primários? Aqui vale tudo o que foi dito anteriormente sobre encontrar uma medida comum para a estimação da vantagem individual que seja intermediária entre visões perfeccionistas e o welfarismo utilitarista. Em *Uma teoria da justiça*, Rawls preocupou-se em mostrar que a defesa dos bens primários não se apoiava em nenhuma concepção abrangente do bem ou visão metafísica, mas em uma "similaridade parcial" entre as concepções do bem e os planos de vida dos indivíduos. Eles eram entendidos como recursos institucionais que racionalmente uma pessoa preferiria ter, quaisquer que fossem seus outros fins[29]. Por outro lado, argumentava-se que o foco em bens primários simplificaria, pelo menos em relação ao welfarismo utilitarista, as comparações interpessoais, já que comparações interpessoais (e cardinais) de utilidade tornavam-se desnecessárias às avaliações de bem-estar social. Essas avaliações deveriam ter por objetivo comparar o acesso a esses recursos institucionais e não os níveis de êxito ou de felicidade alcançados pelos indivíduos ao colocá-los a serviço de seus planos de vida e fins.

Em seus escritos dos anos 1989 e 1990, Rawls acrescentou mais uma idéia à sua argumentação em defesa da métrica dos bens primários[30]. Trata-se de um ideal de pessoa retirado da tradição política liberal-democrática. Os bens primários, Rawls nos diz, oferecem uma interpretação das "necessidades dos cidadãos" quando estes são tratados como pessoas livres e iguais e como "membros normal e plenamente cooperativos da sociedade ao longo da vida inteira"[31]. Isso supõe que os cidadãos desenvolvam duas capacidades básicas: a de agir a partir de um senso de justiça

---

29. Rawls, 2008, p. 110. São recursos "institucionais" no mesmo sentido, explicitado na seção "A métrica dos bens primários", pelo qual os bens primários são "sociais".
30. A partir de Rawls, 1982.
31. Rawls, 1993, p. 178.

e de se dispor a fazer a própria parte sob arranjos cooperativos eqüitativos; e a capacidade de constituir, de empenhar-se racionalmente em realizar e, se isso se fizer necessário, de revisar uma concepção do bem. Além de meios polivalentes para fins os mais diversos, os bens primários passaram a ser concebidos como requisitos para o desenvolvimento dessas duas capacidades morais básicas (sem esquecer a capacidade de desenvolver um sentido de respeito por si próprio, comentada acima).

Pelo que foi dito até aqui, já é possível formular duas réplicas parciais à objeção de que uma métrica para comparações interpessoais baseada em recursos institucionais é cega para variações interindividuais demasiado significativas para serem ignoradas[32]. Com respeito às variações interindividuais de planos de vida, fins e concepções do bem, o argumento de Rawls apela à idéia de uma "divisão social de responsabilidade":

> (...) a sociedade – os cidadãos enquanto um corpo coletivo – assume a responsabilidade de preservar as liberdades iguais e a igualdade eqüitativa de oportunidades e de assegurar um quinhão eqüitativo dos demais bens primários para todos os que estão sob essa estrutura, ao passo que os cidadãos (como indivíduos) e as associações aceitam a responsabilidade de revisar e ajustar seus fins e aspirações aos meios polivalentes dos quais, levando-se em conta a situação atual e provável situação futura de cada qual, podem esperar dispor. Essa divisão de responsabilidade se apóia na capacidade das pessoas de assumir a responsabilidade pelos próprios fins e de moderar as exigências que fazem às instituições sociais de acordo com o emprego dos bens primários.[33]

Essa idéia de divisão de responsabilidades está conectada a outro componente central da visão rawlsiana, o de

---

32. A objeção de que esse tipo de variação interindividual torna difícil encontrar um fundamento objetivo para as comparações interpessoais não foi formulada por Sen – o enfoque de Sen propõe precisamente um fundamento desse tipo –, e sim por Arrow (1973).

33. Rawls, 1982, p. 170.

que deveríamos conceber a justiça da estrutura básica da sociedade em termos de "justiça procedimental pura"[34]. A justiça é "procedimental", nesse sentido, quando não temos nenhum outro critério para avaliar moralmente resultados e posições específicos senão o de terem sido gerados pela aplicação consistente de um procedimento justo. Suponhamos que os arranjos institucionais básicos da sociedade realizam, de forma pelo menos aproximada, os princípios de justiça que, levando-se tudo em conta, deveríamos aceitar. Esse complexo institucional poderia ser visto como um procedimento eqüitativo tal que quaisquer resultados por ele produzidos deveriam ser considerados justos. Para Rawls,

> A vantagem prática da justiça procedimental pura é que já não é mais necessário levar em conta a infinidade de circunstâncias nem as posições relativas mutáveis de pessoas específicas. Evita-se o problema de definir princípios que dêem conta das enormes complexidades que surgiriam se esses pormenores fossem pertinentes. Constitui um equívoco concentrar a atenção nas situações relativas variáveis dos indivíduos e exigir que cada mudança, considerada como transação única e isolada, seja justa em si mesma. É o arranjo institucional da estrutura básica que se deve julgar, e julgado de um ponto de vista geral.[35]

Se os arranjos institucionais básicos distribuem um quinhão eqüitativo de bens primários a todos, podemos ignorar, para as finalidades da justiça social, os interesses diversos que se definem a partir de aspirações, concepções do bem e necessidades individuais. Duas pessoas às quais são proporcionadas parcelas iguais desses bens – incluindo oportunidades educacionais e ocupacionais – podem empregá-las em objetivos muito diferentes. Uma delas pode valorizar o êxito em uma carreira profissional que requer empenho continuado, disposição para competir e sacrifício do

---

34. Rawls, 2008, pp. 103-8.
35. *Ibid.*, p. 106.

tempo de lazer. A outra pode preferir uma carreira profissional que exige menos dedicação e, em contrapartida, lhe deixa mais tempo livre para se dedicar à família, ao lazer ou ao auto-aperfeiçoamento. Ao cabo de certo tempo, os quinhões distributivos (na dimensão renda e riqueza) se diferenciarão, mas nisso não há um problema de justiça. Tratar a justiça distributiva em termos de "justiça procedimental pura" não só reduz a complexidade das comparações interpessoais de vantagem, mas também abre lugar substancial para a responsabilidade individual. (Voltarei a esse ponto adiante.) Dadas as condições institucionais que oferecem um suporte efetivo às duas capacidades morais básicas, pelo menos um tipo de variação interindividual – de planos de vida e concepções do bem – não representa nenhum problema para o emprego da métrica dos bens primários.

A segunda réplica parcial tem por alvo a crítica de Sen à inflexibilidade dos bens primários. Em consonância com a idéia de justiça procedimental pura, as variações interindividuais que preocupam Sen são tratadas, pela métrica rawlsiana, de um ponto de vista muito mais geral. A suposição é que quinhões eqüitativos de bens primários são suficientes para que pessoas cujas constituições física e mental estão dentro de um leque de variação normal possam desenvolver as duas capacidades morais que lhes permitam se tornar, como mostra a frase de Rawls citada acima, membros cooperativos e ativos da sociedade ao longo da vida inteira. A perspectiva rawlsiana também leva em conta capacidades e necessidades individuais, mas são as capacidades e as necessidades de tipo padrão de cidadãos dos quais se espera que possam cumprir sua parte em um esquema de cooperação social bem-ordenado[36].

A pergunta que se apresenta neste ponto da discussão é: deveríamos abandonar uma concepção de igualdade dis-

---

36. Note-se que Rawls está preocupado, afinal, não com a distribuição de bens e recursos materiais em si mesmos, mas com condições apropriadas ao desenvolvimento de capacidades morais básicas. Por isso, a "objeção do fetichismo", mencionada na seção anterior, parece inadequada já de início.

tributiva que propõe que enfoquemos, em nossos julgamentos de justiça social, capacidades e necessidades de um tipo padrão, o que necessariamente envolve fazer abstração de certas diferenças individuais? A crítica de Sen a Rawls pressiona nessa direção, mas são duvidosos os benefícios teóricos que resultariam da aceitação do ponto de vista de Sen neste debate. Quanto mais o fundamento comum das comparações interpessoais se desloca de quinhões eqüitativos de recursos institucionais – dos meios para a liberdade efetiva – para aquilo que as pessoas são capazes de fazer com esses recursos, mais nos afastamos de uma interpretação da justiça distributiva concebida como uma forma de justiça procedimental pura. E essa é uma interpretação atraente, como vimos acima, tanto porque abre espaço para a responsabilidade individual quanto em virtude de uma restrição de natureza informativa. Uma concepção de justiça capaz de desempenhar seu papel prático de servir de fundamento para um esquema de cooperação social bem-ordenado não pode ser demasiado exigente em termos de seus requisitos de informação. Como observou Andrew Williams em artigo recente, tal concepção deve poder ser justificada a todos, tendo em vista não só o fato do pluralismo moral (discutido na seção "Nem perfeccionismo moral nem utilitarismo") mas também o "fato da informação limitada"[37]. Os fenômenos com base nos quais julgar a justiça de uma distribuição devem ser acessíveis a todos e passíveis de avaliação no fórum público. Vários dos componentes centrais da teoria de Rawls, à parte a argumentação moral que os justificam, obedecem a uma lógica de reduzir a complexidade informativa dos julgamentos de justiça social: a estrutura básica da sociedade como o objeto da teoria da justiça[38], a concepção de estrutura básica bem-orde-

---

37. Williams, 1998, p. 245.
38. Andrew Williams invocou o "fato da informação limitada" para rebater a crítica que G. A. Cohen vem desenvolvendo ao foco rawlsiano na estrutura básica da sociedade. Ver o capítulo "A crítica de Cohen ao foco na estrutura básica", neste volume. Apesar de a discussão com Cohen dizer respeito a um tópi-

nada em termos de justiça procedimental pura, a divisão social de responsabilidade, o foco no quinhão distributivo menos favorável e a escolha de recursos institucionais como o *equalisandum* apropriado. É preciso haver razões morais muito fortes para trocar a concepção rawlsiana de justiça distributiva por outra muito mais exigente em termos das informações que requer. (Voltarei adiante aos requisitos de informação da igualdade de capacidades.)

Dois contra-exemplos de Sen

Até que ponto Sen nos oferece tais razões? A resposta a essa pergunta depende de uma avaliação mais completa do alcance da "objeção da inflexibilidade". Essa objeção depende crucialmente de dois contra-exemplos de Sen à plausibilidade moral do emprego da métrica dos bens primários[39]:

> (...) uma pessoa que tem uma deficiência pode dispor de mais bens primários (na forma de renda, riqueza, liberdades e assim por diante), mas menos capacidade (em virtude da deficiência). Para mencionar um outro exemplo, dessa vez tirado dos estudos sobre pobreza, uma pessoa pode ter mais renda e um consumo nutricional maior, mas menos liberdade para viver uma vida de nutrição adequada em virtude de uma taxa metabólica basal mais elevada, de maior vulnerabilidade a doenças parasitárias, de uma massa corporal maior ou simplesmente devido à gravidez.[40]

---

co distinto – em que medida um princípio de justiça que objetiva regular desigualdades socioeconômicas pode ter sua aplicação limitada somente a instituições –, acredito que a réplica de Williams a Cohen também pode ser empregada contra a crítica de Sen ao *equalisandum* da teoria de Rawls.

39. São "contra-exemplos" no sentido de que evidenciariam a deficiência fundamental do *equalisandum* proposto por Rawls: a igualdade de bens primários deixaria intocadas formas de desigualdade (captadas pela métrica da capacidade) que não podem ficar fora do alcance da crítica de uma concepção de justiça social.

40. Sen, 1992, pp. 81-2.

JUSTIÇA DISTRIBUTIVA: A CRÍTICA DE SEN A RAWLS 115

Os contra-exemplos mais fortes dessa citação se resumem aos casos de deficiência e de destituição, pois parece plausível supor que uma distribuição eqüitativa de bens primários seja suficiente para acomodar as demais variações mencionadas (de taxa metabólica basal, por exemplo), se forem consideradas à parte dos dois casos mais problemáticos. Restaria a Sen argumentar que a réplica formulada na seção anterior à sua "objeção da inflexibilidade" admite um tratamento injusto àqueles que têm necessidades médicas especiais e àqueles que estão submetidos a circunstâncias de destituição.

De fato, esses dois casos (sobretudo o primeiro) causam certa dor de cabeça a Rawls, já que a preocupação primeira de sua teoria é oferecer uma interpretação do que a justiça exige das pessoas cujas constituições física e mental, como foi dito acima, recaem em um leque normal de variação. Os méritos dos princípios de justiça que têm por alvo a distribuição de bens primários pela estrutura básica da sociedade devem ser examinados por referência a esse fato central. Vejamos como Rawls enfrenta o caso da deficiência. É preciso levar em conta necessidades médicas especiais, mas não no nível mais fundamental da escolha de princípios para os arranjos institucionais básicos. *Sob* uma estrutura básica justa, isto é, que distribui bens primários de acordo com os dois princípios de justiça, a decisão sobre que parcela dos recursos públicos escassos deverá ser reservada a essas necessidades é uma questão que se apresenta no que Rawls denomina "estágio legislativo"[41]. Quando se passa da discussão de princípios de justiça que se aplicam à estrutura básica para a discussão de decisões políticas a serem tomadas sob essa estrutura, a métrica dos bens primários pode ser flexibilizada de forma a levar em conta mais informação sobre variações interindividuais que não podem ser ignoradas[42]. Com respeito à destituição, Rawls

---

41. Rawls, 1993, p. 184.
42. Sen, 1992, pp. 82-3, nota 23. Ele admite aí que essa linha de resposta reduz a força de sua "objeção da inflexibilidade".

provavelmente supõe que, se as exigências distributivas de sua teoria como um todo forem devidamente levadas em conta, não haverá lugar para circunstâncias desse tipo.

A alternativa consistiria em emendar a métrica rawlsiana de maneira que ela acomodasse mais diretamente os dois contra-exemplos de Sen. Isso pode ser feito de modo a não trair o espírito da proposta de Rawls, se recordarmos que o mais importante *insight* moral por trás da distribuição eqüitativa de bens primários é a idéia de capacitar as pessoas para serem membros cooperativos de um arranjo social bem-ordenado ao longo da vida[43]. Se esse é o propósito ao comparar quinhões distributivos com base em bens primários, podemos dizer que ninguém deveria cair abaixo de um nível mínimo de "capacidade de funcionar" necessário para que possa ser, como quer Rawls, um "membro plenamente cooperativo da sociedade"[44]. O enfoque normativo de Sen parece especialmente apropriado para especificar esse patamar mínimo. Isso pode ser feito por referência a um pequeno número de *functionings* básicas – acesso à nutrição adequada, nível de escolarização, longevidade – que constituem um "complexo de capacidade" claramente identificável e comparável. A especificação desse nível minimamente decente de capacidade de funcionar também está de acordo com a preocupação de Rawls de conceber a justiça distributiva em termos de "justiça procedimental pura", pois esse nível mínimo só seria sensível às variações interpessoais que dizem respeito a necessidades e capacidades de tipo padrão que certamente estão relacionadas ao *status* da cidadania.

O problema é que Sen acredita que sua "objeção da inflexibilidade" deveria nos levar a abandonar de vez o "es-

---

43. Refiro-me novamente a uma passagem de Rawls (1993, p. 178), que já citei acima. Note-se que a expressão "ao longo da vida inteira" não é gratuita. Ela explicita que a igualdade distributiva de acordo com a métrica dos bens primários tem de ser sensível a uma forma importante de variação interindividual: a etária.

44. Cohen (1995) sugere que a compatibilidade entre as duas perspectivas normativas pode ser concebida nessas linhas.

paço avaliatório" dos bens primários, em prol do espaço das capacidades, nas comparações interpessoais. Como desdobramento disso, a igualdade de capacidade ofereceria uma interpretação melhor para a igualdade como um valor político do que a igualdade de bens primários[45]. Essa segunda crítica de Sen a Rawls – que procura acentuar a distância entre os dois enfoques – é muito mais duvidosa. A questão diz respeito a como avaliar as desigualdades de quinhões distributivos que estão *acima* do nível minimamente decente de "capacidade de funcionar". Por que seria moralmente relevante e como seria possível comparar *sets* de capacidade que estão acima desse limiar?

O caso da deficiência severa é somente a manifestação mais extrema de um fator que, dependendo dos arranjos institucionais adotados em uma determinada sociedade, tem um peso importante na geração de desigualdades sociais: o componente natural que há na diferenciação de talentos e de capacidade produtiva. Trata-se daquilo que Rawls denomina "loteria natural"[46]. Pelo que já foi dito, torna-se clara a maneira correta de lidar, no plano normativo, com as deficiências severas. O foco das formas especiais de compensação por essas desvantagens (o acesso a cuidados médicos diferenciados, por exemplo) deve recair no restabelecimento, até onde isso é possível, da capacidade da pessoa de ser um membro ativo e cooperativo da sociedade[47]. Mas o que dizer das diferenças de capacidade (no sentido de Sen) que há, digamos, entre um executivo de uma empresa de tecnologia e um operário especializado? A desigualdade existente entre eles, embora esteja acima do limiar mínimo de capacidade de funcionar, é grande demais para

---

45. Uso a expressão "igualdade de bens primários" por comodidade, pois o que Rawls tem em mente é uma distribuição eqüitativa (de acordo com os dois princípios de sua teoria) de bens primários.

46. Ver, sobre isso, a seção "Desigualdade e loteria natural", cap. 1, p. 21.

47. Ver Daniels (1990) para uma discussão mais extensa sobre como o enfoque rawlsiano pode ser estendido, apoiando-se na idéia de igualdade eqüitativa de oportunidades, para lidar com esse caso.

poder ser ignorada por uma teoria da justiça distributiva. Os quinhões distributivos serão muito desiguais, por exemplo, em termos de renda, riqueza, oportunidades de autorealização e lazer e na capacidade de cada um para beneficiar os próprios filhos.

A questão é: como seria possível lidar com essas desigualdades no espaço avaliatório proposto por Sen? Aqui, o "fato da informação limitada" compromete o enfoque da capacidade. Não há como ter acesso a toda informação que seria necessária para comparar e hierarquizar *sets* de capacidade. Como já foi dito antes, Sen admite que pode não haver alternativa prática a recorrer a *functionings* realizadas para chegar a uma representação aproximada e imperfeita dos complexos de capacidade. Mas isso só vale para especificar o nível mínimo de capacidade de funcionar. Quando se trata dos *sets* de capacidade que estão acima desse limiar, é, na prática, impossível dissociar aquilo que se deve a circunstâncias sociais e talentos naturais diferenciados daquilo que se deve a concepções do bem e planos de vida de cada um. Suponhamos que estivesse no leque de possibilidades permitido por meus talentos e capacidade naturais tornar-me executivo de uma empresa de tecnologia e que, a despeito disso, eu tenha me tornado um professor secundário ou um operário especializado. Se minha escolha se deveu somente a fatores como *background* familiar e oportunidades educacionais, meu *set* de capacidade – minha liberdade de escolher entre os diferentes tipos de vida que posso ter razões para valorizar – foi arbitrariamente comprimido. Mas, se minha escolha se deveu à minha preferência por uma vida profissional menos competitiva e de dedicação maior à família e aos amigos, então, na métrica de Sen, meu *set* de capacidade não é inferior ao do executivo. Simplesmente não há como trazer esse tipo de julgamento e de informação para o tribunal da razão pública[48].

---

48. Agora fica mais clara uma afirmação feita no início deste capítulo: recorrer a preferências e escolhas "contrafatuais" em comparações interpes-

É preciso que a preocupação primeira dos igualitários seja a abolição de todas as formas de privação absoluta, entendendo-se isso por referência a uma lista restrita de *functionings* básicas. Essa é a principal lição a tirar, acredito, da crítica de Sen a Rawls. Mas a métrica dos bens primários oferece um fundamento normativo muito mais apropriado para lidar com as disparidades relativas que permaneceriam ainda que a privação absoluta (tal como isso é percebido no espaço das capacidades de Sen)[49] fosse eliminada. Uma vez que o limiar do complexo minimamente decente de capacidade de funcionar tenha sido ultrapassado, é muito mais plausível lidar com as desigualdades remanescentes com base em uma noção de distribuição eqüitativa dos *meios* para a liberdade efetiva – oportunidades de adquirir as qualificações mais recompensadas, renda e riqueza – do que recorrendo à noção de Sen de "igualdade de capacidade". Além disso, Sen ainda não fez um esforço consistente para mostrar que seu enfoque normativo sobre questões de desigualdade e pobreza não tem por implicação um "minimalismo" inaceitável (para aqueles que têm convicções igualitárias) que decorreria justamente desse foco em rol bastante reduzido de *functionings* básicas. Peter Townsend,

---

soais de vantagem, como propõe Sen, só faz realmente sentido quando se trata de lidar com preferências que se constituem em contextos de destituição e desigualdades profundas e arraigadas.

49. Como argumenta Sen, corretamente no meu entender, essas *functionings* básicas são invariantes com respeito a contextos. Existe um núcleo irredutivelmente absoluto na noção de pobreza. Ocorre que exigências absolutas no espaço avaliatório da capacidade básica podem se traduzir em requisitos social e culturalmente variáveis em outro espaço avaliatório. Os requisitos de bens e mercadorias necessários para proporcionar à *functioning* "ter uma educação adequada", por exemplo, variam de sociedade para sociedade. Em algumas sociedades de hoje, possuir um computador ligado à internet (e treinamento em informática) pode ser um requisito para uma pessoa ter a educação que lhe permite escapar da situação de pobreza. Mas nem por isso se dirá que ter um computador é uma "necessidade básica". A necessidade em questão – uma exigência de teor absoluto – ainda é ter uma educação adequada. Esse tópico é discutido na seção "A noção de igualdade humana fundamental", cap. 1, p. 30.

por exemplo, criticou já nos anos 1980 esse "minimalismo" que, segundo ele, teria a implicação inoportuna de justificar a provisão, por meio de políticas públicas, de benefícios bastante magros aos pobres, e isso tanto em países ricos, como a Grã-Bretanha, como em países em desenvolvimento, como a Índia[50]. A substancial incorporação do enfoque de Sen pelos dois relatórios do Banco Mundial dedicados à pobreza[51], ainda que, obviamente, em si mesma não represente nenhum demérito para a perspectiva advogada por Sen, contribui para reforçar a impressão de que o foco de sua concepção de justiça distributiva recai quase que exclusivamente na especificação de um limiar mais ou menos baixo de "capacidade de funcionar".

Se os argumentos acima fazem sentido, o alcance da crítica de Sen (à teoria de Rawls) é bem mais limitado do que ele próprio imagina. Em vez de um enfoque normativo distinto para lidar com questões de igualdade distributiva, o que temos, no melhor dos casos, é uma emenda ou uma correção ao enfoque normativo proposto pela teoria de Rawls.

---

50. Townsend, 1985.
51. World Bank, 1990 e 2000/2001.

Capítulo 4
Sociedade democrática e democracia política

Os capítulos anteriores exploraram questões controversas referentes ao critério de justiça e ao *equalisandum* que deveríamos considerar mais apropriado a uma sociedade democrática. Este capítulo examinará uma questão distinta: como deveríamos conceber a relação entre nossas idéias de democracia política e de justiça social? É freqüente se suspeitar que a justificação de um critério de justiça, no âmbito da teoria política normativa, implica a aceitação de uma concepção depreciada de democracia política. Um dos propósitos desta discussão é demonstrar que essa suspeita se funda em uma compreensão incorreta da relação entre a argumentação moral, que é própria à justificação de um critério de justiça, e a discussão e a deliberação políticas que, em uma democracia, só podem ser praticadas pelos próprios cidadãos e seus representantes. Em vez de considerar que o ideal de democracia pode ser subordinado e redutível ao ideal de justiça, ou vice-versa, creio ser mais frutífero formular a questão em outros termos. Sob que condições é de esperar que a democracia produza resultados políticos que estejam de acordo com um critério justificável de justiça social e política? Tendo essa questão de ordem mais geral por referência, neste capítulo identificarei áreas de divergência entre duas orientações na teoria política normativa recente que, de resto, têm muita coisa em comum: o liberalismo igualitário, de um lado, e as concepções diversas de democracia deliberativa, de outro[1].

Esse confronto tem dois propósitos. O primeiro é ressaltar que pode haver mais descontinuidade entre a argumentação moral e a deliberação política do que os teóricos deliberacionistas parecem dispostos a admitir. O segundo é mostrar que pode haver entendimentos divergentes sobre a questão central de como é possível aprimorar aquilo que pode ser denominado "valor epistêmico da democracia" – a probabilidade de que o processo democrático se presta a alcançar decisões políticas que sejam não somente majoritárias como também *corretas*. Que critério poderia ser empregado na avaliação moral de decisões políticas é parte da discussão que vem a seguir. O exame dessas duas áreas de divergência sugere a existência de duas formas distintas de avaliar, em termos normativos, os aspectos centrais dos sistemas democráticos existentes, em particular a natureza competitiva do processo democrático e a agregação de interesses individuais por meio de procedimentos decisórios como o voto e a regra da maioria. Para os teóricos deliberacionistas, a democracia competitiva e seus procedimentos decisórios constituem um substituto muito imperfeito, se é que o são em alguma medida, para a modalidade de deliberação política que tem valor moral e que deveria ser promovida em uma sociedade democrática. Qualquer que seja o conteúdo mais preciso associado à idéia de "democracia deliberativa", a realização desse ideal parece ter pouca relação com a democracia competitiva e suas instituições mais importantes. Em contrapartida, argumentarei que o liberalismo igualitário concebe a relação entre democracia e justiça em outros termos. Se queremos que a democracia contribua para promover a justiça social, é preciso assegu-

---

1. Componentes centrais do que estou entendendo por "liberalismo igualitário" foram discutidos nos capítulos anteriores deste volume. Entre os teóricos da democracia deliberativa, destacam-se J. Habermas, Amy Gutmann, Dennis Thompson e Joshua Cohen.

rar oportunidades eqüitativas de participação política e de influência sobre os resultados do processo democrático. Acredito que esse é o ponto de vista expresso por Rawls ao sustentar que, para a democracia produzir resultados políticos justos, o "valor eqüitativo" das liberdades políticas deve ser garantido[2]. O que importa ressaltar para as finalidades desta discussão é que essa linguagem moral de expansão de oportunidades é perfeitamente compatível com a teoria da democracia competitiva.

Argumentação moral e deliberação política

Passo ao exame da primeira das duas áreas de debate teórico mencionadas acima. Como deveríamos conceber a relação entre a argumentação moral e a deliberação política? O liberalismo igualitário, do mesmo modo que teorias morais rivais, como o libertarianismo e o utilitarismo, tem um critério substantivo de justiça social a partir do qual avaliar a qualidade moral dos resultados políticos. De forma muito breve, podemos descrevê-lo como uma combinação de três princípios de justiça: um princípio de liberdades civis e políticas iguais para todos; um princípio de igualdade eqüitativa de oportunidades; e um princípio de justiça social maximin, segundo o qual as desigualdades socioeconômicas só são justificáveis para o máximo benefício daqueles que estão na posição social mínima da sociedade[3]. A interpretação desses princípios, e da maneira como suas exigências são equilibradas em uma concepção única, é complexa; não vem ao caso entrar nessa discussão no momento[4].

Para justificar esse critério, é preciso recorrer à argumentação moral. Novamente, serei breve. Uma das possi-

---
2. Rawls, 1993b, pp. 356-68; 2008, pp. 277-80.
3. Ver a nota 24 do capítulo 3 para a formulação precisa dos dois princípios.
4. Ver, neste volume, os capítulos 1, 2 e 3, em que se discutem os componentes centrais da concepção de justiça distributiva que está embutida na formulação do segundo princípio.

bilidades é desenvolver um argumento no sentido de que esses são princípios, e as instituições necessárias para colocá-los em prática, que ninguém poderia razoavelmente rejeitar se os deliberantes estivessem situados em uma posição de igualdade e motivados a chegar a termos de acordo aceitáveis para todos[5]. Há nisso uma concepção muito exigente de legitimidade política, o que, de resto, é próprio da argumentação moral contratualista. Queremos (suponho) que nossa sociedade seja justa, mas para que ela seja justa é preciso que seus arranjos institucionais básicos, políticos e socioeconômicos, possam ser justificados a todos, em particular àqueles que mais razões teriam para rejeitá-los, isto é, aqueles que se encontram na posição social mínima sob esses arranjos. Se uma justificação dessa natureza fosse possível, então estaríamos em condições de dizer que tudo se passa como se os termos da cooperação social – os arranjos institucionais básicos e os princípios de justiça que efetivam – de fato tivessem resultado de um acordo. Ao examinar essa justificação, nós poderíamos, você e eu, metaforicamente acrescentar nossa assinatura ao contrato social original.

Para as finalidades da presente discussão, importa ressaltar que tanto o critério substantivo de justiça como o procedimento contrafatual de escolha empregado para justificá-lo devem ser entendidos como independentes de quaisquer procedimentos efetivos de deliberação política. Esse procedimento contrafatual é um modelo para a argumentação moral, cujo propósito é a obtenção de algum tipo de consenso unânime racional (ou pelo menos razoável). Mas a busca do consenso não é uma característica, nem se deve supor que devesse sê-lo, da deliberação política democrática. Voltarei a esse ponto adiante. Quanto ao critério de justiça, para aqueles que aceitam a argumentação moral que o justifica, trata-se de um padrão para avaliar a quali-

---

[5]. É claro que isso é uma variante do argumento de Rawls da posição original.

dade moral dos resultados da deliberação democrática; por isso, esse padrão não pode ser reduzido a (ou embutido em) procedimentos deliberativos, como quer que os concebamos. Preservar essa independência é essencial se quisermos ser capazes de realizar julgamentos do seguinte tipo: "a decisão X é injusta, a despeito de ter resultado da aplicação correta de procedimentos eqüitativos".

Vale a pena enfatizar esse ponto tendo em vista não só um procedimentalismo de agregação de preferências, que não reserva nenhum lugar a um critério de avaliação dos resultados políticos que seja independente dos próprios procedimentos de decisão coletiva, mas também certas concepções de democracia deliberativa que se apresentam como alternativas à democracia competitiva. Os seguidores de Habermas, por exemplo, gostam de imaginar que defendem uma concepção menos "normativista" – do que uma teoria política que adota um critério substantivo de justiça – porque, de acordo com eles, aquilo que é justo seria definido somente por procedimentos argumentativos de formação de opinião e de vontade políticas, e não por qualquer padrão externo à própria deliberação. À primeira vista, isso soa muito bem, mas há nessa formulação uma ambigüidade com freqüência ignorada: a referência é a práticas e procedimentos efetivos de deliberação ou a algum tipo de deliberação ideal?

Esclareçamos melhor a ambigüidade em questão. O que está por trás dessa formulação é um ideal rousseauniano-habermasiano de uma sociedade cujos membros são coletivamente autônomos na medida em que estão sujeitos somente a normas que alcançaram um consenso racional unânime. Mas como seria possível se aproximar desse ideal? De duas formas distintas: aproximando as normas segundo as quais as pessoas vivem daquelas que receberiam o consentimento de todos após uma deliberação racional ideal; ou tornando essas normas mais próximas daquelas que alcançariam o consentimento unânime das pessoas após um processo de participação democrática *efetiva*. Parece-me que a teoria de Habermas só pode considerar moralmente justificados os resultados de processos deliberativos que também poderiam ser objeto de um acordo alcançado em uma situação deliberativa ideal. Essa interpretação tem custos para a teoria. Em particular, como nenhum critério substantivo de justiça resulta da deliberação ideal, não há uma agenda nítida de reformas democráticas que possa ser derivada disso. Mas a segunda alternativa apresenta dificuldades ainda maiores, já que, nesse caso, teriam de ser considerados moralmente legítimos os resultados de processos deliberativos nos quais há significativas desigualdades de recursos políticos, incluindo as desigualdades de recursos cognitivos e de capacidade argumentativa, entre os participantes. Isso só não é problemático para aqueles que acham que uma constituição cada vez mais democrática da sociedade é a melhor maneira de chegar a instituições sociais e políticas justas. (Voltarei a este último ponto quando discutir a segunda das duas áreas de divergências mencionadas no início.) Poder-se-ia redargüir que as minhas duas alternativas de interpretação não levam em conta que, para a teoria do discurso, deliberação ideal (que, em meus termos, diz respeito à argumentação moral) e deliberação efetiva (que, em meus termos, está referida às decisões políticas) não estão separadas. Em resposta a essa réplica eu diria simplesmente que isso talvez possa ser verdadeiro, mas somente em contextos (seminários acadêmicos, por exemplo) inteiramente irrelevantes para pensar a política.

Se minha interpretação é correta, o entendimento alcançado em um processo deliberativo no qual os participantes são iguais, e estão igualmente motivados a resolver seus desacordos morais com respeito a questões políticas somente com base na força dos melhores argumentos, só pode ser concebido como um critério (de legitimidade) *independente* de procedimentos deliberativos efetivos. O mesmo vale para o acordo alcançado por meio do "procedimento deliberativo ideal" tal como proposto por Joshua

Cohen[6]. Como argumenta David Estlund em discussão sobre essa temática, Habermas e Cohen propõem concepções "epistêmicas" de democracia deliberativa. Em uma concepção epistêmica desse tipo, nas palavras de Estlund, "o processo ideal é logicamente independente de procedimentos efetivos"[7]. Assim como, na concepção liberal-igualitária de legitimidade política, esboçada anteriormente, o procedimento contrafatual de deliberação, que é típico da argumentação moral, fornece um padrão para avaliar a justiça dos resultados de processos deliberativos efetivos, que são fortemente condicionados pelas desigualdades de recursos políticos que normalmente caracterizam a deliberação política.

E se os resultados do processo democrático em determinado contexto forem repugnantes quando avaliados pela teoria moral que julgamos ser mais correta? O que deveríamos dizer nesse caso? Simplesmente que o resultado do processo democrático é aí moralmente errado de acordo com a nossa teoria moral. Essa distância entre a concepção de justiça que consideramos ser mais correta – é claro que isso sempre será objeto de controvérsia – e processos deliberativos efetivos, como quer que sejam moldados, é essencial para preservar nossa capacidade de criticar moralmente os resultados de processos deliberativos efetivos. A democracia concebida como um procedimento de tomada de decisões coletivas é compatível com quaisquer resultados que dele resultem que não subvertam a existência continuada no tempo do próprio processo democrático. Como Schumpeter já havia observado, uma sociedade pode ser escrupulosamente fiel a procedimentos democráticos e ainda assim ser injusta[8]. Isso ocorre, de forma dramática, nos

---

6. Cohen, J., 1997, pp. 67-91.
7. Estlund, 1997, p. 180.
8. Refiro-me à passagem em que Schumpeter admite que uma política de perseguição a uma minoria religiosa ou uma política de discriminação racial são resultados possíveis do processo democrático (Schumpeter, 1984, cap. XX, seção III).

casos em que uma subcultura majoritária se vale de procedimentos democráticos para impor sua língua e sua identidade cultural a uma ou mais subculturas minoritárias na sociedade.

Mas pensemos em um exemplo mais "corriqueiro" – mais corriqueiro porque apresenta circunstâncias que podem ser encontradas em países de democracia consolidada. Este exemplo foi proposto por Thomas Nagel[9]. Imaginemos uma sociedade na qual há uma minoria destituída e uma classe média bem mais numerosa do que essa minoria. Suponhamos ainda que duas alternativas de política pública se apresentem: uma delas é uma reforma institucional, digamos que do sistema tributário e de transferências, que objetiva elevar os benefícios para a minoria destituída – para aqueles que se encontram na posição mínima da sociedade – à custa de impor um sacrifício relativamente modesto à classe média numerosa. A segunda alternativa é, de fato, a rejeição dessa proposta de reforma, com a conseqüência de se manter um arranjo institucional básico que impõe custos intoleráveis para a minoria destituída da sociedade.

O critério maximin de justiça social proposto pela teoria de Rawls endossaria a primeira alternativa como moralmente superior à segunda. Mas não é nada claro, pelo menos não de forma óbvia, que esse seria o resultado produzido pelo processo democrático. A razão disso é que o ônus menor imposto pela justiça maximin será sentido por um número maior de pessoas do que o ônus insuportável para alguns imposto pela manutenção do *status quo*. Não há nada no processo democrático, na regra da maioria em particular, que faça com que os membros de uma maioria, em uma posição intermediária na distribuição de encargos e benefícios sociais, sejam levados a aceitar uma modesta redução em seu nível de bem-estar, caso isso seja necessário para elevar significativamente o bem-estar de uma minoria

---

9. Nagel, 1991, p. 80.

destituída. Quando os pobres deixam de constituir a maioria da sociedade, a tomada de decisões por meio do processo democrático não oferece nenhuma garantia, por si mesmo, de que seus interesses serão levados em conta pela maioria relativamente mais privilegiada.

Mais democracia, ou melhor, mais participação democrática, por mais desejável que possa ser por outras razões que possamos ter para valorizá-la pode não oferecer uma resposta para esse tipo de impasse. Voltarei a esse ponto na próxima seção. Só não haverá tensão, ou até mesmo oposição, entre um critério maximin de justiça social e a tomada de decisões por meio do processo democrático, no exemplo acima (e em muitos outros), se uma maioria de cidadãos e seus representantes estiver convencida de que deve se valer das instituições políticas democráticas para realizar, ou chegar tão perto disso quanto possível nas circunstâncias que se apresentarem, uma concepção de justiça social. Se esse não for (como muitas vezes não é) o caso, e a escolha social afinal recair na segunda alternativa do nosso exemplo hipotético – a que envolve sacrificar interesses fundamentais de uma minoria destituída a interesses menos significativos de uma classe média mais numerosa –, o critério maximin de justiça social ainda poderá ser empregado, de uma forma significativa, para criticar esse resultado do processo democrático.

Essa discussão também serve para esclarecer outro aspecto da relação entre justificação moral e deliberação política. A aceitação de um padrão liberal-igualitário de legitimidade política, tal como o interpretado aqui, não implica a suposição de que a deliberação democrática deva ser caracterizada pela busca do consenso. Os princípios de justiça que ninguém poderia razoavelmente rejeitar em uma deliberação ideal, como argumenta Thomas Christiano, "[somente] podem ser introduzidos no processo de deliberação pública como alternativas a serem consideradas, a despeito de ser improvável que venham a ser objeto de um acordo unânime, mesmo entre pessoas razoáveis, em qualquer democracia real"[10]. O emprego de uma noção de consenso unânime na argumentação moral não nos compromete com uma implausível visão consensualista da política. Aqueles que defendem, no âmbito da deliberação política, reformas institucionais e políticas públicas que têm uma clara conexão com um critério maximin de justiça social terão de se confrontar com contendores políticos que podem subscrever critérios distintos de justiça, como o libertarianismo ou um princípio de maximização da utilidade média. O máximo que os primeiros podem esperar da argumentação moral, supondo-se que o critério maximin se mostrasse superior às alternativas a ele nesse terreno, são razões morais com base nas quais (e com base em outras considerações relevantes, como argumentos de natureza prudencial) eles podem tentar persuadir seus concidadãos de que suas propostas de reformas e de políticas deveriam prevalecer na tomada de decisões políticas por meio do processo democrático.

Teorias da democracia e justiça

O procedimento contrafatual de deliberação que é próprio da argumentação moral pode nos fornecer um padrão para avaliar os resultados de processos deliberativos efetivos do ponto de vista da justiça. Isso é precisamente o que se espera de uma boa teoria moral. A questão real e difícil – essa é a segunda questão mencionada no início do capítulo – não é decidir se uma teoria é mais ou menos "normativista" ou mais ou menos "dialógica" do que outra, mas sim como é possível aprimorar o "valor epistêmico" da democracia, isto é, como aumentar a probabilidade de que o processo democrático produza resultados que possamos considerar justos de acordo com um critério independente dos próprios procedimentos deliberativos e decisórios. Em outras palavras: sob

---

10. Christiano, 1997, p. 276, nota 8.

que condições é de esperar que a democracia gere resultados políticos justos? Essa questão, em meu entender, merece mais esforços de reflexão teórica e de pesquisa empírica.
  Suponho que essa questão inspire algumas das variantes teóricas de democracia deliberativa que surgiram recentemente, sobretudo aquelas, como a proposta por Amy Gutmann e Dennis Thompson, mais atentas aos desacordos morais que se apresentam na política democrática ordinária[11]. Mas tenho dúvidas sobre se a "democracia deliberativa" constitui uma resposta apropriada – e isso mesmo no âmbito da teoria política normativa, avaliando a democracia deliberativa como um ideal político – à questão que formulei. Minha dúvida diz respeito àquilo que necessitamos para enfrentar essa questão: conceber uma forma de democracia alternativa à democracia competitiva ou criar condições mais eqüitativas para que os cidadãos influenciem as decisões políticas e constituam preferências informadas sobre as questões mais importantes de política pública? Inclino-me pela segunda alternativa e gostaria de explicar por quê. Deve ficar claro, desde logo, que essa segunda alternativa não envolve nada além de um aperfeiçoamento da política democrática competitiva.
  É difícil argumentar contra a desejabilidade de tornar a política democrática mais deliberativa. Suponho que muitos democratas convictos gostaríamos que as questões controversas que têm um importante componente de desacordo moral, sobretudo aquelas que dizem respeito ao que Rawls denomina "elementos constitucionais essenciais" e "questões de justiça básica", fossem resolvidas não só contando-se os votos mas também se levando em conta os melhores argumentos[12]. A prática da deliberação, isto é, a

---
  11. Gutmann e Thompson, 1997.
  12. Rawls, 2000, pp. 277-81. "Elementos constitucionais essenciais" se referem aos direitos civis e políticos fundamentais e aos procedimentos e instituições que regulam o acesso a posições de autoridade política; "questões de justiça básica" dizem respeito às normas e instituições que regulam a distribuição de oportunidades sociais, de renda e de riqueza na sociedade.

prática de oferecer argumentos e razões para nossas propostas que em princípio se dirigem àqueles que discordam de nós, tem pelo menos duas características desejáveis: 1) ela pode se constituir em um *método* para revelar respostas corretas para questões controvertidas[13] – sendo o padrão de correção estabelecido por um padrão independente de justiça, quando questões que pertencem a uma das duas categorias de Rawls se apresentam à discussão pública, ou, no caso daquelas que Dworkin denominou "questões de *policy*, por um critério de eficiência, de benefício mútuo ou de utilidade geral[14]; (2) e, nos casos em que nenhum entendimento pode ser alcançado, ela pode contribuir para que os participantes se disponham a aceitar os resultados, incluindo aqueles cujas propostas não prevaleceram na decisão (eles pelo menos têm o consolo de saber que suas posições foram levadas em conta).

Não há razão para discordâncias até aqui. O problema é que essas características geralmente se manifestam, ou pelo menos podem se manifestar, em fóruns específicos e restritos nos quais pode haver respeito por argumentos, pela opinião de especialistas e um compromisso com métodos aceitos de aferição de evidências – sem o que nenhuma argumentação séria sobre questões complexas de política pública pode ocorrer. Podemos pensar, por exemplo, em comissões parlamentares, como a Comissão de Constituição e Justiça do Senado Federal no Brasil, ou então em pequenas comunidades críticas que assessoram a formulação de políticas públicas e a tomada de decisões políticas. É possível que as normas internas de funcionamento do Legislativo pudessem ser alteradas para fomentar a deliberação, no sentido relevante, também no plenário da Câmara

---

13. Hardin, 1999, pp. 103-19.
14. "Questões de *policy*" são aquelas que não envolvem um componente importante de desacordo moral; por isso, é perfeitamente aceitável, nesse caso, justificar decisões políticas somente com base em um critério utilitarista de máxima satisfação de preferências individuais. Ver Dworkin, 1986, pp. 221-4 e 310-2.

Federal ou do Senado e de outras instituições legislativas. Suspeito, no entanto, que a prática da deliberação nesses fóruns de participação não é o que empolga os teóricos da democracia deliberativa.

Alguém poderia objetar que práticas deliberativas também se manifestam no que Habermas denominou "esfera pública". Podemos conceder o ponto, mas a deliberação sobre questões públicas em uma variedade de fóruns e arenas em uma esfera pública "baseada na sociedade civil", que exerce influência sobre (e é por ela influenciada) a "formação de vontade e de opinião institucionalizadas em corpos legislativos e tribunais", corresponde mais ou menos ao que já ocorre nas democracias existentes[15]. Isso pode até dar uma certa relevância sociológica à concepção de Habermas de deliberação, mas não é suficiente para justificar por que deveríamos substituir a teoria da democracia competitiva por uma teoria da democracia deliberativa.

O que é decisivo, para avaliar as perspectivas de uma teoria da democracia deliberativa, não é saber se a deliberação pode ocorrer em fóruns e arenas mais ou menos restritos dentro e fora do sistema político. Isso é possível, e, na medida em que de fato ocorresse, poderia haver um aprimoramento na qualidade moral de nossa discussão pública. A questão crucial diz respeito a se é razoável esperar que os próprios cidadãos participem de práticas deliberativas que tenham decisões de política pública por objeto. Somente se esse passo fosse plausível, estaríamos em condições de dizer que uma teoria da democracia deliberativa alternativa à democracia representativa e competitiva poderia ser desenvolvida. Tudo o que foi dito até agora sobre infundir mais deliberação nas decisões políticas é perfeitamente compatível com a concepção-padrão de democracia competitiva. Mas, se esse passo fosse dado, seria difícil entender por

---

15. Faço referência aqui a uma formulação de Habermas sobre a influência recíproca entre a esfera pública e o sistema político (Habermas, 1996a, p. 371).

que a democracia deliberativa não seria simplesmente uma reformulação do ideal mais antigo de democracia participativa. Se os cidadãos são os deliberantes, podem ser feitas à democracia deliberativa as mesmas objeções feitas à democracia participativa. Examinemos, a seguir, três dessas críticas.

A primeira objeção é que, caso se suponha que os cidadãos devem deliberar sobre questões controvertidas de política pública, a justificação da democracia deliberativa como um ideal moral parece se apoiar em uma visão eminentemente controversa sobre o que constitui o bem supremo na vida humana. Supõe-se que a vida do cidadão ativo, interessado nas questões de política pública e envolvido nos processos de deliberação política, seja o melhor modo de vida para os cidadãos de uma sociedade democrática. Nesse caso, a participação em processos deliberativos, antes de ser um meio para alcançar decisões mais justas ou mais eficientes, torna-se um fim em si mesmo – um modo de vida mediante o qual as qualidades morais e intelectuais próprias do ser humano podem se desenvolver. A dificuldade central, com respeito a esse ideal, é que não há por que supor, nas condições das sociedades democráticas contemporâneas, que só exista um único modo de vida por meio do qual essas qualidades podem ser desenvolvidas. Lembremos uma vez mais a célebre frase de Oscar Wilde sobre o socialismo: "There are only so many evenings to go around." Em uma tradução livre: há um número limitado de noites para se despender em tudo aquilo que as pessoas têm razões para acreditar que seja valioso. Muitos cidadãos podem considerar alienante ter de se envolver em processos participativos e deliberativos e podem legitimamente preferir contar com autoridades eleitas e responsabilizáveis que os liberem para fazer aquilo que julgam ter um valor intrínseco. E não há nenhuma razão moral para se atribuir uma preeminência, em decisões públicas de qualquer tipo, às preferências daqueles que valorizam a vida do *homo politicus*, em detrimento das preferências daqueles que valorizam outros modos de vida e outros fins. Minha disposição de enfrentar processos deliberativos longos e cansativos, que têm para mim custos de oportunidade elevados, não me confere nenhuma pretensão moral especial, na distribuição de recursos sociais escassos, em relação àqueles que não se dispõem a fazer a mesma coisa.

A segunda objeção retoma a crítica central de Schumpeter ao que ele denominou "doutrina clássica da democracia". A suposição de que os cidadãos devem deliberar sobre questões de política pública ignora o déficit motivacional e cognitivo desses cidadãos para lidar com questões dessa natureza. Não é razoável esperar que os cidadãos comuns se motivem a se informar de forma apropriada sobre questões complexas de política pública que estão (assim lhes parece) distantes de sua vida cotidiana. Em uma passagem célebre de *Capitalismo, socialismo e democracia*, Schumpeter afirmou que "o cidadão típico (...) desce para um nível inferior de rendimento mental tão logo entra no campo político. Argumenta e analisa de uma maneira que ele mesmo reconheceria como infantil em sua esfera de interesses reais. Torna-se primitivo novamente"[16]. Essa afirmação pode até mesmo enfurecer aqueles que acreditam em mais participação democrática como uma panacéia, mas não vejo nenhuma razão para não levá-la a sério[17]. Afinal, mesmo en-

---

16. Schumpeter, 1985, p. 319.
17. Minha interpretação é que Schumpeter fez uma distinção entre dois requisitos: os motivacionais e cognitivos necessários para que os cidadãos constituam julgamentos informados sobre questões e alternativas de política pública; e os envolvidos na escolha de quem deve governar. Os "cidadãos típicos" só são "irracionais" quando a métrica de comportamento político racional adotada é aquela, excessivamente exigente, que corresponde aos requisitos do primeiro tipo. Mas do fato de que a maioria dos cidadãos comuns não tenha motivação e informação suficientes para constituir um julgamento racional, digamos, sobre a política de privatizações do governo Fernando Henrique Cardoso, não se segue que eles não sejam capazes de constituir um julgamento genuíno sobre o desempenho governamental *como um todo*. Os cidadãos são capazes de constituir um julgamento, que as forças políticas que competem entre si eleitoralmente podem tentar influenciar mas nunca controlar inteiramente, sobre se o desempenho governamental foi bom ou ruim. Pode parecer pouco, mas é essa distinção crucial que nos permite diferenciar a democracia schumpeteriana de um governo de minoria ou de um governo tecnocrático.

tre nós, que de uma maneira ou de outra nos dedicamos a observar a política profissionalmente, quantos são os que se disporiam a enfrentar os custos informacionais para constituir julgamentos que não fossem primitivos sobre questões complexas de política pública que hoje (no segundo governo Lula) se discutem no Brasil, no exemplo, como equilibrar as exigências do desenvolvimento econômico sustentável, no que se refere à geração de energia elétrica, com as da preservação do meio ambiente ou, para mencionar outro exemplo, como assegurar que o sistema previdenciário seja a longo prazo. O mais provável é que só estejam motivados a isso aqueles que têm preferências intensas sobre determinadas áreas da política pública – e que muitas vezes pressionam por alternativas que pouca relação têm com uma noção reconhecível de bem público – ou então aqueles, que sempre constituem uma pequena minoria da sociedade, que valorizam a vida do *homo politicus*.

Isso levanta um outro problema da ótica do problema formulado no início. Antes de passar a ele, um breve comentário sobre a maneira como democratas participativos, como Carole Pateman, enfrentaram o problema do déficit cognitivo. Pateman sustentou que as qualidades morais e cognitivas dos cidadãos que são necessárias à operação de uma democracia participativa poderiam ser desenvolvidas pelas próprias experiências de participação, sobretudo no local de trabalho e no governo local[18]. Cidadãos participativos desenvolveriam suas faculdades morais e cognitivas participando da deliberação com outros e forjando com outros uma noção de seu bem comum. O resultado disso seriam cidadãos menos auto-interessados, mais ativos, dotados de um sentido de eficácia política e inclinados a levar em conta considerações de interesse público e de justiça, não só no âmbito restrito da experiência participativa em questão, como também com respeito às questões que estão no âmbito do governo do Estado. Essa é uma tese empíri-

---

18. Pateman, 1970.

ca, que tem escassas evidências que possam comprová-la[19]. Naturalmente, não faltam estudos sobre experiências participativas que, basicamente, se propõem a corroborar a hipótese de Pateman. Mas há um problema que infesta esses estudos e costuma ser ignorado por pesquisadores simpáticos à democracia participativa. As pessoas atraídas a experiências participativas podem ser, desproporcionalmente, aquelas que já têm uma estrutura de preferências e de atitudes políticas similar à do *homo politicus*. Os efeitos educativos atribuídos à participação poderiam ser explicados por um mecanismo de "auto-seleção"[20]. Por isso, é virtualmente impossível demonstrar que exista uma relação de *causalidade* entre tomar parte em uma experiência participativa e desenvolver os atributos morais e cognitivos valorizados pela teoria da democracia participativa.

A terceira objeção está relacionada a um dos fatores que explicam por que a democracia política e a justiça social nem sempre andam juntas. É verdade que se trata, antes de tudo, de um problema que se apresenta à concepção de democracia competitiva, mas também se apresenta a qualquer visão normativa para a qual as expectativas de chegar a uma sociedade justa sejam depositadas em uma constituição crescentemente democrática da sociedade. O que tenho em mente é o problema da desigualdade de participação e de ativismo políticos. Os teóricos da democracia participativa se preocupam com isso, mas costumam enfatizar a dimensão educativa da participação política (esse é o ponto central da tese de Pateman sobre a qual manifestei ceticismo). Os cidadãos menos participativos têm menos oportunidades de desenvolver as qualidades morais e cognitivas relevantes. No entanto, a desigualdade de ativismo político tem também efeitos *distributivos*, e isso é mais im-

---

19. Essa foi a conclusão da discussão desenvolvida em Dahl, 1985, cap. 3. Essa conclusão continua válida, acredito, pela razão que é mencionada a seguir.
20. Mansbridge, 1997, p. 424.

portante para a questão examinada aqui, a saber, sob que condições podemos esperar que a democracia produza resultados justos. Os cidadãos mais ativos são mais capazes de proteger seus próprios interesses e, em competição com os menos participativos, de fazer com que as leis e as políticas públicas correspondam a suas preferências. Os políticos e as autoridades democráticos têm incentivos para dar um peso desproporcional aos interesses dos cidadãos que se dispõem a votar e sobretudo aos interesses daqueles que se dispõem a empreender formas mais custosas de participação política[21]. Não há nenhuma razão *a priori* para supor que esse raciocínio valha para *lobbies* e grupos de pressão mas não, por exemplo, para as políticas de orçamento participativo que vêm sendo adotadas por alguns governos municipais no Brasil[22].

A desigualdade de ativismo político seria menos objetável caso se pudesse demonstrar que participar ou não é só uma questão de escolha individual. Aqueles que não se dispusessem a sacrificar nada de seus próprios recursos, como uma parte do seu tempo livre, levariam a pior na distribuição de recursos sociais escassos por mecanismos políticos. Se as coisas se passassem assim, poderíamos dizer que aqueles que escolhem outros modos de vida que não o do cidadão ativo deveriam sofrer as conseqüências de suas próprias escolhas de concepção do bem. Mas a hipótese que parece mais correta é a de que os níveis desiguais de participação política se devem, em larga medida, à distribuição muito desigual de recursos políticos cruciais como riqueza, dinheiro, educação, recursos cognitivos, tempo li-

---

21. Essa é a razão, e com mais força ainda, pela qual a democracia não assegura um tratamento justo aos não-cidadãos, tanto em âmbito doméstico quanto em âmbito internacional.

22. Não estou emitindo nenhum juízo sobre se políticas públicas de orçamento participativo deveriam ser adotadas ou não. O que coloco em questão é a idéia de que a justiça social possa ser alcançada simplesmente por meio de mais participação democrática, como quer que se entenda isso.

vre para a atividade política e facilidade maior ou menor de superar problemas de ação coletiva[23]. E esses são fatores que não dependem de escolha individual. Tal hipótese foi corroborada por um importante estudo empírico sobre a desigualdade de ativismo político realizado por Sidney Verba, Kay Schlozman e Henry Brady nos Estados Unidos[24]. Em um dos extremos de um contínuo que vai da forma menos desigualmente distribuída à mais desigualmente distribuída de participação política, está o voto; no outro, estão as formas de ativismo político que basicamente dependem de se ter dinheiro: as contribuições financeiras a candidatos e campanhas eleitorais, a formação de *think tanks* e a promoção dos interesses de *lobbies* e grupos poderosos nos meios de comunicação de massa. Na medida em que as formas mais desigualmente distribuídas de participação política podem ser bastante eficientes em enviar sinais urgentes aos que tomam as decisões políticas, a desigualdade de recursos políticos compromete a norma de igualdade política em que a democracia está assentada. E para que isso ocorra não é preciso atribuir mais que um conteúdo mínimo à noção de igualdade política: todo cidadão deve poder votar e o voto de cada um deve contar igualmente nas decisões políticas. Uma análise clássica sobre por que nem mesmo essa forma mínima de igualdade política prevalece nas democracias, da perspectiva da teoria econômica da democracia, é a de Anthony Downs. Volto à análise de Downs logo abaixo[25].

"Mais participação" ou "mais deliberação" não é, *de per se*, a resposta normativamente mais apropriada para o problema examinado aqui, pelo menos não na medida em que essas expressões entre aspas sejam interpretadas (como suponho) como referências abreviadas a modelos alternativos de democracia. Sobre isso, há duas considerações mais im-

---

23. Essa hipótese é endossada, por exemplo, por Dahl, 1989, pp. 323-4.
24. Verba, Schlozman e Brady, 1995.
25. Ver Downs, 1999, cap. 6.

portantes a fazer. A primeira é que os mais pobres e destituídos de recursos políticos são também aqueles que mais provavelmente estarão ausentes de experiências participativas e deliberativas. Essa suposição é confirmada pelos achados dos autores de *Voice and Equality*; e é uma das conclusões da argumentação teórica desenvolvida por Mancur Olson em *The Logic of Collective Action*[26]. Como argumentou Olson, é mais fácil para grupos pequenos de cidadãos, em que cada um ganha muito com a ação coletiva e os "caronas" podem ser identificados, se organizar para promover seus interesses comuns. Quanto maior o grupo, menor a probabilidade de que a contribuição de um membro individual para a realização do interesse comum seja perceptível, e, por isso, mais difícil se torna tanto detectar a conduta "caronista", e excluir o "carona" dos benefícios alcançados por meio da ação coletiva, como detectar e recompensar de alguma forma a ação cooperativa. Para cada membro individual de um grupo grande, é mais racional esperar que outros assumam os custos de promover os interesses coletivos do grupo e tirar proveito, como "carona", dos benefícios da ação coletiva[27]. Não há dúvida de que o argumento de Olson é pertinente para explicar a dificuldade que os mais pobres têm para pressionar por seus interesses comuns. Os problemas de ação coletiva que grupos pequenos (e privilegiados) da sociedade podem resolver com base em uma motivação puramente auto-interessada de seus membros só poderão ser enfrentados, no caso dos grupos latentes (como os mais pobres e destituídos de recursos políticos), se for possível contar, em algum momento, com doses elevadas de altruísmo de pelo menos parte de seus membros. O que muitas vezes é necessário não é mais deliberação,

---

26. Olson, 1971 (1965).
27. O dilema descrito por Olson para os grupos grandes corresponde, na teoria dos jogos, ao modelo do "Dilema do Prisioneiro". Se todos forem racionais, o equilíbrio será alcançado em um ponto de provisão subótima dos bens públicos do grupo.

mas ação consistente de cima, via reformas institucionais e políticas públicas adequadas, para proteger os interesses e elevar a voz dos mais vulneráveis. Pelo menos, é isso que o critério maximin de justiça social recomenda.

A segunda consideração diz respeito às condições que, em graus diferentes, moldam os termos da deliberação pública nas democracias contemporâneas. O principal obstáculo para haver mais deliberação na formação da política pública, como argumenta Ian Shapiro em um comentário a *Democracy and Disagreement* (de Amy Gutmann e Dennis Thompson), não vem da falta de disposição dos cidadãos de chegar a entendimentos mutuamente aceitáveis sobre seus desacordos morais[28]. O principal obstáculo, para simplificar de maneira brutal o que está sendo dito, resulta de uma combinação de dois recursos políticos cruciais: preferências intensas e dinheiro. Detenhamo-nos um pouco mais nesse ponto para entender por que isso é assim. Formularei de início uma questão que se apresenta à vertente da democracia competitiva, mas as implicações para a democracia deliberativa logo ficarão evidentes.

Por que líderes e partidos políticos que estão no governo e que, de acordo com um modelo de democracia perfeitamente competitiva, deveriam maximizar suas chances de reeleição satisfazendo as preferências de uma maioria dos eleitores muitas vezes tomam decisões que conferem um peso desproporcional às preferências de minorias privilegiadas? Downs argumentou – e esse me parece ser um argumento relevante para explicar por que desigualdades significativas podem persistir nas democracias – que a razão disso é o custo da informação[29]. Considerando que o benefício esperado (ou "renda de utilidade", nos termos de Downs) do voto é muito pequeno, os eleitores não têm um incentivo para se informar sobre como as diferentes propostas de política pública (do governo e da oposição) poderão afe-

---

28. Shapiro, 1999, pp. 28-38. Ver, também, Shapiro, 2003, pp. 21-34.
29. Downs, 1999 (1957), cap. 6.

tar seus próprios interesses. Apesar de se supor que os eleitores são racionais (isto é, buscam maximizar a satisfação de seus próprios interesses), eles podem tirar conclusões equivocadas sobre as relações entre essas propostas e seus próprios interesses. De sua parte, os governantes democráticos não têm como saber ao certo o que uma maioria dos eleitores deseja com respeito a dada decisão política (nem os próprios eleitores, racionalmente desinformados, o sabem). Por isso, os governantes não podem ignorar a ação de minorias com preferências intensas com respeito à decisão política em questão, que se dispõem a arcar com os custos da comunicação política e podem ter êxito em convencer eleitores insuficientemente informados de que suas (das minorias) propostas de fato são aquelas que melhor correspondem às preferências desses mesmos eleitores.

Para levar a discussão adiante, gostaria de observar que é difícil conciliar esse raciocínio de Downs com uma das premissas de seu modelo: a de que as preferências políticas dos cidadãos são fixas, isto é, são dados exógenos à competição política. "Na realidade", diz Downs a esse respeito, "gostos políticos fixos nos parecem muito mais plausíveis do que gostos fixos de consumo, que são geralmente supostos em estudos de demanda."[30] Se as preferências são exógenas, não é a estrutura da competição política que produz as preferências dos cidadãos; são estas que determinam os termos dessa competição. A argumentação de Downs sumariada no parágrafo anterior, no entanto, sugere que certas preferências são, afinal, endógenas ao processo político. Eleitores desinformados podem adotar crenças que favoreçam, não seus próprios interesses, mas sim os interesses de *lobbies* e minorias politicamente ativas.

Aqui é preciso introduzir uma importante distinção feita por Adam Przeworski[31]. Há preferências que de fato são exógenas à competição política. As pessoas querem, por

---

30. *Ibid.*, pp. 67-8.
31. Przeworski, 1998, pp. 142-4.

exemplo, andar por ruas seguras e ver seus filhos aprendendo na escola[32]. Mas não são essas as crenças que realmente pesam no processo político democrático. Isso porque os eleitores não votam em resultados – ruas seguras, escolas de boa qualidade para as crianças –, e sim em *políticas* propostas por candidatos e partidos, que podem ou não levar aos resultados desejados. Se o resultado (ou "estado do mundo", na terminologia de Przeworski) X é desejável, será a política Y a melhor forma de alcançá-lo? Os políticos, partidos, financiadores de campanhas eleitorais e grupos de pressão empenham-se em influenciar as crenças dos eleitores sobre essa relação[33]. Crenças desse tipo são inteiramente endógenas ao processo político e são as mais afetadas pela desigualdade de informação e de capacidade cognitiva[34]. E são também as crenças que de fato influenciam as decisões políticas.

Suponhamos que exista um elevado grau de consenso entre os eleitores sobre a urgência de reduzir a pobreza – quer porque considerem isso uma injustiça profunda, quer porque sejam, os mais privilegiados, atingidos por externalidades negativas atribuídas à pobreza, como a criminalidade violenta. Por que, mesmo assim, políticas públicas efetivas de combate à pobreza podem não ser adotadas? O problema reside em que a crença sobre a necessidade de abolir a pobreza é exógena à discussão pública; o que é endógeno ao processo político, e operativo para influenciar as decisões políticas, são as crenças sobre qual é a maneira mais eficaz de realizar esse objetivo. Duas estratégias podem se apre-

---

32. *Ibid.*, p. 144.
33. Putterman, Roemer e Silvestre (1998, pp. 893-5) examinam explicações semelhantes sobre como os eleitores constituem crenças sobre questões públicas e candidatos.
34. As crenças que Przeworski tem em mente não são tanto aquelas que ele denomina "crenças técnicas" – que têm por objeto as relações causais entre uma dada política e um determinado resultado – de eleitores isoladamente, e sim as "crenças de equilíbrio", que são aquelas que cada eleitor tem sobre as crenças técnicas dos demais eleitores. As crenças de equilíbrio são as expectativas mútuas que os eleitores criam sobre a eficácia política de diferentes alternativas de política pública.

sentar à discussão pública. Uma delas sustenta que a maneira mais direta e rápida de reduzir a pobreza consiste na distribuição de benefícios em espécie às famílias pobres – como o Bolsa Família e a aposentadoria rural nos moldes do programa brasileiro[35] –, aliando-se a isso políticas de promoção do capital físico e humano dos pobres, que os capacitem a tirar proveito das oportunidades abertas pelo crescimento econômico, como a universalização do acesso à educação e à saúde básicas, a ampliação do acesso ao crédito e a reforma agrária. A segunda estratégia critica a tributação redistributiva e a ineficiência estatal e aposta essencialmente no crescimento econômico, relegando as políticas defendidas pela primeira a um papel subsidiário.

Há muito a recomendar a primeira estratégia[36], mas, se a informação sobre as alternativas de política pública e a capacidade cognitiva de processá-las são desigualmente distribuídas, é possível que a comunicação política induza eleitores que seriam beneficiados pela expansão das oportunidades sociais propiciadas pela primeira estratégia a adotar crenças favoráveis à segunda. *Nessas condições*, isto é, em condições de distribuição muito desigual de recursos políticos, a discussão pública pode fazer com que muitos cidadãos constituam crenças equivocadas sobre a relação en-

---

35. Uma vez que a aposentadoria rural por idade não depende estritamente de contribuição anterior para ser concedida, esse benefício equivale a uma renda mínima garantida concedida aos trabalhadores rurais idosos. Em dezembro de 2004, de acordo com o *Anuário Estatístico da Previdência Social 2004*, publicado pelo Ministério da Previdência Social, havia 4.506.460 beneficiários diretos desse programa, atingindo favoravelmente cerca de 16 milhões de pessoas.

36. Sen (1999, pp. 43-51; 1992, pp. 126-8) aponta as evidências de que a primeira estratégia é muito mais efetiva para elevar rapidamente a qualidade de vida dos mais pobres do que a estratégia que se apóia basicamente nos efeitos do crescimento econômico e da elevação da renda *per capita*. O estado indiano do Kerala tem menos da metade do PIB *per capita* do Punjab e, no entanto, graças às políticas sociais que implementa, tem taxas de mortalidade infantil e de fertilidade substancialmente mais baixas, e índices de alfabetização e de expectativa de vida substancialmente mais elevados, do que o Punjab e outras regiões da Índia.

tre determinadas propostas de política pública e seus próprios interesses. Nesse caso, as preferências dos cidadãos são endógenas ao processo político, mas a deliberação pública (nas condições descritas) os leva a constituir preferências sobre alternativas de política pública que os deixam em uma situação que é mais desfavorável do que aquela em que poderiam se encontrar[37].

Susan Stokes oferece um exemplo claro de como isso pode ocorrer[38]. Ela mostra como o poderoso *lobby* de planos e seguradoras de saúde (a American Medical Association – AMA) acabou tendo sucesso em liquidar a proposta de criação de um sistema público e universal de saúde nos Estados Unidos, que havia sido a principal promessa da campanha de Clinton em 1992, apesar de haver evidências firmes de que uma maioria dos eleitores e mesmo dos legisladores inicialmente a apoiavam[39]. A AMA investiu cerca de 100 milhões de dólares em estratégias de comunicação política que, num primeiro momento, acabaram sendo bem-sucedidas não em alterar diretamente a opinião pública, mas sim em alterar a percepção que os legisladores tinham da opinião pública. (Lembremos que, como os legisladores estão sempre incertos sobre a distribuição das preferências dos eleitores sobre uma dada matéria de política pública, eles não podem ignorar a ação de minorias de preferências intensas que têm recursos financeiros para investir na comunicação política.) Com base em uma percepção equivocada sobre as preferências dos eleitores, ou sobre os efeitos da campanha publicitária da AMA sobre essas preferências, os legisladores do Partido Republicano se animaram a partir para o ataque contra a proposta de reforma. O acirra-

---

37. Przeworski, 1998.
38. Stokes, 1998, pp. 129-31.
39. Não há dúvida de que essa proposta, caso tivesse sido efetivada, teria tornado a estrutura básica da sociedade norte-americana significativamente mais justa do que hoje é. Nos termos do critério de justiça discutido no capítulo 1, o acesso diferenciado a serviços básicos de saúde e a cuidados médicos representa uma clara violação do princípio de igualdade eqüitativa de oportunidades.

mento do debate e do conflito entre as elites políticas, finalmente, acabou criando condições propícias para que uma parcela ponderável do eleitorado constituísse a crença de que sua situação pioraria se a reforma fosse implementada. Muitos cidadãos que de fato teriam sido beneficiados pela reforma acabaram, *em virtude do tipo de discussão pública* que se seguiu à proposição da reforma pelo governo Clinton, por constituir a crença de que seriam prejudicados por ela. Isso não se deveu, como observa Shapiro sobre esse mesmo caso, a um "déficit deliberativo". O problema não se deveu a uma dificuldade de alcançar um acordo razoável entre pessoas que têm valores diferentes, mas ao fato de que as visões opostas sobre a questão nem sequer chegaram a se confrontar na discussão pública. A campanha publicitária da AMA teve êxito em eliminar do debate público uma das alternativas relevantes, a instituição de um modelo canadense de tipo "single-payer system"[40]. É com base em exemplos desse tipo que Przeworski critica Joshua Cohen e outros teóricos da democracia deliberativa por não admitirem que há circunstâncias em que a deliberação pública, em vez de fazer com que os cidadãos votem com base nas melhores razões, pode levá-los a constituir crenças falsas sobre a relação entre políticas propostas e resultados ou a substituir crenças verdadeiras por crenças falsas[41].

Além da disposição de enfrentar os custos da comunicação política em uma democracia de massas, na qual os ci-

---

40. Shapiro, 2003, pp. 31-2. Um outro exemplo analisado por Shapiro é o da coalizão constituída nos Estados Unidos em meados dos anos 1990 para defender a abolição de um imposto sobre heranças (o "state tax") que incidia somente sobre os 2% e sobretudo sobre os 0,5% mais ricos da sociedade norte-americana. Essa coalizão conseguiu que o governo Bush incluísse a suspensão temporária desse imposto no programa de corte de impostos adotado em 2001 para vigorar nos dez anos subseqüentes. A batalha da comunicação e da discussão públicas foi ganha graças à estratégia adotada (pela coalizão anti-"state tax") de descrever aquilo que era essencialmente uma questão de justiça distributiva como se fosse um "imposto da morte" ("death tax") que recaía sobre famílias que haviam acabado de sofrer uma perda irreparável (Shapiro, 2003, p. 144).

41. Przeworski, 1998, p. 145.

dadãos comuns dificilmente se sentirão fortemente motivados a se informar de maneira cognitivamente apropriada sobre questões complexas de política pública, uma outra via importante pela qual minorias poderosas e de preferências intensas podem exercer uma influência desproporcional sobre os termos da discussão pública é a das contribuições financeiras a candidatos e campanhas eleitorais. Essa é uma forma de ativismo político que não requer nada de quem a empreende, exceto que tenha dinheiro, mas que pode ser bastante eficiente em tornar os políticos democráticos mais responsabilizáveis perante seus financiadores do que perante seus eleitores.

Alguém poderia objetar que a discussão pública em que há vastas desigualdades de recursos políticos e uso estratégico da comunicação política não corresponde a uma concepção de deliberação ideal, na qual se supõe que os participantes são iguais, estão igualmente motivados a chegar a termos mutuamente aceitáveis de entendimento e se atêm aos "pressupostos e procedimentos comunicativos de um processo discursivo de opinião e de vontade, no qual o uso público da razão é manifestado"[42]. Isso é obviamente correto, mas há dois comentários a fazer a esse respeito. Em primeiro lugar, essa objeção implica conceder o ponto central sustentado na seção anterior: sob a teoria normativa que consideramos mais correta, a argumentação moral e a deliberação política podem e devem estar relacionadas, mas deveríamos, mesmo assim, distinguir claramente uma da outra. O que fazemos, quando recorremos a uma forma idealizada de deliberação na argumentação moral, é justificar um critério com base no qual os resultados de processos deliberativos efetivos podem ser avaliados do ponto de vista moral. Em segundo lugar, e isso é mais importante, essa objeção – "a maneira como a deliberação política está sendo tratada (neste texto) não corresponde a uma concepção normativamente correta de deliberação" – representa

---

42. Habermas, 1996b, p. 617.

pouco mais que um truísmo. Acatá-la não nos permite avançar nem um pouco na compreensão que temos da questão aqui examinada: sob que condições é de esperar que a democracia produza resultados políticos justos?

Enfrentar essa questão, ainda no plano normativo, não supõe (pelo menos é esse meu argumento) que seria preciso substituir a democracia competitiva por alguma outra forma de democracia. O que posso fazer, para concluir esta discussão, é explicitar algumas implicações do que foi sustentado nas seções anteriores.

Igualdade de oportunidades políticas

Em primeiro lugar, não é nada claro que, para elevar o que antes denominei "valor epistêmico da democracia", devemos depositar todas as nossas esperanças na busca de consensos fundados em boas razões, em vez de depositá-las no conflito de visões e na competição política efetiva. Entre outras coisas, procuro mostrar que uma perspectiva rawlsiana sobre a justiça social não tem por que se comprometer com uma visão consensualista implausível da política da qual, ao que parece, os teóricos da democracia deliberativa têm muito mais dificuldades de se desvencilhar[43]. A competição política pode desempenhar um importante papel instrumental na promoção da justiça social, mas isso depende crucialmente do tipo de ativismo político dos partidos e forças políticos (tipicamente, de esquerda e centro-esquerda) dos quais se pode esperar um comprometimento maior com uma concepção de justiça social. Isso pode soar como uma obviedade, mas de fato não é. Analisando o porquê de a democracia hindu ter apresentado, nas décadas de governo democrático que se sucederam à indepen-

---

43. Ainda que, curiosamente, seja a perspectiva rawlsiana que receba a pecha de "idealista" ou, pior ainda, de "platônica". Isso é insinuado (mais do que claramente afirmado) em Habermas, 1996b, seção III.

dência em 1947, resultados modestos na redução da pobreza absoluta e de desigualdades profundamente arraigadas, Amartya Sen sustenta que isso se deve, pelo menos em parte, ao tipo de ativismo político dos partidos de oposição – que se mostraram incapazes de polarizar a competição política em torno de questões como o analfabetismo generalizado, a prevalência de formas graves de desnutrição e as desigualdades nas relações de gênero. A conseqüência disso é que governos pouco comprometidos com a justiça social têm ignorado essas questões incorrendo em um custo político baixo[44].

Considerando que também no Brasil há um sentimento de frustração com a dificuldade de fazer o regime democrático produzir resultados políticos que contribuam para a redução de injustiças sociais, arrisco-me a formular uma hipótese que é similar àquela proposta por Sen. Para formulá-la, vou me valer da forma como André Singer explica como os eleitores brasileiros se dispõem em uma escala ideológica esquerda-direita[45]. O que faz os eleitores se localizarem em tal escala não é o comprometimento maior ou menor com uma concepção de justiça social e de igualdade socioeconômica. Para Singer, "o igualitarismo tornou-se uma espécie de ideologia nacional, não sendo, portanto, o grande divisor de águas entre esquerda e direita, como ocorre nos países industrializados"[46]. As crenças igualitárias da esmagadora maioria dos eleitores brasileiros e de seus representantes, aceitando-se essa hipótese, são exógenas ao processo político. Não são essas as crenças que realmente pesam na competição política. As crenças que polarizam a disputa política são outras:

> (...) o que divide direita e esquerda no Brasil não é exatamente mudar ou conservar, mas sim *como mudar*. A divisão, na

---

44. Sen, 1999, pp. 154-7.
45. Singer, 2000.
46. *Ibid.*, p. 147.

realidade, se dá em torno da mudança dentro da ordem ou contra a ordem, resultando em instabilidade. O público de direita pretende uma mudança por intermédio da autoridade do Estado, e por isso quer reforçá-lo, ao passo que o público que se coloca à esquerda está ligado à idéia de uma mudança a partir da mobilização social, e por isso contesta a autoridade repressiva do Estado sobre os movimentos sociais.[47]

Parece natural supor que a característica central dos partidos de esquerda e centro-esquerda deveria ser o compromisso com a realização de uma concepção de justiça social. Mas, se o que Singer diz faz sentido, não é exatamente isso que esses partidos sinalizaram para seus eleitores durante todo esse tempo. Em vez de polarizar a competição política em torno do combate à pobreza e da redução da desigualdade social, o que supõe a articulação e a defesa de propostas de reforma e de políticas públicas voltadas para esses objetivos, os partidos de esquerda (quaisquer que fossem as intenções explícitas de seus líderes) obrigaram seus contendores políticos a se posicionar em relação a uma outra questão: como o Estado deve agir em relação aos movimentos sociais? Ao passo que todos podiam seguir professando a "ideologia nacional" igualitária sem maiores problemas, o foco real da competição política entre esquerda e direita foi colocado na legitimidade dos movimentos de protesto social e no direito que as autoridades públicas têm de impor limites à ação desses movimentos em nome da preservação da ordem. Não pretendo discutir a tese de Singer de que os eleitores brasileiros podem ser dispostos em um espectro ideológico de tipo direita-esquerda. Estou chamando a atenção para o fato de a identificação política de esquerda no Brasil, pelo menos aquela que em alguma medida foi filtrada para os eleitores, não estar fortemente vinculada a uma visão de justiça social.

Retórica à parte, os partidos de oposição às coalizões de centro-direita que governaram o país desde a redemo-

---

47. *Ibid.*, pp. 149-50.

cratização até o início do primeiro governo Lula podem não ter tirado proveito das oportunidades que o processo democrático oferece para polarizar a competição política em torno da realização de uma concepção de justiça social. Isso explicaria por que as coalizões governantes do período 1985-2002 puderam deixar para um segundo plano as questões de pobreza e desigualdade com um custo político relativamente baixo. Ainda é cedo para avaliar em que medida os governos Lula poderiam representar um ponto de inflexão nisso, isto é, poderiam ter êxito em estruturar a competição política democrática no Brasil em torno da defesa e da oposição a uma visão de justiça social, mas, a julgar pelo menos pela campanha eleitoral de 2006, essa é uma questão que lamentavelmente parece ter ficado em segundo plano[48]. De todo modo, como a discussão do exemplo visto na primeira seção, sobre o potencial conflito entre a democracia e a efetivação de uma concepção maximin de justiça social, mostrou, isso não é uma tarefa simples. Elevar o quinhão de recursos sociais escassos e de oportunidades sociais para os que estão na posição mínima da sociedade pode requerer reformas institucionais e políticas que imponham custos para parcelas significativas de eleitores não-pobres. Para que isso ocorra, não há atalho possível: uma maioria dos eleitores e de seus representantes deve estar convencida, por considerações de natureza moral – já que os não-pobres terão de aceitar sacrifícios, ainda que relativamente modestos, em seu interesse próprio –, de que essa é a coisa certa a fazer.

---

48. No momento em que escrevo (final de 2006), estou revendo uma versão anterior deste texto, que havia sido escrita no início de 2003. Tudo o que o governo Lula parece ter conseguido a essa altura é mais uma vez polarizar a competição política no Brasil em torno do tema da corrupção, encontrando-se, ainda por cima, na desconfortável posição de suspeito. Ainda assim, cabe ressaltar que os eleitores pobres que reelegeram Lula certamente não o fizeram por causa dos esquemas de corrupção denunciados em 2005 (o principal deles foi o chamado "mensalão"), e sim porque aprovaram as tímidas medidas redistributivas do primeiro governo Lula, sobretudo a ampliação do Programa "Bolsa Família" e os aumentos reais concedidos ao salário-mínimo.

A segunda implicação do que já foi dito diz respeito à distribuição desigual dos recursos políticos mais decisivos. Se a desigualdade de ativismo político tem efeitos distributivos relevantes da ótica da justiça e se essa desigualdade, como foi argumentado antes, explica-se muito mais pela distribuição desigual de recursos políticos do que pela escolha individual de uma concepção do próprio bem, a implicação normativa a ser extraída é que deveríamos objetivar reduzir tanto quanto possível a desigualdade de tal distribuição. Dahl trata dessa desigualdade sob duas rubricas distintas: as desigualdades de recursos (tais como riqueza e renda), de oportunidades e posições econômicas; e as desigualdades de conhecimento, de informação e de recursos cognitivos[49]. Se fosse possível minorar significativamente esses dois tipos de desigualdades, estaríamos em condições de dizer que oportunidades eqüitativas existem para que os cidadãos participem efetivamente das deliberações políticas e se empenhem em influenciar seus resultados – quer eles optem por fazer uso dessas oportunidades, quer não. Podemos pensar nessas condições eqüitativas como condições em que uma discussão pública livre, não condicionada por desigualdades excessivas e interesses privados poderosos, de fato poderia ocorrer e, nessa medida, se trataria também de uma modalidade de "democracia deliberativa". Mas note-se que a linguagem moral aqui empregada não é a da virtude republicana, que com freqüência impregna as formulações teóricas no campo da democracia deliberativa, e sim uma linguagem de expansão de *oportunidades*. E, o que é mais importante para esta discussão, reduzir os dois tipos de desigualdades de recursos mencionados por Dahl pode ser um objetivo político ambicioso, mas não requer conceber o processo democrático em si mesmo de alguma forma distinta da concepção-padrão de democracia competitiva. A natureza competitiva do processo democrático, em comparação com as supostas virtu-

---

49. Dahl, 1989, cap. 23. Ver também Dahl, 2007, caps. 5-7.

des da argumentação voltada para obtenção de consensos racionais, simplesmente não é o problema central do qual deveríamos nos ocupar. Aliás, como sustentei acima, pode ser parte da solução.

Vai precisamente nessa mesma direção o argumento de Rawls de que, se o que querem é que a democracia produza legislação justa, então o valor eqüitativo das liberdades políticas deve ser garantido[50]. Níveis elevados de pobreza e desigualdade e uma excessiva concentração da riqueza e da propriedade degradam o valor que as liberdades políticas têm para os mais desprivilegiados e permitem que os mais favorecidos, porque são mais capazes de tirar proveito de direitos e oportunidades institucionais que em princípio são iguais para todos, exerçam um peso desproporcional sobre os termos da discussão pública e sobre as decisões políticas. Além daquilo que está sob a rubrica de uma concepção maximin de justiça social, e que é parte do problema examinado aqui[51], dois tipos de instituição são sugeridos para lidar com esse problema. Um deles é a adoção de impostos progressivos sobre as heranças e as doações com um sentido não tanto arrecadatório, mas que "corrige, gradual e continuamente, a distribuição da riqueza e impede concentrações de poder que são nocivas ao valor eqüitativo das liberdades políticas e à igualdade eqüitativa de oportunidades"[52]. Um segundo tipo diz respeito à adoção de normas de financiamento público dos partidos políticos e de imposição de limites severos às contribuições financeiras que pessoas físicas e empresas podem fazer para campanhas e publicidade políticas e aos gastos dos candidatos em suas próprias campanhas[53]. Tanto quanto Michael

---

50. Ver nota 2 acima para as referências.
51. Constitui parte do nosso problema saber sob que condições seria pelo menos mais provável que uma concepção maximin de justiça social (ou uma concepção similar de justiça) pudesse vir a ser implementada por meio do processo democrático.
52. Rawls, 2008, p. 345-6.
53. Rawls, 1993b, pp. 356-63. Das reformas políticas que volta e meia retornam à discussão política no Brasil (mudança no sistema de governo, mu-

Walzer, Rawls sustenta que nossa concepção de cidadania democrática igual nos compromete com o objetivo de erguer barreiras entre o poder econômico e o poder político[54]. Observe-se, no entanto, que, da ótica da teoria política normativa, não há nenhum receituário pronto para ser prescrito: que arranjos institucionais específicos poderiam ser eficazes para realizar esse objetivo é algo que requer mais investigação teórica e empírica[55].

A hipótese proposta acima sobre a identificação política de esquerda no Brasil é de natureza empírica e, como nenhum esforço de demonstração é aqui realizado, não vai além de uma especulação. Mas o que procurei demonstrar, do ponto de vista teórico, é que o compromisso com uma concepção epistêmica de democracia não deveria nos levar a negligenciar a importância da competição política. Quando a competição democrática se mostra muito lenta em produzir resultados que reduzam a injustiça social, as razões para isso podem estar em uma distribuição muito desigual de recursos políticos de importância decisiva. Mas também pode ocorrer que as oportunidades abertas até mesmo por uma competição política desigual não estejam sendo aproveitadas, na medida necessária, por aqueles que estão (ou deveriam estar) mais comprometidos com a realização de uma concepção de justiça social. Como diz Sen, não é possível obter de uma democracia aquilo que de fato não é exigido dela[56]. A democracia promove a justiça no sentido em que a primeira permite que os cidadãos demandem ser tratados como iguais pelas instituições básicas de

---

danças no sistema eleitoral, introdução da fidelidade partidária etc.), o financiamento público de partidos e campanhas é a única que pode ter considerações de justiça a seu favor.

54. Walzer, 1983, caps. 1, 4 e 12.

55. O horário eleitoral "gratuito" (isto é, financiado por renúncia fiscal da União) no rádio e na televisão é uma instituição brasileira que certamente ocupa um lugar de destaque entre as instituições políticas que objetivam promover o valor eqüitativo das liberdades políticas, e deve ser visto como uma modalidade de financiamento público da campanha.

56. Sen, 1999, p. 156.

sua sociedade. Mas constitui uma questão distinta saber se as oportunidades que a democracia oferece de dar expressão política a essas demandas serão ou não aproveitadas.

Razão pública e incerteza democrática

Faço um último comentário, que talvez interesse mais como um tópico das controvérsias sobre a melhor maneira de interpretar certos componentes da teoria da justiça de Rawls, mas que nos permite conectar o que está sendo visto agora com o que sustentei, na primeira seção deste capítulo, sobre a distinção entre a argumentação moral e a deliberação política. Na análise de Rawls sobre o valor eqüitativo das liberdades políticas encontraremos o que poderia ser caracterizado como uma concepção de deliberação política. Podemos denominá-la, se quisermos, uma concepção de "democracia deliberativa", desde que tenhamos claro que essa concepção é inteiramente compatível com a democracia competitiva. De fato, não há, na teoria de Rawls, nenhuma concepção específica do processo democrático. Constitui um grave erro de interpretação, em meu entender, considerar que procedimentos deliberativos ideais que são empregados como modalidades de argumentação *moral*, como o argumento a partir da posição original ou a concepção (mais recente) de Rawls de "razão pública", devam também ser entendidos como modelos de deliberação *política* – ou até mesmo, o que é ainda muito pior, como substitutos à deliberação política democrática[57].

Não repetirei o que já foi dito na seção inicial. No entanto, consideremos, por um instante, a concepção de "razão pública" formulada por Rawls[58]. Essa é, para Rawls, a

---

57. Um equívoco desse tipo é cometido, por exemplo, em um texto influente de Bernard Manin. Ver Manin, 1987, pp. 347-51. Na literatura brasileira de teoria política, um equívoco similar pode ser encontrado em Avritzer, 2000, pp. 31-4.
58. Rawls, 1993b, pp. 213-54.

modalidade de razão que idealmente os cidadãos deveriam empregar para justificar uns aos outros os arranjos institucionais e as decisões políticas que têm por objeto duas categorias de questões públicas: os elementos constitucionais essenciais e as questões de justiça básica[59]. Essas instituições e decisões devem ser justificadas por referência aos valores políticos que podem fazer parte de uma concepção política de justiça, em vez de sê-lo por referência a doutrinas do bem e visões metafísicas que só são aceitas por uma parte dos cidadãos (como, por exemplo, as doutrinas religiosas). Tal padrão de argumentação deve ser empregado se o que se quer é alcançar o assentimento de pessoas vistas como racionais e razoáveis e como portadoras de um *status* de cidadania igual. Esses atributos das pessoas na condição de cidadãs não são levados em conta quando a justificação de uma dada instituição ou decisão política, àqueles que cumprem ou terão de cumprir com suas exigências, é contingente, digamos, à aceitação de alguma crença de natureza religiosa. Por isso, certas razões, que só o são de um ponto de vista interno a determinadas doutrinas abrangentes do bem, são excluídas como uma possível base para a justificação pública.

Mas essa concepção de razão pública pertence ao domínio da argumentação moral. Ou, pelo menos, é isso que pretendo sustentar, ainda que o próprio Rawls seja insuficientemente explícito a esse respeito. Os argumentos que satisfazem as exigências da razão pública rawlsiana terão, quaisquer que sejam suas credenciais morais, de se defrontar, *na discussão pública efetiva*, com argumentos que podem ter por base uma "razão não-pública", isto é, alguma doutrina abrangente específica do bem. A razão pública (tal como interpretada por Rawls) não exclui nada da discussão pública pelo simples fato de que não está em seu poder

---

59. Ver a nota 12 acima. Essas são as duas áreas de controvérsia política com respeito às quais Rawls supõe que faz sentido perseguir, *no plano da argumentação moral*, o ideal de um consenso fundado em boas razões.

fazê-lo[60]. Para ilustrar isso, consideremos uma questão pública que costuma despertar controvérsias morais acesas: a extensão para as uniões entre homossexuais dos mesmos direitos previdenciários e de herança já assegurados às uniões heterossexuais. Imaginemos, só para argumentar, que essa extensão possa ser defendida mediante argumentos que satisfazem os critérios de Rawls da razão pública. Os que defendem tal extensão nesses termos poderiam, nessa medida, sustentar que sua proposta tem um fundamento apropriado de moralidade política. Mas poderiam eles considerar que, por essa razão, a discussão pública da questão está encerrada? Obviamente, não. Na discussão pública, eles terão de contrapor seus argumentos, mesmo que sejam capazes de passar pelo filtro moral da razão pública, aos argumentos daqueles que se opõem à reforma alegando que a homossexualidade é pecado ou então, de uma forma um pouco mais sofisticada, que, se uma maioria das pessoas acredita que a homossexualidade é pecado, essa maioria tem direito, em uma democracia, de ter essa sua crença religiosa convertida em política pública[61]. Os primeiros não podem se dar ao luxo de não se engajar em uma discussão sobre a posição destes últimos, limitando-se a sustentar, olimpicamente, que crenças consideradas verdadeiras apenas dentro de determinadas doutrinas abrangentes do bem devem ser excluídas do espaço público e ter sua influência limitada aos foros da "cultura de fundo" (as Igrejas, por exemplo). No âmbito da deliberação política, não resta aos primeiros nenhuma alternativa senão tentar

---

60. Discordo aqui de interpretações da concepção de razão pública de Rawls que criticam o banimento do espaço público (que essa concepção implicaria) das convicções religiosas, filosóficas e morais, professadas pelos cidadãos, que não satisfazem os critérios da razão pública. Essas concepções seriam relegadas àquilo que Rawls denominou "background culture". Para uma versão dessa crítica, ver Da Silveira, 1998, pp. 345-63. Se a distinção que estou propondo entre argumentação moral e deliberação política é aceita, essa crítica perde sua razão de ser.

61. Ver Dworkin, 1977, pp. 240-58, para uma discussão desta última posição.

persuadir uma maioria dos cidadãos e de seus representantes, por meio de razões morais, que viver sob instituições que se apóiam em uma moralidade política justificável deve ser preferido a viver sob instituições que se apóiam em crenças morais, políticas ou religiosas que só são aceitáveis do ponto de vista sectário de doutrinas abrangentes específicas. A questão – refiro-me não só ao exemplo da união civil de homossexuais, mas a qualquer questão pública que envolva um componente de desacordo moral – não vai ser decidida por meio de um procedimento deliberativo ideal, e sim (em algum momento) pela decisão de voto dos cidadãos e por decisões majoritárias tomadas por seus representantes eleitos.

Reencontramos aqui a mesma conclusão a que havíamos chegado (no final da primeira seção) ao discutir a maneira como o critério maximin de justiça social pode ser introduzido na deliberação política democrática. O liberalismo igualitário concebe a justificação moral de princípios de justiça ou de uma proposta de reforma inquirindo se poderiam resultar de procedimentos deliberativos ideais como a posição original ou a razão pública propostas por Rawls. Dessa perspectiva normativa, o que se diria é que um princípio capaz de alcançar um acordo unânime em uma deliberação hipotética dessa natureza tem razões morais fortes que justificam como objetivo político. Mas isso não nos diz nada sobre o que acontece ou deve acontecer no campo da deliberação política, que não é nem pode ser voltada para a obtenção de acordo unânime. Constitui uma questão separada saber se os cidadãos e seus representantes darão um peso apropriado (ou mesmo algum peso), na deliberação política, às razões morais em favor de determinados princípios e propostas de reforma institucional, como o princípio maximin de justiça social e a proposta de direitos iguais para as uniões homossexuais. A esse respeito, não há alternativa a enfrentar a incerteza que é constitutiva da competição democrática[62].

---

62. Como afirmou Adam Przeworski em artigo de 1984.

Não há nenhum ganho normativo ou analítico na suposição de que a justificação moral possa oferecer um modelo para a deliberação política. O que faz sentido, da ótica do liberalismo igualitário, é se perguntar pelas condições sob as quais as razões e os argumentos fundamentados em uma moralidade política justificável têm uma probabilidade maior de ser levados em conta na deliberação política. Falar em "probabilidade", aqui, pode causar desconforto, mas é inevitável quando se leva em conta que não há nenhuma garantia de que isso de fato ocorrerá. A noção normativa de igualdade de oportunidades políticas que foi examinada neste capítulo tem o mérito de dirigir nossa atenção para tais condições, e não para modelos alternativos de democracia em que a argumentação moral e a deliberação política são confundidas. Mas é preciso reconhecer que nosso conhecimento sobre essas condições ainda é muito mais rudimentar do que gostaríamos que fosse.

Como foi dito no início, nos capítulos precedentes, discutimos sobre a concepção de justiça distributiva que é mais apropriada a uma sociedade democrática. Considerou-se, até aqui, que essa é uma sociedade cujas instituições básicas objetivam garantir a todos os seus cidadãos uma forma de igualdade de *status*, que está associada à condição do cidadão investido de direitos iguais. A noção de sociedade democrática é normativamente mais abrangente e ambiciosa do que a de democracia como uma forma de organização política. A discussão deste capítulo, nesse sentido, poderia ser reformulada da seguinte maneira: sob que condições podemos esperar que essa igualdade de *status* venha a ser alcançada em uma organização política democrática? A suposição é que podemos ter democracia política e, ainda assim, haver obstáculos ponderáveis – alguns dos quais foram analisados neste capítulo – à realização institucional dessa forma de igualdade. Mas há quem acredite que, mesmo que as instituições sociais e políticas garantissem plenamente o *status* de portador de direitos iguais a todos os cidadãos, injustiças significativas persistiriam na sociedade.

Para os defensores da perspectiva normativa e das políticas associadas ao "multiculturalismo", garantir direitos iguais não basta porque há grupos na sociedade que não demandam somente direitos iguais, mas também o reconhecimento de certos direitos de grupo associados a uma identidade cultural diferenciada. O próprio ideal de "sociedade democrática", como interpretado aqui, é colocado em xeque. É para essa discussão que nos voltaremos no capítulo seguinte.

Capítulo 5
Liberalismo igualitário e multiculturalismo

Ao longo da década de 1990, tornou-se uma objeção recorrente à teoria política normativa do liberalismo igualitário sua incapacidade de levar em conta as exigências daquilo que Charles Taylor denominou "reconhecimento"[1]. Gostaria de recordar, para introduzir a discussão deste capítulo, que "liberalismo igualitário" identifica, aqui, a posição normativa de que uma sociedade justa é comprometida com a garantia de direitos básicos iguais e uma parcela eqüitativa dos recursos sociais escassos – renda, riqueza e oportunidades educacionais e ocupacionais – a todos os seus cidadãos. A idéia central desse ideal normativo se apóia, como vimos no capítulo 3, em uma divisão social de responsabilidades entre a sociedade e seus membros individuais. À sociedade – aos cidadãos como um corpo coletivo – cabe a responsabilidade de dar forma a uma estrutura institucional que propicie direitos e oportunidades a todos, "sem distinção de qualquer tipo, como raça, etnia, sexo ou religião" (para fazer uso da frase que quase invariavelmente aparece nos artigos iniciais das declarações de direitos); aos cidadãos individualmente, cabe decidir que uso farão desses recursos institucionalmente garantidos em suas vidas.

No que se refere à segunda parte dessa proposição, ressalte-se que os mesmos recursos e oportunidades insti-

---

1. Taylor, 1994.

tucionais podem ser colocados a serviço de uma ampla diversidade de objetivos, valores, modos de vida e doutrinas religiosas ou filosóficas. O empenho em realizar ou praticar qualquer um desses compromissos valorativos não pode se fazer à custa de princípios de justiça, mas também não se exige que tenham credenciais liberais. Sob uma estrutura institucional justa de acordo com a perspectiva normativa aqui adotada deve haver lugar, por exemplo, tanto para o caráter individual que John Stuart Mill descreveu de forma tão eloqüente em "On Liberty", que rejeita a conformidade social e preza a escolha autônoma dos próprios fins, quanto para aqueles que rejeitam esse ideal de autonomia individual e crêem que têm um dever de viver de acordo com os ditames da verdade revelada ou da cultura de seus ancestrais[2]. O que nem uns nem outros podem querer é que o poder coercitivo estatal seja empregado para promover o modo de vida ou de valor que julgam ser o mais valioso. Isso deve ficar por conta de direitos e oportunidades iguais – da liberdade de associação, em particular.

Haveria muito mais a dizer a respeito; de toda forma, os dois parágrafos precedentes apresentam de forma sumária a estratégia liberal-igualitária para enfrentar a diversidade normativa e cultural das sociedades contemporâneas. Nas últimas duas décadas (a partir de finais dos anos 1980), essa estratégia vem sendo atacada por aqueles que acham que ela negligencia o reconhecimento das identidades culturais de grupos minoritários. É hora de voltar à objeção mencionada no início do capítulo. O que está em questão é a "objeção multiculturalista" ao liberalismo. (Deve-se ter em mente que o emprego do termo "liberalismo", neste texto, refere-se sempre à versão de liberalismo igualitário que é discutida ao longo deste volume.) "Política da diferença" ou "política do reconhecimento" são outras denominações comuns para a posição que se expressa nessa objeção[3].

---

2. Mill, 1961a, cap. 3.
3. Uma formulação influente dessa posição, bastante mais extremada do que a de Taylor, é a de Iris Marion Young em *Justice and the Politics of Difference*,

O liberalismo igualitário, que Taylor denomina "política da dignidade igual", preocupado como é com a defesa de instituições e políticas que garantam direitos iguais a todos, *independentemente* de raça, etnia, sexo ou religião, seria "cego a diferenças"[4]. Em diversos países do mundo, há uma variedade de grupos minoritários, entre os quais os negros (em sociedades que tiveram escravidão negra), as mulheres, os homossexuais, minorias nacionais e grupos étnicos imigrantes (em países que receberam ou ainda recebem fluxos significativos de imigração), que não demandariam simplesmente ter os mesmos direitos que seus concidadãos. Eles também demandariam o reconhecimento público de suas identidades culturais. Além do tratamento igual, que o "liberalismo cego a diferenças" tem por objetivo, as instituições e políticas públicas de uma democracia multiculturalista deveriam tratar grupos diferentes de acordo com suas diferenças culturais. Como o liberalismo igualitário é "cego a diferenças", os adeptos do multiculturalismo[5] o acusam de promover ou corroborar a imposição da cultura dominante sobre grupos minoritários. Como diz Taylor, "a objeção [dos multiculturalistas] é que o conjunto supostamente neutro de princípios cegos à diferença da política da dignidade igual de fato é o reflexo de uma cultura hegemônica. Do modo como isso se apresenta, então, somente as culturas minoritárias ou suprimidas são obrigadas a assumir uma forma que lhes é estranha. Em conseqüência, a sociedade supostamente eqüitativa e cega a diferenças não é somente desumana (porque suprime identidades) mas também, de forma inconsciente e sutil, altamente discriminatória"[6].

Em tempos idos, a crítica social (liberal ou socialista) costumava se exprimir em um discurso universalizante e em uma

---

1990. Will Kymlicka, em *Multicultural Citizenship: A Liberal Theory of Minority Rights,* 1995, formulou uma teoria que objetiva conciliar o liberalismo com as exigências de reconhecimento de minorias nacionais.
    4. Taylor, 1994, pp. 39-40, 43-4 e 60-1.
    5. Esclareço adiante de que maneira esse termo deve ser entendido.
    6. Taylor, 1994, p. 43.

linguagem igualitária, cabendo a filósofos relativistas, como Herder e Burke, e a expoentes do reacionarismo político, como Bonald e Joseph de Maistre, invocar identidades e diferenças culturais contra o racionalismo iluminista[7]. É perturbador como isso hoje parece ter se invertido ou no mínimo se tornado muito mais confuso[8]. Em virtude da crítica multiculturalista, aqueles que, na academia e no mundo político, entendem que a concepção de cidadania de T. H. Marshall (ou idéias similares) fornece um ideal plausível de progresso social para as sociedades democráticas têm sua convicção abalada pela suspeita de que o componente universalista e igualitário desse ideal normativo é indiferente a formas significativas de inferiorização social. E os herdeiros multiculturalistas de Herder se concebem como teóricos de esquerda, que dão o peso moral apropriado às exigências de reconhecimento de grupos discriminados[9].

Nesse ponto o livro recente de Brian Barry, *Culture and Equality: An Egalitarian Critique of Multiculturalism*, deve ser considerado uma contribuição bastante significativa à teoria política normativa em anos recentes[10]. Nos últimos quase vinte anos, Barry se impôs a tarefa de produzir uma trilogia

---

7. Como Barry observa (2001, pp. 15-6), à parte tudo aquilo a que o Iluminismo se opunha, nunca houve um "projeto iluminista" claramente discernível. Mas se há algo que os herdeiros do Iluminismo (Barry entre eles) aceitam é a idéia de que deve ser possível justificar as instituições sociais não com base em costumes ancestrais ou identidades culturais, mas com base em princípios gerais como o bem público ou a eqüidade. Se isso é o que se entende por "racionalismo iluminista", não há nenhuma razão para os liberais igualitários rejeitarem o rótulo.

8. Flávio Pierucci também chama a atenção para isso. Ver Pierucci, 1999, sobretudo cap. 1.

9. A lista de Young de grupos discriminados é longa. Nos Estados Unidos, essa lista incluiria, "entre outros, as mulheres, os negros, os chicanos, os porto-riquenhos e outros americanos de língua espanhola, os índios americanos, os judeus, as lésbicas, os gays, os árabes, os asiáticos, os idosos, as pessoas da classe trabalhadora e os deficientes físicos ou mentais" (ver Young, 1990, p. 40). Como se vê, resta como "cultura dominante" aquela dos homens brancos, heterossexuais e de *status* social elevado.

10. Barry, 2001.

que, além de condensar décadas de reflexão sobre a natureza da justiça na sociedade, tinha a ambição de formular de forma mais abrangente e detalhada sua própria perspectiva teórica sobre a justiça social e política – uma variante de justiça rawlsiana, mas com aspirações a vir a ser considerada uma contribuição original. Dois livros importantes resultaram desse empreendimento[11]. Antes de levar a cabo sua trilogia, no entanto, Barry decidiu que era hora de enfrentar a crítica multiculturalista ao liberalismo igualitário, e *Culture and Equality* (CE, daqui para a frente) entra nessa controvérsia em todos os aspectos possíveis: da discussão filosófica sobre princípios de justiça até a discussão de políticas públicas específicas em países como Grã-Bretanha, Estados Unidos e Canadá – como a isenção concedida a judeus e muçulmanos na Grã-Bretanha de obedecer às normas de sacrifício humanitário de animais[12]. Uma das motivações de Barry é mostrar que credenciais genuínas de crítica social e de reformismo social continuam pertencendo, ao longo desses mais de dois séculos posteriores à Revolução Francesa, muito mais àqueles que enfatizam o que há ou o que deve haver de comum entre os cidadãos do que àqueles que querem salientar aquilo que os torna diferentes entre si.

Examinarei, a seguir, alguns dos argumentos de Barry contra o multiculturalismo[13]. O próprio significado dado a esse termo já constitui um ponto de controvérsia. Como Barry observa, é freqüente que se oscile entre um uso descritivo e um uso normativo de "multiculturalismo" (*CE*, p. 22). Em um sentido puramente descritivo, esse termo é equivalente a "pluralismo", ou outros termos assemelhados, e não

---

11. Barry, 1989a e 1995a.
12. Enquanto essas normas exigem que os animais sejam desacordados antes de ser sacrificados, judeus e muçulmanos muitas vezes querem fazer valer normas religiosas segundo as quais os animais só podem ser sacrificados quando estão em um estado de consciência.
13. O leitor já deve ter percebido que não estou neutro nessa discussão. Meu próprio trabalho, neste volume, desenvolve uma perspectiva liberal-igualitária sobre a justiça social. Isso também pode ser visto em meu *A justiça igualitária e seus críticos* (Vita, 2007).

identifica nenhuma posição normativa específica. Praticamente todas as sociedades contemporâneas são "multiculturais" nesse sentido. E o reconhecimento disso é um dos pontos de partida do liberalismo de direitos iguais – o liberalismo nasceu, aliás, como uma resposta aos conflitos gerados pelo "multiculturalismo" das sociedades européias dos séculos XVI e XVII, isto é, como uma proposta de tratamento eqüitativo para os adeptos do catolicismo e do protestantismo sob instituições comuns. O que Barry critica em seu livro é o multiculturalismo entendido como uma posição normativa e um programa político. Trata-se, em suma, de confrontar os méritos relativos das respostas multiculturalista (em sentido normativo) e liberal-igualitária ao "multiculturalismo" (em sentido descritivo) das sociedades contemporâneas.

E em que consiste o programa político multiculturalista? A idéia central é que, quando há identidades culturais envolvidas, não basta garantir direitos iguais entre os membros de minorias e os membros da maioria cultural. A justiça exigiria o reconhecimento público de direitos diferenciados cujos portadores não são indivíduos mas sim grupos. Alguns exemplos de medidas e políticas propostas são os seguintes: o reconhecimento, nos currículos escolares, do valor e da contribuição de diferentes identidades culturais (o que pode chegar a ponto, nos Estados Unidos, de se propor o ensino em língua espanhola nas escolas públicas em que há alta concentração de hispânicos ou de se reconhecer o chamado "Black English" em pé de igualdade com a norma culta da língua nas escolas de alta concentração de negros); a isenção do cumprimento de determinadas normas legais por razões culturais ou religiosas – como o já mencionado exemplo da isenção do cumprimento de normas humanitárias de sacrifício de animais ou, de forma ainda muito mais controversa, a demanda por parte de grupos de judeus ortodoxos e de muçulmanos, em países como a Grã-Bretanha, de fazer seu direito familiar religioso prevalecer sobre o direito familiar do Estado liberal-democrático ou a recusa de membros da igreja Testemunhas de Jeová de aceitar certas formas de tratamento médico, mesmo quando isso possa ser a única forma de salvar crianças em situação de risco de vida; e o direito de minorias nacionais (como a minoria francófona do Canadá, concentrada na província do Quebec, e grupos indígenas em várias partes do mundo) de assegurarem as condições para a sobrevivência indefinida de sua cultura.

Esbocei acima a forma como o liberalismo igualitário enfrenta as diferenças culturais e religiosas. Barry denomina isso "estratégia da privatização" (*CE*, pp. 24-32). Assim como ocorreu com as diferenças religiosas no passado, no mundo ocidental, a desativação do potencial de conflito das diferenças culturais requer despolitizá-las e deixar que sua sobrevivência dependa basicamente da disposição de seus adeptos de fazer uso dos mesmos recursos institucionais que estão disponíveis para todos. Não é nenhuma idéia de uniformidade cultural, como Young parece supor, que inspira essa estratégia[14]. De um lado, supõe-se que a afirmação pública de princípios como a igualdade cívica, a liberdade de expressão e de consciência e a liberdade de associação, a não-discriminação e a garantia de oportunidades iguais constitui a única forma eqüitativa de lidar com os conflitos que decorrem de visões diferentes sobre as condições sociais da boa vida (*CE*, p. 122). De outro, os liberais acreditam que, se esses princípios são efetivamente implementados pelos arranjos institucionais básicos da sociedade, há espaço suficiente para que minorias culturais e religiosas observem costumes diferentes, enfatizem valores distintos e se empenhem em preservar sua identidade de grupo. Deles suspeitam da exigência, que aparece nos exemplos mencionados no parágrafo anterior, de que o poder coercitivo estatal seja colocado a serviço da sobrevivência de determina-

---

14. Young (1990, p. 158) impinge o propósito de uniformização cultural, denominando-o "ideal de assimilação", àquilo que para o liberalismo igualitário se justifica com base em uma concepção de eqüidade, a saber, a política de tratamento igual.

da identidade cultural – quer isso se apresente na forma da concessão de um direito específico a determinado grupo, quer na forma da isenção de uma obrigação legal a que os demais cidadãos estão sujeitos.

A cultura não é o problema

Pelo que foi visto até este ponto, a política do tratamento igual pode ir bastante longe na acomodação da diversidade cultural. Mas a ênfase em direitos e obrigações iguais não significa que o liberalismo igualitário não possa justificar a existência de um tratamento diferenciado para os membros de certas minorias discriminadas. Os liberais podem defender, sem incorrer em nenhuma incoerência de princípio, políticas como de "ação afirmativa" e de "admissão diferenciada", implementadas sobretudo para combater os efeitos da discriminação racial, étnica e de gênero no acesso às universidades e a postos de trabalho[15]. Mas a forma como o fazem difere em aspectos cruciais do programa político multiculturalista. Como Barry argumenta, essa política beneficia diretamente indivíduos e não grupos (*CE*, p. 113). É claro que se espera que ela tenha efeitos benéficos para o grupo como um todo. Uma das expectativas é que aumentar a participação de negros em posições ocupacionais valorizadas possa produzir um efeito benéfico à auto-estima dos negros em geral, em particular no que se refere às crianças ne-

---

15. A instituição de um sistema de cotas, que será discutida (e criticada) adiante, não é a única forma possível de ação afirmativa. A "admissão diferenciada" consiste simplesmente na política de se dar preferência, entre dois candidatos similarmente qualificados para uma posição, àquele que pertence a um grupo que sofre de discriminação sistemática. Nesse caso, fomentar a diversidade racial ou étnica na instituição em questão passa a ser um entre outros objetivos aos quais os selecionadores podem atribuir um peso. Após as decisões da Suprema Corte para o caso *The Regents of University of California v. Bakke*, de 1978, e para dois casos de 2003 envolvendo as políticas de seleção da Universidade de Michigan, somente as políticas de "admissão diferenciada" são legais nos Estados Unidos.

gras perceberem essas carreiras como objetivos a que elas naturalmente poderiam aspirar. Mas não é o *grupo* como tal, como uma entidade coletiva, que é investido de um direito ou de um tratamento diferenciado. Conferir direitos a entidades coletivas como grupos e comunidades, como algo distinto de seus membros individuais, pode ter implicações perigosas (voltarei a esse ponto na próxima seção).

Um segundo ponto importante diz respeito a qual é o diagnóstico mais acurado do problema central envolvido na discriminação racial e em outras formas socialmente importantes de discriminação. O problema, para Barry, não está na cultura dos negros. Os negros norte-americanos (pode-se dizer o mesmo dos negros brasileiros) não são discriminados porque são portadores de uma cultura específica. Eles, assim como grupos de imigrantes em vários países industrializados, sofrem uma forma de discriminação direta que se define muito mais por características adscritícias e por descendência do que por cultura (*CE*, pp. 96-7). E, se eles não são discriminados em virtude de uma identidade cultural específica, tampouco a solução do problema pode estar na cultura. Eles se ressentem não de o "Black English" não ser ensinado nas escolas freqüentadas por crianças negras, mas de não terem as *mesmas* coisas que seus concidadãos que não sofrem de uma discriminação similar têm, ou seja, os recursos e oportunidades que uma sociedade liberal justa deveria garantir igualmente a todos. O déficit não é de "reconhecimento", mas da boa e velha igualdade social. Dessa perspectiva, as políticas de "admissão diferenciada" têm o propósito de promover oportunidades iguais para todos (ainda que certamente insuficientes para isso) e só devem durar enquanto se puder demonstrar que a discriminação racial contribui para gerar oportunidades desiguais.

Essa objeção de que "a cultura não é o problema" deriva da percepção de uma deficiência mais básica no argumento multiculturalista. Esse argumento se apóia em uma teoria equivocada sobre o que fundamenta a identidade de muitos dos grupos nomeados como "minorias culturais"[16]. Como enfatiza Barry, é um equívoco considerar que aquilo que constitui esses grupos – os negros, as mulheres, os idosos, os homossexuais e até mesmo as minorias étnicas e nacionais – de fato é um fundamento cultural (CE, pp. 21-2, 96, 305-6). A filiação ao grupo das mulheres se define pelo sexo, a idade é aquilo que define alguém como membro do grupo dos idosos, a orientação sexual é o fator que define uma pessoa como membro do grupo dos homossexuais (muitos homossexuais não fazem da homossexualidade o elemento organizador de uma forma de vida) e assim por diante (CE, p. 96). Em nenhum desses casos, uma cultura ou forma de vida compartilhada desempenha um papel de relevo para identificar um grupo de pessoas que está submetido a uma situação similar de discriminação e, por isso, pode fazer jus a formas de tratamento diferenciado que corrijam o tratamento desigual que sofre. Vale a pena reproduzir o que Barry diz a esse respeito:

> O erro que tenho em mente, que fundamenta o diagnóstico multiculturalista e por isso invalida as curas que propõe, é a tendência endêmica de supor que atributos culturais distintivos constituem a característica definidora de todos os grupos. Essa suposição leva à conclusão de que quaisquer problemas com os quais um grupo possa se defrontar só podem surgir, de uma maneira ou de outra, das características culturais distintivas desse grupo. A conseqüência dessa "culturalização" das identidades de grupo é a sistemática desconsideração de outras causas da desvantagem de grupo. Dessa forma, os membros de um grupo podem sofrer não porque tenham objetivos culturalmente derivados distintos, mas porque le-

---

16. Essa tese é claramente endossada por Iris Young (1990, p. 43), para quem um grupo se define como "um coletivo de pessoas diferenciado de pelo menos um outro grupo por formas culturais, práticas ou pelo modo de vida". Mesmo Kymlicka (1995, pp. 18-9), que critica Young por não diferenciar as exigências de "reconhecimento" de minorias nacionais das exigências de minorias étnicas e daquelas de grupos em desvantagem (como as mulheres e os negros), parece endossar uma versão dessa tese.

vam a pior na realização de objetivos que são compartilhados de modo geral, como uma boa educação, empregos desejáveis e bem pagos (ou talvez simplesmente ter algum emprego), viver em um bairro seguro e salubre e ter renda suficiente para morar, se vestir e se alimentar de forma apropriada e para participar da vida social, econômica e política de sua sociedade (*CE*, pp. 305-6).

Poder-se-ia replicar que a teoria multiculturalista da identidade de grupo vale pelo menos para as minorias étnicas e nacionais. Mas nem isso Barry está disposto a conceder.

Consideremos a distinção proposta por Kymlicka entre grupos "étnico-culturais" e "minorias nacionais"[17]. A primeira categoria se aplica a grupos étnicos e raciais constituídos de forma voluntária, por meio de imigração, como os grupos hispânicos nos Estados Unidos, os *sikhs* na Grã-Bretanha, os turcos na Alemanha e inúmeros outros; e a segunda, a minorias não-imigrantes cujos territórios foram involuntariamente "incorporados às fronteiras de um estado maior, por meio de conquista, colonização ou federação"[18], entre os quais se encontram os grupos indígenas de países como o Canadá, os Estados Unidos e o Brasil, os chicanos[19] e porto-riquenhos nos Estados Unidos, os habitantes de fala francesa do Quebec, no Canadá, os maoris da Nova Zelândia e os grupos aborígines da Austrália. Enquanto os primeiros podem demandar certos direitos de grupo – que Kymlicka denomina "direitos poliétnicos" –, como o direito concedido aos *sikhs* da Grã-Bretanha de dirigir motocicletas sem usar capacete (o que os obrigaria a tirar o turbante que usam por razões religiosas), mas de resto objetivam a integração na sociedade mais ampla, os segundos demandam essencialmente direitos de autogoverno[20]. (Não é difícil

---

17. Kymlicka, 1995, pp. 10-8.
18. *Ibid.*, p. vii.
19. "Chicanos" são os habitantes de língua espanhola do território que os Estados Unidos conquistaram do México no século XIX.
20. Kymlicka, 1995, pp. 30-1.

perceber que a motivação central de Kymlicka é propor uma teoria normativa que fortaleça as demandas de "reconhecimento" das minorias nacionais, em particular da minoria quebequense do Canadá.)

A distinção de Kymlicka é empiricamente questionável. Ele próprio reconhece um importante contra-exemplo, o dos negros americanos, que não podem ser classificados nem como minoria imigrante nem como minoria nacional (o mesmo vale para os negros brasileiros)[21]. A teoria multiculturalista de Kymlicka deixa de fora aquele que é o caso mais importante de discriminação de grupo em países como os Estados Unidos e o Brasil[22] – ou seja, como foi visto acima, a cultura não constitui o fator central da desvantagem de grupo. Mas, mesmo deixando de lado esse problema, será a teoria multiculturalista da identidade de grupo válida para grupos étnicos (no sentido de Kymlicka) e minorias nacionais? Barry acha que não, ou pelo menos que os exemplos de grupos que se definem por uma cultura ou forma de vida compartilhada são bem menos numerosos do que os multiculturalistas imaginam. No caso dos Estados Unidos, os grupos "étnico-culturais" aos quais Kymlicka se refere, hoje se definem muito mais por um critério de descendência do que por um critério cultural (*CE*, p. 82). Além disso, no passado a etnicidade nos Estados Unidos foi muito mais um fenômeno político do que um fenômeno cultural:

> De meados do século XIX a meados do século XX, a função mais importante das identidades étnicas foi a de constituir os elementos básicos da competição eleitoral nas principais cidades: se os irlandeses conseguiam controlar a máquina democrata, eles tinham como monopolizar a patronagem

---

21. *Ibid.*, pp. 58-60.
22. Chandran Kukathas, conhecido por suas posições contrárias a direitos culturais, aponta um número significativo de minorias discriminadas no mundo que não se encaixam bem na classificação proposta e com respeito às quais, por isso, a teoria de Kymlicka não oferece muita orientação sobre o que deveria ser feito – reconhecer "direitos poliétnicos"? Reconhecer direitos de autogoverno? Ver Kukathas, 1997, pp. 406-27.

que estava à disposição do City Hall [governo municipal]; se os italianos se organizavam a ponto de terem de ser incluídos na chapa democrata, eles conseguiam participar da dança quando chegava o momento de dividir as prebendas, e assim por diante. Mas, à parte os pedidos de autorização para os desfiles de St. Patrick's Day e Columbus Day, não faziam nenhuma demanda às políticas públicas que fosse baseada em distinção cultural. E tampouco tinham razão para fazer isso. Dessa forma, a politização da etnicidade era um instrumento na luta para conseguir mais daqueles bens desejados também por quase todos os demais, como empregos seguros e (em relação ao nível de qualificação exigida) bem pagos. Isso nada tinha a ver com demandas à comunidade política com o propósito de garantir a capacidade de perseguir objetivos idiossincráticos gerados por peculiaridades culturais (*CE*, p. 314).

Chandran Kukathas diz algo semelhante sobre uma variedade de grupos minoritários, isto é, com freqüência a identificação do grupo – mesmo no caso de minorias nacionais – pode ser determinada muito mais por fatores políticos (como a utilização de peculiaridades étnicas e culturais para tornar o grupo mais competitivo politicamente) do que pela homogeneidade cultural[23]. A discussão de Kymlicka sobre a etnicidade como um fenômeno cultural pode ser muito mais enviesada do que ele supõe pelo caso canadense. E, mesmo quando há componentes culturais presentes na identidade de um determinado grupo, isso não significa que a desvantagem social desse grupo não possa ser explicada de outra forma que não pela "privação de reconhecimento": "os grupos podem sofrer de privação material, de falta de oportunidades iguais e de discriminação direta, e não há nenhuma razão para supor que essas desvantagens derivem da possessão de uma cultura diferenciada, mesmo quando eles a têm (o que muitas vezes não acontece)" (*CE*, p. 315).

---

23. Kukathas, 1997, p. 416.

A crítica mais importante ao multiculturalismo é que ele desvia nossa atenção dos fatores mais significativos de desvantagem social dos grupos discriminados. Iris Young assumiu essa questão programaticamente ao afirmar, nas páginas iniciais de seu livro de 1990, que seu propósito central era deslocar o que ela denomina "paradigma distributivo" sobre a justiça social[24]. O que é intrigante é que essa perspectiva possa ser considerada uma teoria política mais igualitária ou mais radical do que o liberalismo igualitário.

Direitos de grupo ou a cultura *é* o problema

O que foi dito na seção anterior sobre a discriminação sofrida pelos negros pode ser estendido para a interpretação das desvantagens sociais de outros grupos minoritários, como as mulheres – "minoria" aqui não é um termo muito apropriado – e os homossexuais, e para as maneiras de lidar com esse problema por meio da ação pública. Para Iris Young, inovações institucionais como o reconhecimento da união civil entre homossexuais entram na categoria de "meros direitos civis". Para ela, o que realmente importa é o reconhecimento de uma especificidade cultural e do valor de uma forma de vida:

> A maior parte dos defensores da liberação gay e lésbica hoje não se empenha meramente na conquista de direitos civis, mas na afirmação dos homens gays e das lésbicas como grupos sociais que têm experiências e perspectivas específicas. Recusando-se a aceitar a definição dominante de sexualidade saudável e de vida familiar e práticas sociais respeitáveis, os movimentos de liberação de gays e lésbicas sentem orgulho em ter criado e exibido uma autodefinição e uma cultura distintivas. Para os gays e as lésbicas, o correspondente à

---

[24]. Young, 1990, cap. 1. Exigiria outra discussão avaliar o que Young denominou "paradigma distributivo".

integração racial é o típico enfoque liberal à sexualidade, que tolera qualquer comportamento desde que mantido privado. O orgulho gay afirma que a identidade sexual é uma questão de cultura e política, não somente um "comportamento" a ser tolerado ou proibido.[25]

Trata-se aqui não de avaliar um "enfoque liberal" sem mais, já que isso deixa ambíguo se a referência é à perspectiva normativa que estou contrapondo à política do reconhecimento ou às práticas vigentes em determinadas sociedades liberais[26]. Pois bem, recapitulemos os pontos centrais de divergência entre liberais igualitários e teóricos do multiculturalismo discutidos até aqui. Para os primeiros, a origem da desvantagem social dos homossexuais está em uma forma de discriminação direta, baseada na orientação sexual, que faz com que os primeiros tenham menos daquilo que deve ser propiciado a todos os cidadãos, a saber, direitos e oportunidades iguais. E a forma de enfrentar essa desvantagem consiste na adoção de reformas institucionais que, por exemplo, garantam aos parceiros de uniões homossexuais os mesmos direitos previdenciários e de herança que os não-homossexuais têm, e em medidas que combatam a discriminação por orientação sexual no acesso a posições ocupacionais. A defesa dessas políticas se funda em uma norma moral de tratamento e respeito iguais e não em um juízo sobre o valor moral de uma forma de vida ou uma cultura gay. Alguns homossexuais, como, por exemplo, os militantes de movimentos gays, podem se empenhar ativamente na afirmação de uma identidade cultural gay, ao passo que outros, mesmo tendo optado por "sair do armário", talvez não desejem fazer isso. Essas são escolhas que devem ficar por conta da liberdade de associação e da res-

---

25. *Ibid.*, p. 161.
26. Em alguns estados dos Estados Unidos, até muito recentemente ainda estavam em vigor as chamadas "*sodomy* laws" que criminalizavam a homossexualidade. Em junho de 2003, a Suprema Corte dos Estados Unidos considerou inconstitucional uma dessas leis que ainda estavam em vigor no Texas.

ponsabilidade que cada um deve ter pelos próprios objetivos e fins. Na linguagem da teoria política normativa, tais escolhas dizem respeito a "concepções do bem" sobre as quais um Estado liberal justo deve se manter neutro.

Já a política multiculturalista, porque avalia que a fonte da desvantagem de muitos grupos é sobretudo de natureza cultural, propõe, como remédio, o reconhecimento de distinções culturais. "Reconhecimento", aqui, significa que certos direitos deverão ser garantidos a grupos como algo distinto dos direitos dos membros individuais desses grupos. Os direitos prezados pelos multiculturalistas não são direitos de indivíduos, mas sim direitos de entidades coletivas definidas por atributos culturais. A crítica de Barry ao multiculturalismo prossegue nos seguintes termos: além de não ser solução para o problema que se propõe a enfrentar, o da desvantagem social de grupos discriminados, o remédio proposto pela "política da diferença" pode engendrar novos e graves problemas sociais e políticos. O reconhecimento de direitos de grupos (nesse sentido coletivista) pode ter dois efeitos interligados que acabam sendo vistos como negativos por aqueles que se preocupam com a igualdade social: o de acentuar a homogeneidade e mesmo a opressão de membros individuais *dentro* dos grupos; e o de promover o conflito e o facciosismo *entre* grupos à custa dos atributos que seus membros poderiam ter em comum.

Comecemos pelo primeiro efeito. Conceder direitos culturais a determinados grupos na prática significa conceder uma "carta branca" para que seus chefes, líderes, elites ou militantes mais aguerridos obriguem os membros desses grupos a se conformar ao figuro da identidade coletiva reconhecida. Kwame Anthony Appiah, que além de filósofo e estudioso de religiões africanas (ele é professor da Universidade de Princeton) é negro e homossexual, critica a pressão multiculturalista para que uma pessoa como ele adote uma identidade negra e gay: "Alguém que leva a autonomia a sério se pergunta se não trocamos um tipo de tirania por outro. Se eu tivesse de escolher entre o mundo do armário e o mundo da liberação gay, ou entre o mundo de *A cabana do Pai Tomás* e o mundo do Black Power, é claro que, nos dois casos, escolheria a segunda alternativa. Mas eu preferiria não ter de escolher. Preferiria ter outras opções. A política do reconhecimento exige que a cor da própria pele e o próprio corpo sexual sejam reconhecidos publicamente de formas opressivas para aqueles que querem tratar sua pele e seu corpo sexual como dimensões pessoais do eu."[27]

A política do reconhecimento pode ter implicações muito menos palatáveis ainda do que essa pressão mais ou menos difusa, da qual Appiah se queixa, para afirmar publicamente uma identidade coletiva negra ou gay. Isso diz respeito às exigências em que, como diz Barry, a cultura *é* o problema, mas não é a solução (*CE*, p. 318). Esses são os casos nos quais os grupos (ou os que falam em seu nome) apelam a diferenças culturais ou religiosas para tratar seus membros de maneiras que violam princípios liberais de justiça e envolvem desigualdades profundas. O problema é que direitos culturais de grupos costumam ser reivindicados justamente em casos desse tipo. A ocorrência mais freqüente são minorias culturais, em vários países ocidentais, que querem discrição para dar livre curso a práticas como a clitoridectomia, a recusa a garantir oportunidades educacionais iguais para as meninas, o casamento forçado de meninas de 13 ou 14 anos, as normas desiguais de divórcio (em que as mulheres invariavelmente levam a pior), a poligamia, a recusa a autorizar transfusões de sangue em crianças em situação de risco de vida e os sacrifícios rituais que violam normas de tratamento humanitário aos animais. Com a exceção parcial do último (em que está em questão o bem-estar dos animais não-humanos), em todos esses exemplos a razão oferecida para o reconhecimento de direitos culturais é a violação de normas de respeito igual pelos membros individuais desses grupos. Conceder direitos diferenciados a en-

---

27. Appiah, 1994.

tidades coletivas significa admitir que quaisquer formas de tratamento dispensadas aos membros individuais dos grupos poderão ser justificadas em nome da preservação da identidade coletiva.

Atente-se para algo a que Susan Moller Okin chamou a atenção alguns anos atrás[28]. Em quase todos os exemplos mencionados no parágrafo anterior, o que está em questão são práticas discriminatórias contra as mulheres reproduzidas na vida doméstica e familiar com raízes culturais profundas. Isso não deveria surpreender, já que a vida familiar é um âmbito privilegiado de reprodução de práticas sociais que têm raízes culturais. O que surpreende é que os defensores de direitos de grupos não se dêem conta da conexão entre cultura e esfera doméstica, de um lado, e formas mais opressivas de desigualdade de gênero, de outro. É verdade que pelo menos um teórico proeminente de direitos de grupos, Will Kymlicka, argumenta que direitos especiais de minorias culturais só devem ser reconhecidos quando isso não conflita com as liberdades fundamentais dos membros individuais desses grupos e quando isso não implica sancionar subculturas marcadas por práticas de discriminação racial, de gênero ou sexual[29]. Mais ainda, o "direito de saída" deve ser plenamente garantido, como sustenta Kymlicka nesta passagem: "a visão liberal [sobre direitos de grupos] que estou defendendo insiste em que as pessoas possam se distanciar e avaliar valores morais e formas tradicionais de vida, e em que é preciso propiciar-lhes não somente o direito legal de fazer isso como também as condições sociais que fomentam essa capacidade (uma educação liberal, por exemplo). (...) Impedir as pessoas de questionar os papéis sociais que lhes foram passados pode condená-las a vidas insatisfatórias e mesmo opressivas"[30]. Mas, se todas essas exigências liberais sobre como um grupo pode tra-

---

28. Okin, 1997.
29. Kymlicka, 1989, caps. 8 e 9.
30. Kymlicka, 1995, p. 92.

tar seus membros são satisfeitas, talvez não restem muitas minorias culturais em condições de pleitear o reconhecimento de direitos especiais. O problema examinado aqui pode ser percebido até mesmo no caso que poderia parecer o mais inócuo de reconhecimento que costuma ser discutido por teóricos como Taylor e Kymlicka: o do Quebec. Confesso que tenho dificuldade de perceber onde reside o interesse público ou teórico mais geral pela sorte do Quebec, quer a maioria de seus habitantes decida que é melhor conquistar um âmbito maior de autogoverno dentro do Estado canadense, quer a opção final acabe sendo mesmo a da secessão. Como Barry observa, não há uma teoria especificamente liberal para lidar com os problemas de fronteiras políticas de forma fundamentada (CE, p. 135). Não existe algo como um direito moral de uma minoria nacional se autogovernar. Às questões sobre se problemas de diversidade religiosa, étnica ou nacional devem ser enfrentados por meio de arranjos institucionais, como o consociacionalismo e o federalismo, ou por meio de secessão, só é possível dar respostas pragmáticas, tendo em vista a solução que maximiza as possibilidades de implementação de princípios liberal-igualitários na(s) unidade(s) política(s) resultante(s). Essa posição é essencialmente a mesma de Robert Dahl em Democracy and Its Critics[31]. Para Dahl, como para Barry, a teoria democrática não oferece nenhuma solução a essas questões no âmbito dos princípios. A tomada de direitos coletivos por meio do processo democrático só pode ser estável ao longo do tempo uma vez que a legitimidade da unidade pública que deve se autogovernar de forma democrática não esteja seriamente em questão. E, caso a secessão se torne inevitável, só é possível avaliar as diferentes alternativas de unidade política propostas com base nas perspectivas que cada uma delas oferece para a sobrevivência da democracia e para a garantia de direitos fundamentais dos membros da minoria ou

---

31. Dahl, 1989, cap. 14.

das minorias que seguramente vão existir nas unidades políticas a serem criadas.

Mas há um aspecto da política do Quebec de preservação da cultura francesa que constitui um exemplo do problema que aqui nos interessa. Trata-se da lei quebequense que permite que os canadenses anglófonos (residentes no Quebec) enviem seus filhos a escolas de língua inglesa, mas proíbe os canadenses francófonos e imigrantes estrangeiros de fazer o mesmo. Em "The Politics of Recognition", Charles Taylor critica o "liberalismo cego a diferenças" por não acomodar políticas desse teor, concebendo uma variante de liberalismo ("hospitaleiro a diferenças") que dispensaria a norma de neutralidade estatal diante de concepções da boa vida e aceitaria que "uma sociedade com objetivos coletivos fortes pode ser liberal"[32]. Um pouco adiante, neste mesmo ensaio, Taylor afirma que, para a versão de liberalismo praticada pelo governo do Quebec, que ele próprio defende, "a sociedade política não é neutra entre aqueles que valorizam se manterem fiéis à cultura de nossos ancestrais e aqueles que podem querer se liberar disso em nome de algum objetivo individual de autodesenvolvimento"[33].

É difícil concordar que Taylor tenha realmente confrontado os méritos relativos de duas variantes distintas de liberalismo. O liberalismo igualitário aceitaria e até mesmo recomendaria a intervenção pública no sentido de colocar a opção pela língua francesa e pela cultura francófona ao alcance de todos aqueles que desejassem fazer uso delas no Quebec. Uma política desse teor seria perfeitamente compatível com a forma de neutralidade perante as concepções do bem que um Estado liberal justo deve garantir. O que não é compatível com a neutralidade liberal é supor que é legítimo coagir os franco-canadenses e imigrantes que prefeririam uma educação em inglês (ou talvez bilíngüe) a mandar seus filhos a escolas de língua francesa, com base na

---

32. Taylor, 1994, p. 59.
33. *Ibid.*, p. 58.

suposição de que essa política é necessária à sobrevivência indefinida da cultura francesa no Quebec. A política que Taylor atribui a um liberalismo "tolerante às diferenças culturais" não tem nada que se possa reconhecer como liberal: trata-se, isso sim, de justificar violações aos direitos de liberdade individual de pessoas da geração presente apelando-se ao "direito" que uma entidade coletiva, a identidade francesa do Quebec, teria de existir, digamos, daqui a dez gerações.

Para os liberais igualitários, é importante prover os indivíduos com um contexto apropriado de escolha e é assim que a ação pública que objetiva preservar a diversidade cultural – o acesso à língua francesa, no caso – deve ser interpretada. Mas são características do bem-estar de *indivíduos* que constituem a fonte última de valor moral e justificam a intervenção pública. Essa intervenção se limita a oferecer oportunidades, que poderão ou não ser aproveitadas pelos indivíduos. Se uma política desse tipo é implementada, nada garante que uma identidade coletiva francófona vá existir no Quebec daqui a dez gerações. Isso dependerá do valor que sucessivas gerações de quebequenses atribuirão a preservar tal identidade. Já o tipo de política praticada pelo Quebec, que Taylor vê com bons olhos, parte da suposição de que a fonte última de valor moral encontra-se em uma individualidade fictícia[34] – o grupo, tal como definido por atributos culturais –, cuja existência continuada no tempo justificaria coagir as escolhas dos membros individuais do grupo.

Acredito que Taylor reagiria com indignação à sugestão de que seus argumentos em favor da política do Quebec de coagir os membros do grupo francófono (e imigrantes estrangeiros) "a se manter fiéis à cultura de nossos ancestrais" poderiam ser empregados para defender o reconhecimento

---

34. "Fictícia" porque uma individualidade coletiva não tem nenhum dos atributos em que usualmente nos baseamos para atribuir significado moral ao bem-estar de indivíduos: a capacidade de decidir o que é certo e o que é errado, de sentir prazer e dor, de fazer planos, de sentir frustração ou humilhação e assim por diante.

das distinções culturais mencionadas acima que são muito mais objetáveis. Mas a racionalidade justificatória das medidas relativas a grupos é essencialmente a mesma. Tratar o bem de grupos, e não os aspectos moralmente relevantes do bem-estar individual, como aquilo que tem valor intrínseco implica autorizar violações aos direitos de membros individuais – o que, ademais, afeta desproporcionalmente os membros mais vulneráveis do grupo, como as mulheres e as crianças – em nome da preservação de uma identidade coletiva. Para Barry, e creio que ele não poderia estar mais certo a esse respeito, longe de levar a um tratamento igualitário de diferenças culturais, isso é receita de opressão de grupo.

Excluindo-se os casos em que a cultura não é o problema e os casos em que, apesar de a cultura ser o problema, definitivamente ela não é a solução, o que resta da "política do reconhecimento"? Não muito, ao que parece. É verdade que Barry esboça algo que ele denomina "teoria liberal dos direitos de grupos" (*CE*, pp. 146-54). Mas essa denominação parece equívoca, já que essa teoria nada tem a ver com o reconhecimento público de distinções culturais e identidades coletivas que os multiculturalistas têm em mente. Trata-se, para Barry, de chegar a princípios que se apliquem aos grupos *igualmente* e permitam tratar os grupos da *mesma* maneira. Vejamos brevemente como isso ocorre.

A teoria de Barry dos direitos de minorias culturais e religiosas se assenta em duas idéias básicas. Uma delas é a liberdade de associação. Voltando a um tópico que mencionei de passagem no início deste capítulo, o liberalismo igualitário é uma doutrina política sobre o uso moralmente legítimo da coerção coletiva da sociedade que não apela ao valor da autonomia individual – ainda que esse possa ser o valor supremo para alguma variante de "liberalismo abrangente". Promover a autonomia individual como um modo de vida não é assunto de um Estado liberal justo. É assunto de tal Estado a garantia de condições institucionais, entre as quais a liberdade de associação, que assegurem um tratamento eqüitativo aos adeptos de diferentes concepções do bem e modos de vida. E o compromisso com a liberdade de associação "inclui a liberdade de associação para grupos cujas normas seriam intoleráveis se tivessem por trás o poder político, mas que são aceitáveis desde que a filiação ao grupo seja voluntária" (*CE*, p. 150). Do ponto de vista político, portanto, a preeminência cabe à liberdade de associação, não à autonomia individual, o que significa dizer que uma variedade de grupos minoritários deve ter, dentro de limites muito amplos[35], discrição para promover modos de vida em que um valor supremo é atribuído à verdade revelada, a práticas tradicionais e à obediência à autoridade hierárquica ou patriarcal. A liberdade de associação, além disso, se estende a ponto de incluir a "liberdade de recusar associação" (*CE*, p. 151), isto é, o direito que os grupos têm de excluir os membros que deixam de professar as convicções e a identidade que são considerados vitais para a sobrevivência do grupo.

A segunda idéia básica do enfoque proposto por Barry diz respeito à cláusula que aparece no trecho citado – é preciso que a filiação ao grupo seja *voluntária*. Afirmar que a participação deve ser voluntária não significa dizer, como muitos supõem, que os liberais ignoram a centralidade que vínculos de natureza não-voluntária têm na vida de muitas pessoas. Obviamente, uma pessoa não adere voluntariamente à família ou à comunidade étnica ou nacional em que nasceu e foi criada. Mas, do ponto de vista político, a participação em um grupo conta como "voluntária" se oportunidades suficientes e apropriadas de *saída* são asseguradas. Essa não é uma preocupação proeminente entre os adeptos do multiculturalismo, já que suas recomendações de política acabam enfocando somente a liberdade (do grupo) de recusar associação. Mas é preciso que seja, sustenta Barry, uma preocupação proeminente para os liberais igualitários, que prezam não somente a autonomia do grupo de

---

35. Que excluem a violação de direitos fundamentais dos membros dos grupos, como ocorre em vários dos exemplos considerados acima.

gerir seus assuntos internos de acordo com seus próprios valores e normas mas também a proteção de membros individuais contra a opressão do grupo.

Sustentar que a opção de saída deve estar disponível tem implicações que vão além de dizer que em uma sociedade liberal a apostasia não é tratada como um crime. Há circunstâncias em que os custos de saída são proibitivos para um dissidente, para um excomungado ou para um apóstata. Isso ocorre quando a saída do grupo põe em risco a própria sobrevivência do ex-membro. E minimizar tanto quanto possível esses custos, em casos desse tipo, constitui um objeto apropriado de ação pública. Barry procura identificar os diferentes tipos de custo que uma pessoa pode enfrentar quando abandona um grupo ou é expulsa dele, com o propósito de discernir aqueles para os quais deveria haver alguma forma de compensação (CE, pp. 150-4). Essa discussão tem implicações importantes para a política pública e para as decisões judiciais, mas concentremo-nos aqui somente na idéia central. Esta pode ser percebida tendo-se por referência o grupo que com freqüência é tomado como protótipo de comunidade: a família. Nos casos de violência doméstica, não basta assegurar às mulheres o direito legal de se separar do marido (em algumas sociedades, nem mesmo isso é garantido); para que os custos de saída não sejam inaceitáveis, é preciso que as mulheres tenham uma forma de sobreviver fora do grupo familiar. Isso requer políticas públicas no sentido de propiciar albergues e renda substitutiva para mulheres espancadas. Sem isso, não se pode dizer que a opção de saída de fato esteja disponível e que a participação no grupo familiar de fato seja voluntária.

A estratégia de Barry parece partir desse caso mais nítido (o da violência doméstica) para tratar de uma variedade de outros casos (sacerdotes da Igreja Católica que decidem ou se vêem obrigados a abandonar a batina, por exemplo) em que se justifica impor ao grupo o ônus de prover uma forma apropriada de compensação a um ex-membro. Essa forma de intervenção é necessária para assegurar que a filiação ao grupo de fato seja voluntária e constitui a outra face, inteiramente negligenciada pelos adeptos da "política do reconhecimento", do direito que os grupos devem ter de gerir seus negócios internos de acordo com seus próprios valores e identidade coletiva.

Receita para uma sociedade dividida

Disse acima que a política de reconhecer direitos diferenciados de grupos pode ter um segundo efeito negativo. Acentuar os atributos que diferenciam os membros de diferentes grupos pode gerar um resultado oposto às intenções do multiculturalismo: em vez de promover a tolerância pela diversidade étnica e cultural, pode fomentar o facciosismo e o conflito entre grupos. Barry menciona, a esse respeito, uma observação de Ralph Grillo sobre as medidas de teor multiculturalista colocadas em prática na Grã-Bretanha, que tencionavam "legitimar a heterogeneidade na cultura nacional britânica", e acabaram por fomentar o fundamentalismo religioso e o separatismo (CE, p. 129).

Simpatizantes do multiculturalismo, como Charles Taylor, parecem considerar que há uma afinidade natural entre a "política da diferença" e uma noção de valor igual das culturas[36]. E, se há um vínculo dessa natureza, torna-se plausível imaginar que a primeira de fato promove o respeito mútuo entre os membros de grupos culturais distintos. Mas Barry evidencia um problema nessa suposição de afinidade que talvez ajude a explicar por que a "política da diferença" parece gerar resultados inversos aos desejados. Se as medidas multiculturalistas objetivam reconhecer identidades culturais e coletivas naquilo que elas têm de *diferente* entre si, onde, precisamente, se encontra o suporte para a idéia – que de fato corresponde a um valor universalista – de que

---

36. Taylor, 1994, p. 42.

as culturas têm um valor igual?[37] "O problema inescapável", diz Barry, "é que as culturas têm um conteúdo proposicional. É um aspecto inevitável de qualquer cultura necessariamente incluir idéias que tomem algumas crenças por verdadeiras e outras por falsas, algumas coisas como certas e outras, erradas" (*CE*, p. 270). Se sou adepto de uma seita religiosa que abomina a homossexualidade, e também sou encorajado a afirmar a distinção cultural do meu grupo, como é possível que ao mesmo tempo afirme eu o valor de um modo de vida gay? A noção de valor igual das culturas certamente se encontra na cabeça dos teóricos multiculturalistas, mas ela não é uma verdade em nenhuma cultura e não encontra – nem teria como encontrar – suporte nas medidas específicas a grupos propostas por eles. Essas medidas constituem simplesmente uma receita para encorajar a divisão e o conflito entre grupos.

Levada a seus extremos, a "política da diferença" resultaria em algum arranjo semelhante ao sistema de *millets* – de grupos comunitários autogovernados – que subsistiu por longo tempo no Império Otomano. Barry especula se esse sistema (trata-se assumidamente de uma especulação) de manter minorias étnicas e religiosas vivendo em universos paralelos não teria alguma relação com o fato de que os mais terríveis conflitos étnicos do século XX tenham ocorrido justamente no território abrangido pelo Império Otomano (*CE*, p. 88).

Ainda que esses extremos não venham a ser alcançados, os problemas apontados aqui em políticas que fomentam e cristalizam identidades de grupos distintas poderão se manifestar na sociedade brasileira, nos próximos anos e décadas, se o Estatuto da Igualdade Racial vier a ser aprovado, na forma como ora está sendo proposto, pelo Congresso Nacional[38]. Três pontos são mais controversos nesse pro-

---

37. Um problema semelhante se apresenta na discussão de Walzer sobre a tolerância, em *Spheres of Justice* (1983) e outros de seus escritos.
38. No momento em que reviso este texto, em agosto de 2007, o Estatuto da Igualdade Racial, inicialmente proposto pelo então deputado (hoje senador)

jeto (que poderá se converter em lei): 1) a obrigatoriedade de informar, por meio de autoclassificação, a raça ou a cor da pessoa em documentos que sejam usados nos sistemas de informação da Seguridade Social, Saúde, Educação e em registros administrativos direcionados a empregadores e aos trabalhadores do setor público e privado; 2) a especificação de um grupo, os afro-brasileiros, que passa a ser detentor de direitos diferenciados em relação aos cidadãos que se autodefinem como brancos; e 3) a instituição de sistemas de cotas de no mínimo 20% para os afro-brasileiros no serviço público (meta que, de acordo com o Estatuto, "será ampliada gradativamente até lograr a correspondência com a estrutura de distribuição racial nacional e/ou, quando for o caso, estadual, observados os dados demográficos oficiais"), nas empresas privadas com mais de vinte empregados, nas universidades e em programas, filmes e peças publicitárias veiculados por emissoras de televisão e salas cinematográficas. Além disso, "será exigida a adoção de programas de igualdade racial para as empresas que se beneficiem de incentivos governamentais e/ou sejam fornecedoras de bens e serviços".

Aponto dois problemas interligados que me parecem ser mais importantes nessa proposta. Acredito que vale a pena discuti-los, ainda que o Estatuto acabe não sendo aprovado pelo Congresso ou seja aprovado com alterações nos pontos mencionados no parágrafo anterior. Um desses problemas diz respeito à suposição de que a igualdade de oportunidades só será alcançada se a composição do contingente de pessoas que tiverem acesso às universidades de elite e às posições ocupacionais mais valorizadas no serviço público e nas empresas privadas refletir fielmente a proporção em que determinados grupos (no caso, raciais) estiverem representados na população. Enquanto houver sub-repre-

---

Paulo Paim, do Partido dos Trabalhadores do Rio Grande do Sul, já havia sido aprovado por unanimidade pelo Senado Federal e aguardava votação na Câmara dos Deputados.

sentação, haverá discriminação – que deverá ser combatida por meio do sistema de cotas. Mas o apelo à linguagem da "igualdade de oportunidades", nesse caso, é equívoco, pois a igualdade de oportunidades que se quer garantir é a de grupos, não a de indivíduos. Uma sociedade multiculturalista justa seria mais uma federação de grupos dotados de direitos iguais do que uma comunidade de cidadãos iguais. De um lado, a garantia legal de proporcionalidade de representação de grupos não representa nenhuma garantia de que as oportunidades serão iguais, inclusive dentro do grupo inferiorizado, para que os membros individuais desses grupos desenvolvam as qualificações exigidas pelas universidades de primeira linha e pelos empregadores[39]. Garantir a igualdade de oportunidades para os cidadãos individualmente, como é preconizado pelo liberalismo igualitário, requer medidas redistributivas muito mais profundas do que a instituição de um sistema de cotas. Tal sistema é perfeitamente compatível com a manutenção de uma distribuição fortemente desigual de oportunidades educacionais e ocupacionais aos indivíduos. De outro lado, o princípio da igualdade de oportunidades para indivíduos será violado quando um candidato branco, que não pertença aos estratos mais privilegiados da população, tiver suas qualificações preteridas em benefício de um candidato destituído das qualificações que os selecionadores considerarem necessárias e que for admitido graças ao sistema de cotas.

O segundo problema é que a instituição do sistema de cotas, combinada à autodefinição racial compulsória, poderá levar a uma "racialização" indesejável da sociedade e da política no Brasil[40]. Note-se que a política proposta, em vez

---

39. Um sistema puro de cotas para afrodescendentes, isto é, que não seja acompanhado de critérios socioeconômicos de seleção dos beneficiários, pode aumentar a distância existente entre a classe média negra e os negros de estratos socioeconômicos desprivilegiados.

40. Vai na mesma direção a Lei 10.639/2003, que torna obrigatória a inclusão do ensino da cultura africana e afro-brasileira nos currículos das escolas brasileiras. O artigo 20 do Estatuto da Igualdade Racial determina que "a disciplina 'História Geral da África e do Negro no Brasil' integrará obrigatoriamente

de ter por objetivo um estado de coisas em que a cor da pele não tenha nenhum significado para a distribuição de recursos e oportunidades sociais, vai na direção oposta, isto é, de enfatizar a importância do quesito "raça" e fomentar a definição de identidades raciais por parte de brancos e "afro-brasileiros". Sentimentos mútuos de rancor poderão resultar disso, o que se torna ainda mais provável quando se tem em conta um aspecto do primeiro problema apontado. Como é bastante plausível supor que as oportunidades dos brancos de famílias privilegiadas serão pouco afetadas, na prática o sistema de cotas reduzirá as oportunidades para os brancos de famílias remediadas ou pobres. E o que será dito para essas pessoas, que não são beneficiárias de desigualdades raciais ou de práticas racistas e não se consideram (e de fato não são) responsáveis por injustiças passadas como a escravidão? Que suas qualificações, talvez obtidas à custa de um árduo esforço pessoal, estão sendo preteridas em virtude de uma política que objetiva garantir a "igualdade de oportunidades"? Essa é a receita para criar uma sociedade dividida por uma clivagem racial, não para fomentar a tolerância e a "valorização da diversidade racial"[41].

Pode-se replicar, neste ponto, que as medidas redistributivas necessárias para garantir uma igualdade de oportunidades para os cidadãos *individualmente*, a começar pela oferta de uma educação pública de qualidade similar à das boas escolas particulares dos níveis fundamental e médio, só são factíveis, na melhor das hipóteses, no espaço de uma ou duas gerações e que algo tem de ser feito de imediato para

---

o currículo do ensino fundamental e médio, público e privado". Completa o quadro o programa Prouni, criado pelo Ministério da Educação em 2004, que adota cotas para negros e índios na concessão de bolsas de estudos em instituições privadas de ensino superior que participam do programa. O conjunto dessas medidas (supondo-se que o Estatuto venha a ser aprovado) aponta para uma novidade, isto é, a tentativa de implementar uma política de afirmação agressiva de uma identidade cultural "afro-brasileira".

41. Artigo 3º do Estatuto da Igualdade Racial.

combater os efeitos da discriminação racial[42]. Isso é verdade, mas por que adotar, e logo como primeiro recurso, políticas que poderão dividir racialmente o país? Um enfoque alternativo recomendaria medidas de ação afirmativa – reconhecidamente paliativas – que aumentem as oportunidades para que aqueles que provêm dos estratos mais desfavorecidos da sociedade, quer sejam negros, brancos ou índios, possam, se tiverem a motivação necessária para isso, adquirir as qualificações que lhes permitirão disputar vagas nas melhores universidades e posições ocupacionais e de autoridade que são valorizadas. No ensino superior no Brasil, uma medida relativamente pouco onerosa que poderia ser tomada, e que aumentaria a diversidade socioeconômica e, muito provavelmente, também a racial nas universidades públicas, é o aumento da oferta de cursos e de vagas no período noturno[43]. Outra linha de ação seria a oferta de cursos preparatórios gratuitos para os exames vestibulares para alunos de escolas públicas, na forma de "cursinhos" comunitários ou, o que seria preferível, por meio de uma quarta série optativa nas escolas públicas de ensino médio. O esforço de aumentar a diversidade social e racial na universidade teria de ser complementado pela garantia de condições – entre as quais subsídios financeiros e a oferta de aulas de reforço para sanar deficiências de formação básica – que tornassem possível a alunos pobres concluir sua formação superior. Medidas desse teor também teriam, como um sistema de cotas raciais, o efeito de expandir as oportunidades sociais para as pessoas de grupos que hoje são inferiorizados, mas sem violar um princípio de igualdade de oportunidades para os indivíduos e sem o subproduto perigoso de fomentar a divisão racial.

---

42. Sobre o ideal de igualdade de oportunidades subscrito pelo liberalismo igualitário, ver seções "'Sorte bruta' e justiça distributiva" e "Desigualdade e loteria natural", cap. 1, pp. 37 e 45.

43. Isso foi confirmado por uma pesquisa realizada na Universidade Federal de Minas Gerais, a partir de dados do vestibular de 2003, cujos resultados foram relatados em Braga, 2003.

Nacionalidade cívica

Em contraste com a política de realçar e cristalizar diferenças, a política do "respeito e da atenção iguais" sustenta que o foco da ação pública deve recair nos atributos que os cidadãos têm ou podem ter em comum. Finalizarei este capítulo comentando duas condições que, para Barry, são requeridas por essa norma de respeito e atenção iguais. Uma delas é relativamente incontroversa para os liberais igualitários, ainda que não o seja para outras variantes de liberalismo e encontre imensos obstáculos políticos para ser colocada em prática. Barry a descreve assim:

> ... não podemos esperar que os resultados da política democrática sejam justos em uma sociedade que contém um grande número de pessoas sem nenhum senso de empatia para com seus concidadãos e nenhuma identificação com sua sorte. Esse senso de solidariedade é fomentado por instituições comuns e por uma distância entre as rendas que seja limitada o suficiente para impedir as pessoas de supor – e com certa razão – que elas podem escapar do destino comum comprando sua saída do sistema de educação, de saúde, de policiamento e de outros serviços públicos dos quais seus concidadãos menos afortunados são obrigados a depender (*CE*, p. 79).

As questões públicas suscitadas por essa primeira condição são as que recaem no âmbito tradicional da justiça distributiva e, sobretudo em uma sociedade como a brasileira, elas me parecem ser extraordinariamente mais relevantes do que as questões típicas de reconhecimento de distinções culturais[44]. Mas me concentrarei aqui um pouco mais

---

44. Levando-se em conta também o que foi dito acima sobre as formas de desvantagem social envolvidas na discriminação de negros, mulheres e homossexuais, eu me arriscaria a dizer que as questões típicas de reconhecimento poderiam ser confinadas, no Brasil, à maneira de lidar com os grupos indígenas. Isso não significa dizer que não tenham importância, mas sim que não dizem respeito à interpretação das formas mais importantes de desvantagem social da *mainstream* da sociedade brasileira.

na segunda condição mencionada por Barry, já que ela pode ser controversa mesmo para aqueles que aceitam uma concepção liberal-igualitária de justiça distributiva[45]. Em Estados poliétnicos (e hoje quase não há os que não o são), espera-se que a democracia liberal produza resultados justos se os cidadãos compartilham de um conjunto de atitudes uns pelos outros que Barry denomina um sentido de "nacionalidade cívica" ou de "patriotismo cívico" (CE, pp. 80-1). Esse conjunto de atitudes que seria desejável promover nos cidadãos ocupa uma posição intermediária entre um nacionalismo étnico ou cultural e a concepção que Habermas denominou "patriotismo constitucional"[46]. Trata-se, por um lado, de dissociar a idéia de cidadania igual da assimilação de todos a uma cultura específica; por outro, é desejável que exista uma identificação entre os cidadãos de uma comunidade política liberal-democrática mais forte do que aquela que a concepção de Habermas deixa entrever.

Esse é mais um ponto de divergência com os multiculturalistas. Preocupados como estão com o reconhecimento de identidades coletivas de grupos, eles adotam uma concepção de nacionalidade comum que, para Barry, vai pouco além daquilo que está escrito nos passaportes. Mas, sem que um sentido comum de pertencer a uma mesma comunidade política se desenvolva entre os cidadãos, não é de esperar que a discriminação étnica (ou coisa pior) possa ser evitada. As atitudes que Barry associa à sua concepção mais substancial de nacionalidade são as seguintes: "é preciso ser universalmente reconhecido que os interesses de todos contam por igual, e que não há grupos cujos membros tenham seus pontos de vista automaticamente ignorados. Igualmente importante é a disposição da parte dos cidadãos de fazer sacrifícios pelo bem comum – o que, é claro, pressupõe que

---

45. Sobretudo quando se supõe, como sustento no capítulo 7, que as exigências da justiça distributiva não estão confinadas a comunidades políticas nacionais.

46. Habermas, 1996a, pp. 465-6 e 499-500.

eles sejam capazes de reconhecer um bem comum. Além disso, não é suficiente que os cidadãos de fato se disponham a fazer sacrifícios; também é preciso que eles tenham expectativas firmes uns em relação aos outros no que diz respeito a abrir mão de dinheiro, de lazer e talvez mesmo da própria vida caso as circunstâncias o exijam" (*CE*, p. 80). Fomentar essas atitudes requer, entre outras coisas, uma educação cívica vigorosa, algo que não está distante – exceto no que se refere a exigências igualitárias mais fortes – da convicção norte-americana de cerca de um século atrás, segundo a qual o papel do sistema público de educação deveria ser o de converter imigrantes provenientes das mais diversas culturas em cidadãos capazes de fazer as instituições de uma democracia liberal funcionarem. A idéia não é que singularidades culturais tenham de ser abandonadas, mas sim que, por mais heterogêneos culturalmente que sejam, os cidadãos possam desenvolver as atitudes associadas à participação em instituições políticas comuns. Isso é o oposto do sistema de *millets*: ao passo que neste o poder político se prestava a preservar identidades coletivas, e a mantê-las separadas, a concepção de "nacionalidade cívica" dirige a ação pública para fomentar os atributos que os cidadãos podem compartilhar.

Finalizo limitando-me a apontar uma possível dificuldade que se apresenta à concepção de Barry de patriotismo. Essa dificuldade não diz respeito às divergências com os multiculturalistas, mas sim à compatibilidade da concepção de "nacionalidade cívica" com as posições liberal-igualitárias cosmopolitas que o próprio Barry sustenta em outros textos seus[47]. Vejamos uma passagem relevante: "as exigências do cosmopolitismo (...) seriam satisfeitas em um mundo no qual as pessoas ricas seriam tributadas onde quer que vivessem em benefício das pessoas pobres onde quer que vivessem"[48]. Nesse mesmo texto, Barry prossegue discutindo formas de

---

47. Ver, por exemplo, Barry, 1998.
48. *Ibid.*, p. 153.

redistribuição internacional – entre países, não entre indivíduos – que não colidam tão frontalmente com o sistema de Estados vigente quanto um sistema tributário e de transferências interpessoal de alcance planetário. Mas, mesmo nas opções *second best* examinadas, os cidadãos dos países ricos teriam consideráveis obrigações de justiça no mínimo em relação àqueles que se encontram no quintil mais pobre do planeta. Como vimos acima, Barry sustenta que não é de esperar que um regime liberal-democrático satisfaça a norma liberal-igualitária de respeito e atenção iguais se os cidadãos não compartilharem de uma identidade coletiva densa que tenha por foco a comunidade política da qual são membros. O problema é que essa comunidade política corresponde ao Estado territorial. Será um patriotismo cívico que se expressa por meio de Estados territoriais compatível com o reconhecimento de obrigações internacionais de justiça distributiva? Quando refletimos sobre as exigências da norma de respeito e atenção iguais em âmbito planetário, promover uma identificação forte dos cidadãos com o Estado territorial não seria somente mais uma das formas de perpetuar as identidades coletivas separadas e divisivas que Barry critica na política multiculturalista? Essa é uma das questões teóricas a serem enfrentadas no capítulo final deste volume, que trata de justiça internacional.

A extensão do enfoque normativo do liberalismo igualitário para desigualdades internacionais enfrenta, já de início, as objeções levantadas pelas perspectivas normativas que vêem com ceticismo qualquer pretensão de que nossos valores políticos, como a liberdade de expressão ou a justiça distributiva, possam ter alcance universal ou pelo menos possam, de forma plausível, ser recomendados para tradições morais distintas daquela que descende do Esclarecimento. Como somente a linguagem dos direitos humanos pode aspirar a se constituir em uma moralidade política internacional, as objeções céticas se voltam, mais especificamente, para a existência de direitos humanos universais. O capítulo seguinte faz um escrutínio crítico de duas variantes dessas objeções. De uma perspectiva, argumenta-se que valores políticos, como os valores morais de modo geral, não pertencem à "estrutura do universo" e, por isso, não podem ter nenhuma aspiração à objetividade e muito menos ainda a uma objetividade universal; de outra, sustenta-se que valores morais e políticos, ou "significados compartilhados", podem ser objetivos mas somente de forma relativa a culturas específicas. A discussão dessa segunda forma de ceticismo moral envolve, entre outros tópicos, a faceta internacional da questão discutida neste capítulo. Da mesma maneira que os líderes de determinadas comunidades, que estão submetidas a um Estado liberal-democrático, podem apelar a direitos coletivos culturais para justificar o descumprimento dos direitos liberais de membros individuais de suas comunidades, os líderes de determinados países ou de determinados grupos muitas vezes invocam direitos culturais para justificar o não-reconhecimento de direitos humanos universais e, em especial, dos direitos humanos das mulheres.

Capítulo 6
Dois tipos de ceticismo moral

Em junho de 1947, a Associação Norte-americana de Antropologia aprovou um documento, intitulado *Statement on Human Rights*, que foi dirigido à Comissão dos Direitos Humanos da ONU, então reunida para elaborar a Declaração que viria a ser aprovada no ano seguinte[1]. Como seria de esperar, a questão central apresentada pelo documento era: "Como é possível que a Declaração proposta não se torne uma enunciação de direitos concebidos somente em termos dos valores prevalecentes nos países da Europa Ocidental e da América?"[2] Em meio a várias afirmações sobre o valor da diversidade cultural, que hoje podemos considerar quase incontroversas, o documento defendia duas proposições e retirava delas uma conclusão muito discutível.

A primeira dessas proposições era que "*o respeito pelas diferenças entre culturas é validado pelo fato científico de que nenhuma técnica de avaliação qualitativa de culturas foi descoberta*"[3]. O que há de controverso nessa afirmação é a suposição de que (dado o "fato científico" mencionado) a comparação entre culturas jamais possa fazer sentido. A segunda proposição forte era que

---

1. O texto desse documento encontra-se em Winston (1989, pp. 116-20).
2. Obviamente, o documento entendia por "América" os Estados Unidos da América.
3. Winston, 1989, p. 119. Em itálico no original.

(...) os padrões e valores são relativos à cultura da qual derivam, de forma que qualquer tentativa de formular postulados que resultam de crenças ou de códigos morais de uma cultura deve nessa medida reduzir a aplicabilidade de uma Declaração Universal dos Direitos Humanos à humanidade como um todo.

Dessas duas proposições, o documento inferia que "o que é considerado direito humano em uma sociedade pode ser considerado anti-social por outro povo"[4].

Essas afirmações caracterizam uma posição de relativismo ou de ceticismo moral. Para avaliar a força de argumentos céticos contra a validade universal de princípios de justiça – e uma interpretação da linguagem dos direitos humanos é, suponho, a única coisa que podemos ver como passível de universalização em matéria de justiça –, vou me valer de uma distinção proposta por Ronald Dworkin entre dois tipos de ceticismo[5]. O "ceticismo externo" não coloca em questão a validade de afirmações morais substantivas, como "o genocídio é monstruoso" ou "é injusto que as oportunidades sociais das mulheres sejam inferiores às dos homens". Esse tipo de ceticismo se apresenta como uma teoria de segunda ordem, que se limitaria a negar objetividade a afirmações morais substantivas (ou "de primeiro grau", nos termos desta discussão). Os valores morais, argumenta-se, não fazem parte da "estrutura do universo"; são opiniões que projetamos no mundo e não propriedades que descobrimos na "realidade". A pretensão dos partidários dessa variante de ceticismo, como observa Dworkin, é se colocar fora do domínio que querem criticar (daí a denominação "ceticismo externo") e criticar o corpo de crenças desse domínio a partir de premissas que não devem nada a ele. No âmbito que ora nos interessa, o da moralidade política, a pretensão

---

4. *Ibid.*
5. O autor desenvolve a distinção que será mencionada a seguir em Dworkin, 1986, pp. 78-86, e sobretudo 1996, pp. 87-139.

seria criticá-lo a partir de premissas não-morais. Voltarei à discussão do ceticismo externo adiante.

O "ceticismo interno", em contraste, consiste em uma tese cética sobre os valores morais que pressupõe a verdade de um ou mais julgamentos morais substantivos[6]. Esse ceticismo não pode ser cético do princípio ao fim: ele se opõe a determinados julgamentos morais de primeiro grau apoiando-se, em algum ponto da argumentação, em outros julgamentos morais de primeiro grau. Para ilustrar, reflitamos um instante sobre a tese, que é uma das proposições sustentadas no documento dos antropólogos norte-americanos mencionado acima, de que a moralidade é relativa à cultura. Essa tese não pode ser cética do princípio ao fim por duas ordens de razões. Em primeiro lugar, porque geralmente se apóia em julgamentos morais substantivos como: 1) é desejável que existam diversidade normativa e tolerância entre os diferentes povos e culturas; ou então, para mencionar um julgamento de primeiro grau muito mais controvertido, 2) as convicções e os valores morais com pretensões universalistas têm uma vocação "imperialista" e não respeitam outras culturas senão aquelas que os reconhecem. Proposições como (1) e (2) caracterizam uma posição moral substantiva, que deve ser defendida com argumentos também morais contra as pretensões e as opiniões professadas por posições rivais.

Em segundo lugar, o ceticismo interno é incompatível com o ceticismo externo. O primeiro sustenta que convicções e julgamentos morais *de alcance universal* não são verdadeiros, e não que convicções e julgamentos morais jamais possam ser verdadeiros. Eles podem ser verdadeiros, para os partidários do ceticismo interno, em perspectiva, isto é, relativamente a determinada forma compartilhada de vida. A teoria da justiça proposta por Michael Walzer em

---

6. James Nickel usa as expressões "relativismo cético" e "relativismo prescritivo" para designar precisamente as mesmas posições, no campo da teoria política normativa, que Dworkin denomina, respectivamente, "ceticismo externo" e "ceticismo interno". Ver, por exemplo, Nickel, 1987, cap. 4.

Spheres of Justice e em outros textos exemplifica bem essa posição[7]. O significado de um determinado bem social (dinheiro, cuidados à saúde, educação, poder político, posições ocupacionais) varia de sociedade para sociedade, mas em princípio é possível chegar a um conhecimento verdadeiro sobre qual é a forma de distribuí-lo se interpretarmos corretamente os significados compartilhados sobre o bem em questão em determinada cultura. Tal conhecimento só pode ser "verdadeiro", bem entendido, para aqueles que aceitam esses valores.

Qual é a extensão do dano que os argumentos desenvolvidos por essas duas variantes de ceticismo produzem em posições éticas universalistas referidas, por exemplo, à linguagem dos direitos humanos? O que farei neste capítulo – sem que nisso se revele nenhuma predileção especial pelo paradoxo – é dirigir um olhar cético para a força real de alguns dos argumentos céticos mais importantes no terreno da moralidade política. Se o que o ceticismo (em um sentido mais clássico) tem de bom é uma atitude de desconfiar sistematicamente de convicções e opiniões defendidas de modo dogmático, assumirei, nesta discussão, a posição do cético que submete a um escrutínio crítico as opiniões de ceticismo ou de relativismo moral.

O ceticismo interno de Walzer

Comecemos nosso exame pela idéia, cara ao relativismo de Walzer, de que "não há como ordenar os mundos sociais com respeito à percepção que têm dos bens sociais". Essa afirmação, semelhante a uma das proposições defendidas pelo documento da Associação Norte-americana de Antropologia, aparece na seguinte passagem de *Spheres of Justice*:

---

7. Walzer, 1983, 1993 e 1995.

Somos (todos nós) criaturas produtoras de cultura; nós criamos e habitamos mundos significativos. Uma vez que não há como hierarquizar e ordenar esses mundos com respeito à percepção que têm dos bens sociais, fazemos justiça a homens e mulheres reais respeitando suas criações específicas. E eles exigem justiça, e resistem à tirania, insistindo no significado que os bens sociais têm para eles próprios. A justiça está fundada em entendimentos distintos sobre posições, honrarias, ocupações e todos os tipos de coisas que constituem uma forma compartilhada de vida. Passar por cima desses entendimentos significa (sempre) agir de forma injusta.[8]

Mas imaginemos, para avaliar o argumento que aparece nesse trecho, uma sociedade – a Alemanha nazista ou a Sérvia na década de 1990 – cujos "entendimentos compartilhados" predisponham seus membros a passar por cima dos "entendimentos compartilhados" de outras sociedades. Estaria Walzer em condições de dizer, da ótica de sua própria perspectiva normativa, que não há como fazer julgamentos de avaliação e comparação entre esses mundos sociais? Seria sempre injusto passar por cima dos entendimentos compartilhados de uma sociedade invasiva[9]? Um problema similar emerge com respeito ao *status* metaético da teoria de Walzer da "igualdade complexa". Deveríamos entendê-la como uma metateoria transcultural, válida para todas as comunidades políticas?

Apenas para levar a objeção adiante, ofereço uma formulação simplificada da concepção de "igualdade complexa". Em uma sociedade que realiza essa forma de igualdade, de acordo com Walzer, mesmo não sendo igualitária a distribuição dos diferentes bens sociais, bloqueiam-se as conversões de vantagens em determinada esfera distributiva em vantagens em outras esferas distributivas. Em cada uma das "esferas da justiça", a distribuição deve se realizar de acordo com o critério distributivo embutido no signifi-

---

8. Walzer, 1983, p. 314.
9. Essa objeção é apresentada em Galston, 1991, p. 47.

cado do bem social em questão, e não de acordo com as posições relativas de cada pessoa em uma ou em outras das demais esferas. Posso me dar bem na esfera do dinheiro e das mercadorias, mas, em uma sociedade justa tal como concebida por Walzer, não serei capaz de converter essa posição privilegiada em vantagens também nas esferas do poder político (cuja distribuição, em uma democracia, é regida pela capacidade de exercer persuasão política) ou da educação e atendimento médico básicos (cuja distribuição deve ser regida por um critério de necessidades).

Voltemos, agora, à questão formulada acima. Terá essa teoria da igualdade complexa validade transcultural? Se a resposta for "sim", não há como sustentar a posição relativista segundo a qual "não há como hierarquizar os mundos sociais com respeito à percepção que têm dos bens sociais". Pois uma sociedade que estivesse mais perto de realizar a norma de igualdade complexa teria de ser vista, pela teoria, como mais justa do que as sociedades nas quais essa norma é violada de forma cabal. Pensemos, por exemplo, em uma sociedade na qual o controle sobre a distribuição da graça divina determina a distribuição do poder político e do acesso à educação e a cuidados médicos. Se a resposta for "não", então deveríamos entender que Walzer se aferra ao ponto de vista segundo o qual os princípios de justiça consistem somente nos critérios distributivos que derivam de convicções compartilhadas localmente sobre o significado dos bens sociais. Sua própria teoria da igualdade complexa só poderia ser entendida, nesse caso, como a interpretação mais consistente possível para os significados compartilhados na sociedade norte-americana. Mas mesmo nesse caso há um paradoxo envolvido, já que esse argumento convencionalista só pode ser desenvolvido batendo-se de frente naquilo que parece ser uma convicção compartilhada por um grande número de norte-americanos, a saber, a de que direitos humanos universais existem[10]. Se a interpretação mais

---

10. Barry (1995b, p. 75) argumenta nessa linha.

radicalmente relativista é a correta, como um significado compartilhado como esse deveria ser considerado?

O ceticismo interno de Walzer enfrenta problemas ainda mais graves do que as dificuldades de ordem metaética mencionadas acima. A tese de que os padrões e os valores morais são sempre relativos a determinadas culturas e comunidades interpretativas se apóia em uma suposição muito implausível sobre o grau de homogeneidade das convicções morais existentes em sociedades e culturas específicas. Admite-se que "nós" (os herdeiros do Esclarecimento) podemos divergir de forma aguda sobre o significado dos termos que fazem parte do nosso "vocabulário final" (para usar a expressão de Richard Rorty), mas é típico de relativistas morais considerar que "eles", aqueles que foram socializados em vocabulários morais distintos do nosso, são muito mais homogêneos em suas opiniões morais do que de fato acontece. Perceber o quanto essa suposição é problemática é importante para rebater alguns dos argumentos mais freqüentemente empregados para rejeitar o alcance universal da linguagem dos direitos humanos.

Há, em primeiro lugar, a tentativa de caracterizar a defesa de valores universais como uma forma de "imperialismo cultural" e mesmo como um instrumento a serviço do imperialismo *tout court*. Essa caracterização é sugerida até pela retórica de Walzer, ao afirmar, na passagem citada, que é injusto "passar por cima" de entendimentos compartilhados. Antes de entrar no problema da suposta homogeneidade cultural "deles", quero examinar dois outros pontos. O primeiro diz respeito ao grau em que nossas crenças normativas estão confinadas a determinada comunidade interpretativa. Do fato inescapável de que sempre falamos de dentro de uma tradição e a partir de um contexto histórico e cultural específico, segue-se que nossos julgamentos de valor *nunca* possam aspirar a ter validade objetiva e alcance universal? Essas duas propriedades de crenças morais (contextualização e alcance universal) são muitas vezes consideradas incompatíveis, como argumenta Hillary Putnam, porque se supõe que só seria possível conciliá-las acreditando-se que faz sentido comparar culturas e modos de vida *em conjunto*[11]. Comparar modos de vida por atacado, por exemplo, perguntar se tal ou qual modo de vida é "certo" ou "errado", não faz nenhum sentido. Mas faz todo sentido perguntar se tal ou qual aspecto de um dado sistema cultural deveria ser alterado ou mesmo abandonado – pensemos nas crenças que justificam práticas como a mutilação genital feminina, a escravidão infantil ou a "limpeza étnica" – para acomodar o respeito a direitos humanos básicos. O antropólogo Roberto Cardoso de Oliveira nos oferece um exemplo que serve de ilustração para essa segunda possibilidade[12]. Em 1957, um grupo de missionárias católicas logrou, mediante práticas que Cardoso caracterizou como "quase-dialógicas", convencer os índios Tapirapé a abandonar a prática do infanticídio (os índios matavam o quarto filho de um casal). O que estava em questão não era o modo de vida dos Tapirapé como um todo, e sim conseguir que eles alterassem um aspecto de seu sistema cultural. Por outro lado, também faz sentido perguntar o que, em determinada tradição, pode ser recomendado a outras culturas, como bem argumenta Putnam na seguinte passagem:

> Quando argumentamos a favor da aplicabilidade universal de princípios como a liberdade de expressão ou a justiça distributiva, não pretendemos nos colocar fora de nossa própria tradição, e muito menos ainda fora do espaço e do tempo, como alguns temem; colocamo-nos dentro de uma tradição, tentando ao mesmo tempo perceber o que, nessa tradição, estamos dispostos a recomendar a outras tradições e aquilo que nela pode ser inferior – inferior seja àquilo que outras tradições têm a oferecer, seja àquilo que de melhor possamos ser capazes.[13]

---

11. Putnam, 1993.
12. Cardoso de Oliveira, 1994, pp. 110-21.
13. Putnam, 1993, p. 155.

O segundo ponto diz respeito à conexão que haveria entre defender a aplicabilidade universal de determinados princípios morais e se comprometer com posições intervencionistas com respeito aos Estados que não reconhecem esses princípios em suas próprias instituições. Os defensores do relativismo cultural gostam muito de enxergar essa conexão nas posições que criticam. Da questão "existem padrões universais de justiça?" passa-se de imediato à questão "pode uma sociedade cujas instituições domésticas e governantes não reconhecem esses padrões sofrer sanções (morais, econômicas e até militares) impostas de fora?". Mas não se apresenta aí um argumento contra a existência de princípios universais, e sim uma maneira sofisticada de mudar de assunto. Posso acreditar que certos valores – estou sempre pensando em direitos humanos básicos[14] – são passíveis de aplicação universal, e que todos os sistemas culturais deveriam acomodá-los de alguma forma, sem que isso me comprometa com posições específicas sobre o que deveria ser feito com respeito àqueles que apóiam práticas que os contrariam frontalmente. Isso é simplesmente uma outra discussão. A alternativa a isso é a possibilidade de observadores externos se valerem da linguagem dos direitos humanos universais para exprimir apoio a pessoas que lutam contra violações a esses direitos em suas sociedades.

Permitam-me fazer uma última observação sobre esse tópico. Violações em larga escala de direitos humanos não são um espetáculo para ser contemplado com indiferença ou passividade – há situações em que de fato alguma forma de intervenção externa se justifica moralmente. Samantha Power fez um relato impressionante dos casos, todos de genocídio, em que a indignação moral maior deve ser re-

---

14. Estou aceitando o ponto de vista de Henry Shue de que não são todos os direitos listados na Declaração Universal que se qualificam como "direitos humanos básicos". O direito a férias anuais remuneradas, por exemplo, não pode ser colocado no mesmo plano moral que os direitos à vida, à liberdade e à subsistência. Ver Shue, 1996.

servada à atitude de não-intervenção por parte da comunidade internacional: o massacre dos armênios pelos turcos em 1915, o próprio Holocausto nazista, que foi em larga medida ignorado pelos governos aliados durante a guerra, que não se desviaram de seus objetivos militares para deter o genocídio, pode ser incluído nessa lista, o reinado de terror de Pol Pot no Cambodja, o extermínio de curdos pelo Iraque em 1987-1988, o extermínio de tutsis e de hutus moderados pelo governo hutu de Ruanda em 1994 e o massacre de muçulmanos por servo-bósnios entre 1992 e 1995[15]. Mas é preciso lembrar que a linguagem dos direitos humanos pode ser e foi muitas vezes empregada com um sentido *anti*intervencionista. Esse foi o caso da crítica, feita em nome dos direitos humanos, à política externa norte-americana nos anos 1970. O teor da crítica era: "Basta de contribuir para instaurar e dar apoio a regimes políticos que violam os direitos humanos de suas populações!"[16] Direitos humanos universais foram invocados, nesse caso, para fortalecer a posição daqueles que se opunham a um tipo de intervenção externa particularmente injustificável.

Os comentários precedentes tiveram o sentido de afastar duas das críticas relativistas mais freqüentes à defesa de princípios de justiça de aplicação universal. Examinemos agora algumas das debilidades que são internas à variante de ceticismo moral discutida aqui. Como já foi mencionado acima, a tese de que os padrões de justiça são sempre relativos a determinadas tradições é tributária de uma suposição implausível sobre o grau de consenso moral que é legítimo esperar em qualquer sociedade. Essa objeção ao relativismo cultural tem uma incidência direta sobre o tó-

---

15. Power, 2004. Se o livro tivesse sido publicado em 2005 ou 2006, Samantha Power já teria um outro caso a acrescentar. No Sudão, uma milícia de sudaneses arabizados, denominada Janjaweed, promove uma campanha de limpeza étnica contra negros não-árabes da província de Darfur. Pelo menos 200 mil pessoas já foram mortas e mais de 1 milhão enfrentam risco de morte por inanição ou epidemias.

16. Como observa Shue, 1996, p. 175.

pico discutido no parágrafo precedente. No caso de violações a direitos humanos básicos, é muito pouco provável que somente se tornem objeto de controvérsia moral e política mediante a intervenção de uma linguagem externa aos padrões morais locais. Como argumenta Thomas Scanlon, o mais provável é que as opiniões sobre isso já estejam divididas internamente *antes*, isto é, antes que o "imperialismo cultural" imputado à linguagem dos direitos humanos entre em cena:

> Como em diversas formas de relativismo, esse argumento [o de que os direitos humanos têm um lugar especial em nossa tradição mas não na deles] se apóia na atribuição a "eles" de uma unanimidade que de fato não existe. Afirma-se que "eles" são diferentes de nós e que vivem de acordo com normas distintas. Dificilmente esses estereótipos são exatos, e a atribuição de unanimidade é particularmente implausível no caso de violações aos direitos humanos. Essas ações têm vítimas que em geral se ressentem do que lhes é feito e dificilmente admitiriam que, em virtude de ser esse comportamento comum em seu país, seus flageladores pudessem estar agindo de uma forma apropriada.[17]

Consideremos agora um problema que está no cerne do relativismo de Walzer. Os significados dos bens sociais variam culturalmente, e, argumenta ele, é possível discernir nesses significados que critério de distribuição de um bem é justo para uma determinada cultura e sociedade. Não seria preciso apelar a "padrões externos", porque o significado

---

17. Scanlon, 1979, p. 88. Sen (1999, cap. 10) argumenta na mesma linha ao contestar o suposto consenso que existiria em países como o Japão, a Coréia, a China e o Vietnã em relação a "valores asiáticos" de caráter autoritário. "Em qualquer cultura", diz Sen, "as pessoas parecem gostar de debater umas com as outras, e muitas vezes é isso mesmo que elas fazem – se tiverem a oportunidade de fazê-lo. A presença de dissidentes faz com que se torne problemático ter uma visão clara sobre a 'verdadeira natureza' dos valores locais. De fato, dissidentes tendem a existir em toda sociedade – muitas vezes em grande número – e eles muitas vezes estão dispostos a assumir riscos muito consideráveis no que diz respeito à sua própria segurança" (Sen, 1999, p. 247).

de um bem social já traz em si seu próprio critério de distribuição justa. Essa tese central de Walzer – e do relativismo cultural de modo geral – é problemática. No caso de bens que importam para uma teoria da justiça social, pode não haver nenhuma conexão direta entre o significado de um bem e o critério justo para distribuí-lo. Mesmo havendo acordo sobre o significado da educação, alguns defendem que sua distribuição deve satisfazer um critério de necessidade, outros podem achar que essa distribuição deve ser governada pela capacidade dos educandos e outros ainda podem não ver nada de objetável na distribuição de oportunidades educacionais de acordo com o poder de compra dos pais. Ou, alternativamente, um padrão distributivo pode ser associado ao significado atribuído a um determinado bem social, mas há uma pluralidade de significados socialmente construídos para um mesmo bem social. Amy Gutmann nos oferece um exemplo claro disso[18]. O bem social "emprego produtivo" tem diferentes significados em uma sociedade como a norte-americana, dos quais derivam critérios distributivos distintos. Empregos podem ser entendidos como "carreiras" e, dessa forma, ser entendidos como constituindo uma esfera distributiva distinta, por exemplo, daquela da necessidade. Se empregos são entendidos como carreiras, o critério distributivo que se segue é o de "carreiras abertas ao talento". Mas ter acesso a emprego produtivo também pode ser entendido como um direito, como uma precondição para a garantia do *status* igual da cidadania. O significado social de "emprego produtivo", nesse caso, implica um princípio de distribuição de empregos a todos que deles necessitam. O critério distributivo que deriva desse entendimento recomenda a adoção de políticas que fomentem o pleno emprego. O acesso a emprego produtivo pode ser entendido, por fim, como uma forma de superar os estereótipos perpetuados pelas desigualdades étnica e de gênero. O critério distributivo que deriva dessa percepção re-

---

18. Gutmann, 1993.

comenda a adoção de políticas de tratamento preferencial, no acesso a posições ocupacionais, para as pessoas que sofrem os efeitos da discriminação sistemática. O acesso ao emprego pode ser visto da ótica do mérito, ou da necessidade, ou da superação da discriminação. Três critérios distributivos distintos derivam desses três significados e não há como determinar que critério é mais apropriado simplesmente perguntando-se o que o emprego realmente significa na sociedade norte-americana.

Um dos problemas mais difíceis enfrentados pelos adeptos da interpretação cultural, então, é que muitas culturas, e não somente as democracias ocidentais, contêm significados e critérios distributivos múltiplos e conflitantes sobre um mesmo bem social. Isso pode ocorrer mesmo em culturas que aparentemente são caracterizadas por uma homogeneidade monolítica. Como determinar qual é o critério justo de distribuição de um bem quando existem visões conflitantes sobre isso em uma dada cultura? Seria a indeterminação, afinal, tudo o que a perspectiva "interpretacionista" sobre a justiça teria a oferecer? Há momentos em que é exatamente isso que Walzer parece ter em mente, por exemplo quando afirma que, se há divergências sobre determinada construção social, "somente o próprio relato da divergência poderia ser objetivo"[19]. Mas há duas outras formas de enfrentar essa dificuldade que devem ser examinadas.

Uma delas, que é o caminho trilhado por muitos adeptos do relativismo cultural, consiste em apelar simplesmente para o significado social *dominante*[20]. Acredito que esse caminho não deve agradar de todo a Walzer, mas a alternativa a isso também tem custos elevados para sua perspectiva normativa, como veremos depois. É evidente o risco que há nessa primeira possibilidade: os significados sociais dominantes podem não ser expressão de outra coisa senão dos padrões dos grupos mais poderosos da sociedade. Qualquer

---

19. Walzer, 1993, p. 167.
20. Gutmann, 1993, pp. 172-8.

cultura e sociedade que conhecemos contém disparidades consideráveis de classe, de gênero ou étnicas que influenciam que significados, e de quem, deverão prevalecer nas práticas e instituições sociais e políticas. O relativismo cultural corre o risco de identificar a justiça com os significados sociais dos grupos dominantes e, ao fazê-lo, impede que a linguagem da justiça possa ser empregada para criticar as práticas sociais e instituições vigentes, incluindo aquelas que não temos como não ver como formas patentes de injustiça.

Muitas vezes se afirma que tais práticas e instituições contam com ampla aprovação, inclusive da parte daqueles cujos direitos humanos seriam violados por elas. O problema dessa réplica é que teorias interpretacionistas se valem de uma noção de consentimento (a práticas, instituições e valores prevalecentes) excessivamente fraca para ter as implicações legitimadoras que a ela poderiam ser atribuídas[21]. Consideremos, primeiro, a maneira como Walzer supõe que a crítica a determinadas práticas pode ser feita sem que isso envolva recorrer a "padrões externos". "Significados sociais", para Walzer, são construções culturais que têm implicações normativas das quais, por sua vez, derivam normas distributivas[22]. É um significado social compartilhado nas democracias liberais, por exemplo, a noção de "vida-que-é-uma-carreira-que-é-aberta-ao-talento"[23]. Se as carreiras devem ser abertas ao talento (que é a implicação normativa dessa construção social), segue-se o critério distributivo segundo o qual as posições ocupacionais devem ser distribuídas às pessoas que tenham as qualificações apropriadas para exercê-las. E, se isso é assim, o nepotismo será visto como uma prática moralmente errada. Não há uma norma moral de alcance universal que condene o nepotismo. "Não há", diz Walzer, "um centro de autoridade, uma Jerusalém de onde

---

21. Além de Gutmann, essa crítica a Walzer é feita, entre outros: Cohen, 1986; e Barry, 1995b.
22. Ver a discussão mais explícita de Walzer sobre "significados sociais" em Walzer, 1993.
23. Walzer, 1993, p. 170.

os significados sejam provenientes."[24] A prática do nepotismo só é moralmente condenável nas sociedades que criaram o valor segundo o qual carreiras e posições ocupacionais devem ser abertas ao talento. No Brasil, por exemplo, o princípio da igualdade de oportunidades já pode ser tomado como um "significado compartilhado", no sentido de Walzer, ainda que práticas como o nepotismo ainda encontrem quem se disponha, inclusive no exercício de autoridade pública, a defendê-las[25].

Mas imaginemos uma dada sociedade, em que práticas como negar às meninas oportunidades de nutrição, acesso à educação e a cuidados médicos que são garantidas aos meninos[26] ou tratá-las como meros objetos de troca entre jurisdições masculinas sejam generalizadas e não sejam abertamente criticadas por ninguém, nem mesmo pelas próprias mulheres que são vítimas desse *status* inferior. Esse é um caso especialmente relevante para esta discussão, pois, como observa Susan Moller Okin, grande parte das críticas a direitos humanos universais se faz com base na suposição de

---

24. *Ibid.*, p. 171.
25. Em 17/2/2006, o Supremo Tribunal Federal corroborou a constitucionalidade de uma resolução do Conselho Nacional de Justiça (CNJ) que proibiu o nepotismo no Judiciário. Antes disso, os Tribunais de Justiça, órgãos de cúpula do Judiciário no nível estadual, vinham dando liminares favoráveis aos parentes de juízes atingidos pela decisão do CNJ. O que surpreendeu a opinião pública brasileira foi a revelação de que havia milhares de pessoas contratadas nessas condições.
26. Sen (1992, pp. 123-4) observa que, a despeito de haver evidências de que os potenciais biológicos das mulheres são um pouco maiores do que os dos homens – quando nutrição e cuidados médicos apropriados são garantidos a ambos os sexos, a relação entre mulheres e homens na população tende a se aproximar de 1,05 –, a relação entre mulheres e homens na população no sul da Ásia, no norte da África e na China varia entre 0,93 e 0,96. Deve-se atribuir essas dezenas de milhões (Sen fala em 200 milhões) de "mulheres faltando" a práticas sociais (incluindo a distribuição *intrafamiliar* de recursos) que negam um tratamento igual às mulheres. Na seção "Coercitividade ou publicidade?" do capítulo 2, discuto qual é o enquadramento normativo apropriado, da perspectiva do liberalismo igualitário, para uma forma de desigualdade, a de gênero *dentro* da família, que, por ser parte da vida privada, se poderia supor que está fora do alcance das instituições básicas da sociedade.

que os direitos humanos *das mulheres* são incompatíveis com sistemas culturais que admitem práticas como o casamento de crianças, casamentos forçados, sistemas de divórcio enviesados contra as mulheres, poligamia, para não falar na clitoridectomia, na prática do aborto seletivo ou mesmo do infanticídio feminino[27]. Seria a ausência de críticas abertas suficiente para considerar que a adesão a tais práticas explica-se por um consenso genuíno sobre certos valores ou modo de vida? Walzer está disposto a responder "sim" a essa pergunta, no caso de um sistema cultural em que a noção de "mulher-que-é-um-objeto-de-troca" entre jurisdições patriarcais se apresenta como um significado compartilhado que não é frontalmente rejeitado por ninguém, a começar pelas próprias mulheres. "Uma vez que descartamos a lavagem cerebral e a coerção, não vejo nenhuma forma moralmente aceitável de negar à mulher-que-é-um-objeto-de-troca suas próprias razões e seu próprio lugar em uma forma de vida valorizada."[28] Se o "objeto construído" não repudia sua condição, ninguém mais estaria em condição de fazer isso, já que fazê-lo equivaleria a "passar por cima de significados".

A discussão, no entanto, não pode ser deixada nesse ponto. Mesmo quando parece haver consenso com respeito aos critérios distributivos de instituições e práticas sociais, esse consenso aparente pode se explicar de inúmeras outras formas que não *somente*, nem mesmo principalmente, pelo compromisso com um modo compartilhado de vida. Uma atitude cética em relação a esse tipo de justificação relativista parece mais do que recomendável em casos dessa natureza. Como pode Walzer afirmar, no caso mencionado no parágrafo anterior, que a escolha de um modo de vida que trata as mulheres como objetos de troca, sem nenhuma consideração por elas na condição de agentes, seja

---

27. Okin, 1997. O mesmo tipo de questão emerge quando o que está em discussão é o reconhecimento de direitos culturais de grupo pelas instituições de um Estado liberal-democrático. Ver, neste volume, cap. 5, p. 161.

28. Walzer, 1993, p. 175.

verdadeiramente delas, mulheres? Principalmente quando os critérios adotados inferiorizam os grupos mais vulneráveis da sociedade, temos de perguntar em que medida esse consenso não resulta, além da coerção (hipótese que Walzer considera), da inexistência de alternativas que as vítimas dessas desigualdades pudessem enxergar como parte de seu leque efetivo de oportunidades ou ainda, como argumenta Brian Barry, do controle, exercido pelos beneficiários do *status quo*, sobre os meios de comunicação, sobre a educação ou sobre a doutrina religiosa prevalecente[29]. Aceitando-se uma noção débil de consentimento, o método interpretativo acaba procedendo de forma precisamente inversa àquela que Walzer reserva à crítica social em sua perspectiva normativa. Em vez de os critérios distributivos de instituições e práticas sociais serem criticados à luz de significados sociais compartilhados, como quer Walzer[30], esses significados é que são inferidos das práticas distributivas vigentes. É isso o que Joshua Cohen, fazendo uma alusão levemente irônica à crítica de Walzer a concepções de "igualdade simples"[31], denominou "dilema comunitarista simples": se os valores são derivados

---

29. Barry, 1995b.
30. Observe-se que mesmo essa noção restrita de crítica social – segundo a qual as práticas vigentes em uma sociedade só podem ser criticadas pelos valores compartilhados nessa mesma sociedade, e não por qualquer padrão moral "externo" a ela – já envolve compromissos normativos mais universalistas do que Walzer admite explicitamente. Afinal, que espécie de crítica social pode ser praticada em uma sociedade na qual não se possam exercer, por exemplo, as liberdades de pensamento, de expressão e de imprensa? Caso se considere desejável (como Walzer sustenta que é) haver algum espaço para a crítica social, que outras condições institucionais senão a garantia de pelo menos alguns dos direitos humanos básicos poderiam assegurar que essa atividade possa ser exercida sem que o crítico social corra o risco de ser jogado em uma prisão ou de ter uma *fatwa* de condenação à morte proferida contra ele?
31. Walzer (1983, pp. 13-7) emprega a expressão "igualdade simples" para designar a visão de que todos os bens sociais deveriam ser distribuídos igualmente e de acordo com um único princípio de igualdade distributiva mencionando, como ilustração possível daquilo que ele está criticando, o "princípio de diferença" da teoria de Rawls. Não vejo nenhuma razão para considerar o princípio de diferença uma noção de igualdade simples nos termos de Walzer, mas essa é uma outra discussão.

das práticas e instituições vigentes, então eles não podem ser empregados para criticá-las[32]. Se, como argumenta Cohen, para identificar que bens sociais deveriam ser vistos como necessidades em uma determinada sociedade, limitamo-nos ao exercício interpretacionista de olhar para suas práticas distributivas, jamais estaremos em condições de saber o que essa sociedade deveria distribuir com base em um critério de necessidade – o acesso a nutrição e a cuidados médicos apropriados para as mulheres, por exemplo – mas não o faz.

É verdade que Walzer, em uma passagem de *Spheres of Justice*, sugere um outro caminho para lidar com o problema examinado aqui. Não é inteiramente claro em que medida esse outro caminho deveria ser entendido como excludente em relação ao anterior. Deixarei essa questão em aberto. De acordo com essa outra via concebida por Walzer, interpretar o significado de determinado bem social e, portanto, em seus próprios termos, identificar qual é o critério justo de distribuí-lo não envolve simplesmente apelar às convicções e percepções compartilhadas pelos cidadãos comuns – como podem ser aferidas, por exemplo, em *surveys* de opinião pública. A forma alternativa como Walzer concebe o emprego de seu método interpretativo, e talvez a forma como ele prefira fazê-lo, aparece, no início do capítulo 4 de *Spheres of Justice*, na discussão de uma lei de 1863 nos Estados Unidos, que, em plena Guerra Civil, permitia que a isenção de prestar serviço militar obrigatório fosse comprada pela quantia de 300 dólares. Walzer observa que o julgamento de que o Estado não poderia impor a alguns o cumprimento de uma obrigação que envolvia um alto risco de vida, e isentar outros dela mediante um pagamento em dinheiro, poderia ser validado mesmo contra a opinião de uma maioria dos cidadãos, "pois é possível que eles interpretem erroneamente a lógica de suas próprias instituições ou deixem de aplicar consistentemente os princípios que dizem professar"[33]. Constituiria uma gros-

---

32. Cohen, 1986, pp. 457-68.
33. Walzer, 1983, p. 99.

sa violação à integridade das esferas distributivas permitir que um recurso obtido na esfera do mercado (o dinheiro) pudesse ser empregado para isentar alguns do cumprimento de um dever de cidadania que, nas circunstâncias, era muito perigoso.

Aqui não se trata de examinar o exemplo histórico específico mencionado por Walzer, e sim a maneira como ele entende o emprego de seu método interpretativo. Tal método, pelo que se depreende nessa passagem, apresenta exigências bastante fortes às percepções compartilhadas pelos cidadãos comuns. As opiniões que eles têm sobre determinadas questões públicas controversas devem derivar de algum princípio mais geral ou devem ser consistentes, como diz Walzer na passagem citada acima, com "a lógica das instituições [da comunidade política]". Se essas exigências não forem satisfeitas, ao que parece as percepções compartilhadas mesmo por uma maioria dos cidadãos poderão ir em uma direção e as recomendações derivadas da aplicação do método interpretativo de Walzer, em outra.

Temos de supor que é com base nesse entendimento do método interpretativo que Walzer espera dar credibilidade à sua visão moral e política substantiva para a sociedade norte-americana, visão essa que, acredito, deveríamos considerar também aplicável a todas as comunidades políticas fundadas em uma noção de cidadania igual. Essa visão é apresentada de forma sucinta no capítulo final de *Spheres of Justice*:

> Os arranjos institucionais apropriados para nossa própria sociedade são, acredito, aqueles de um socialismo democrático descentralizado; de um vigoroso Estado de bem-estar social gerido, pelo menos em parte, por agentes locais e não-profissionalizados; de um mercado regulado; de um serviço público aberto e transparente; de escolas públicas independentes; do compartilhamento tanto do trabalho pesado e desagradável como do tempo livre; da proteção da vida familiar e religiosa; de um sistema de honrarias e desonras públicas livre de quaisquer considerações de hierarquia ou

classe; do controle de empresas e fábricas pelos trabalhadores; de uma política constituída por partidos, movimentos e por assembléias e discussão públicas.³⁴

Novamente, o que nos interessa não é tanto a discussão dessas recomendações específicas – que, diga-se de passagem, não diferem muito das recomendações da justiça rawlsiana, quando as exigências desta última são interpretadas com o grau de radicalidade necessário –, e sim de que maneira Walzer pode derivá-las de uma aplicação de seu próprio método interpretativo. O ponto central a ser ressaltado é que, para justificar essa visão moral e política substantiva, Walzer não está meramente apelando a convicções morais ou a percepções compartilhadas pelos norte-americanos. Obviamente, o recurso a um *survey* de opinião pública ofereceria muito pouco apoio à suposição de que essas recomendações podem ser entendidas como implicações de uma interpretação plausível de significados sociais compartilhados na sociedade norte-americana. Como observa Barry, nove entre dez norte-americanos rejeitariam a proposição de que "alguma forma de socialismo [como Walzer defende] seria melhor do que o sistema que hoje temos"³⁵. Assim como no caso discutido acima (da lei norte-americana que permitia a compra da dispensa do serviço militar), o que Walzer tem em mente é algo distinto. Para ele, uma interpretação *consistente* de nossas convicções sobre o poder político e sobre a cidadania democrática nos comprometeria – não há nenhuma razão para limitar o alcance do argumento somente aos Estados Unidos – com a defesa, entre outras propostas, de um *welfare state* vigoroso e com uma idéia de democracia industrial ou de autogoverno pelos "cidadãos" de grandes corporações econômicas.

Permitam-me, neste ponto, mencionar uma passagem conhecida de *Spheres of Justice*, na qual Walzer introduz seu método interpretativo:

---

34. Walzer, 1983, p. 318.
35. Barry, 1995b, p. 79.

Meu argumento é radicalmente particularista. Não tenho a pretensão de ter alcançado uma distância muito grande do mundo social no qual vivo. Um modo de principiar o empreendimento filosófico – talvez o modo original – consiste em sair da caverna, deixar a cidade, subir a montanha, construir para si próprio (algo que não há como conceber para homens e mulheres comuns) um ponto de vista objetivo e universal. (...) Mas minha intenção é permanecer na caverna, na cidade, no chão. Uma outra forma de fazer filosofia consiste em interpretar para os próprios concidadãos o mundo de significados que compartilhamos.[36]

A primeira via aberta a uma teoria como a de Walzer para lidar com o desacordo moral – sobre o significado dos bens sociais e sobre os critérios justos de distribuí-los – permanece fiel a essa disposição metodológica de "permanecer na caverna", mas o custo dessa opção "radicalmente particularista" é o teórico se ver obrigado a abrir mão do emprego da linguagem da justiça para finalidades de crítica social. Essa é a via do relativismo cultural em questões de moralidade política, que faz a linguagem da justiça se tornar refém de práticas que consideramos patentemente injustas. A segunda via possibilita a Walzer sustentar pontos de vista fortemente críticos das práticas e instituições vigentes em sua própria sociedade e em outras democracias liberais, às quais a norma de preservação da integridade e separação das esferas distributivas se aplica plenamente, mas o custo dessa opção é a teoria da igualdade complexa abandonar a pretensão de "permanecer na caverna". Interpretar "o mundo de significados que compartilhamos", nesse caso, pode levar a conclusões que colidem frontalmente com as percepções morais de "homens e mulheres comuns". O problema, nesse segundo caso, é se valer de um método – o interpretacionismo cultural – que parece inteiramente inadequado para oferecer uma justificação normativa para reformas institucionais de larga escala.

---

36. Walzer, 1983, p. xiv.

O ceticismo epistemológico de Rorty

Consideremos agora a modalidade de argumentação no domínio da moralidade política que, seguindo a distinção proposta por Dworkin, designei como "ceticismo externo". Como foi afirmado antes, o ceticismo externo não é dirigido contra opiniões morais substantivas, e sim, ou pelo menos é isso que desejam seus praticantes, contra opiniões de segunda ordem sobre essas convicções substantivas. Os partidários desse ceticismo – Richard Rorty talvez seja a voz mais influente[37] – concordam com a opinião da maioria das pessoas de que o genocídio, a escravidão ou a discriminação racial são errados, mas negam que essas práticas sejam *realmente* erradas. Eles querem negar que aquilo que as torna erradas ou injustas corresponda a algo que se encontra "lá fora", na realidade, e não (como julgam ser correto) a algo que se encontra "aqui dentro", em nossas mentes, e foi produzido por nossas convenções, projetos e emoções.

---

37. É possível que uma vertente de crítica marxista a noções de justiça possa se qualificar como uma outra variante de ceticismo externo. Nessa linha, pode-se dizer, por exemplo, que a escravidão não é "realmente" injusta, ela só é considerada injusta sob um modo de produção organizado com base em outra forma de relações de trabalho (o trabalho assalariado). Desse ponto de vista, não é preciso, ou pelo menos não é prioritário, o engajamento em uma discussão sobre princípios de justiça como julgamentos de valor de primeiro grau. A crítica recua da discussão desses julgamentos de valor para a das condições socioeconômicas nas quais tais julgamentos são gestados e para as quais eles são "funcionais". Mas, mesmo que fosse possível demonstrar (o que é discutível) que valores morais políticos centrais à tradição democrática ocidental, como a tolerância religiosa, a liberdade de expressão ou a noção de império da lei, tenham sido gestados pelos desenvolvimentos de determinado modo de produção econômico, será que isso nos diz alguma coisa sobre se devemos aceitá-los ou rejeitá-los? Mesmo que a origem da liberdade de expressão possa ser explicada pelo surgimento da sociedade civil burguesa, essa genealogia basta para decidirmos se proteger a liberdade de expressão é bom ou ruim? Para responder a essas questões, vale algo que também será dito sobre o ceticismo de Rorty logo a seguir: é preciso descer do pedestal epistemológico, nesse caso daquele que se limita a explicar como a origem e a "função" de crenças morais podem ser atribuídas a tais ou quais condições socioeconômicas, e se engajar numa discussão sobre princípios de justiça entendidos como julgamentos morais de primeiro grau.

Nossos julgamentos de valor – prosseguiria o adepto do ceticismo externo – não são verdadeiros ou falsos, certos ou errados; são alguma coisa que projetamos no mundo fazendo uso de um jogo de linguagem específico e culturalmente produzido. Expressões como "dignidade humana" e qualificativos como "injusto" ou "monstruoso" não têm mais objetividade do que o sentido que lhes é emprestado em um jogo local de linguagem (em um "vocabulário final", nos termos de Rorty). A argumentação característica de Rorty é do seguinte tipo. O problema com as convicções morais de primeira ordem não está em constituírem uma moralidade equivocada, e sim em que muitas vezes se apóiam em uma *filosofia ruim*. Como não há uma realidade moral "lá fora" à qual os julgamentos morais possam corresponder, a idéia de verdade absoluta (aquele penduricalho metafísico que muitas vezes se julga ser indispensável à sustentação de proposições morais de primeira ordem), no terreno da moralidade, é uma ilusão.

O ceticismo tal como concebido por Rorty lhe permitiria abandonar suas convicções sobre a "verdade última" ou "absoluta" de sua própria moralidade política, deixando ao mesmo tempo aberta a possibilidade de defender tão entusiasticamente quanto o faria se apoiasse essa moralidade em opiniões metafísicas fortes. O partidário do ceticismo externo seria capaz de condenar energicamente práticas como o terrorismo, o genocídio ou a discriminação racial, já que alega estar revisando somente o *status* epistemológico dessas convicções e não sua substância. A atitude que Rorty denomina "ironia" consiste em perceber a contingência e a fragilidade do vocabulário final que uma pessoa emprega; mas essa atitude em nada privaria seu praticante de empregá-lo e defendê-lo com convicção[38]. A vantagem dessa posição sobre o ponto de vista antes examinado é que o adepto do ceticismo externo, à primeira vista, pode se dar ao luxo de ser cético do princípio ao fim. E Rorty argumenta que essa van-

---

38. Rorty, 1992, 1993a e 1993b.

tagem filosófica é perfeitamente conciliável com a defesa de convicções morais substantivas, entre as quais se encontram os direitos liberais.

Para avaliar a força da argumentação cética de Rorty, consideremos a seguinte proposição, que corresponde a uma opinião moral de primeira ordem: 1) o genocídio é injusto, imoral e monstruoso. Podemos reforçar essa opinião com três outras proposições: 2) a proposição (1) é *verdadeira*; 3) a proposição (1) é *objetivamente válida*; e 4) a proposição (1) tem aplicação *universal*.

Céticos como Rorty não aceitam as proposições (2), (3) e (4) e argumentam que rejeitá-las ainda deixa intacta a proposição (1). "Pragmáticos" como são, não negam a utilidade dos "jogos de linguagem" nos quais (1) faz sentido, mas rejeitam a suposição de que os termos que fazem parte dessa linguagem, para usar algumas das expressões mais recorrentes, correspondam à "realidade em si mesma", exprimam a existência de uma natureza humana ou os interesses de um eu verdadeiramente racional, ou ainda correspondam a verdades universais eternas. "Uma ética universalista parece incompatível com o ironismo simplesmente porque é difícil imaginar afirmar tal ética sem uma doutrina da natureza do homem. Tal recurso à essência real é a antítese do ironismo."[39]

Sobre isso, creio que é correto um argumento desenvolvido por Dworkin: é possível dar uma interpretação plausível para (2), (3) e (4), segundo a qual essas proposições são entendidas como julgamentos morais *substantivos* (isto é, de primeira ordem) e não, como Rorty quer caracterizá-las, como opiniões metafísicas bizarras[40]. Quando nos valemos de proposições dessa natureza, simplesmente esclarecemos, tornamos mais enfáticas ou elaboramos as implicações de proposições do tipo de (1). Quando afirmamos que a convicção de que o genocídio é monstruoso é *verdadeira*, queremos dizer que as pessoas que o praticam cometem um erro

---

39. Rorty, 1992, p. 121. Estou me valendo da edição portuguesa do livro de Rorty.
40. Ver a nota 5 acima, para as referências aos textos de Dworkin.

superlativo. Quando a qualificamos de *objetivamente válida*, queremos dizer que as razões que a sustentam independem das preferências ou das reações individuais ou dos estados mentais daqueles que devem regular sua conduta de acordo com essa convicção. Essas razões são "objetivas" em oposição às razões puramente subjetivas e arbitrárias que justificam minha preferência por café a chá. Afirmar que o genocídio constitui "objetivamente" uma monstruosidade significa dizer que praticá-lo é profundamente errado, ainda que aqueles que o praticam não o vejam como errado. E, finalmente, quando afirmamos que essa convicção tem *aplicação universal* queremos dizer que a conduta que ela proscreve é errada de uma maneira que independe de circunstância, cultura ou *background* religioso ou étnico.

As proposições (2), (3) e (4) podem e devem ser interpretadas como argumentos morais substantivos e não, como Rorty supõe, como tentativas de especificar fundamentos metafísicos implausíveis para proposições morais do tipo de (1). Não há nenhuma necessidade de sustentar a validade de (2), (3) e (4) recorrendo-se à idéia de que os julgamentos de valor devem ser vistos como "fatos" de um reino transcendental de fins ou correspondem a determinados atributos de uma natureza humana universal. A única espécie de evidência que é possível apresentar para a visão de que o genocídio é monstruoso, ou para sustentar a posição de que direitos humanos universais existem, é a de argumentos morais substantivos. Tudo o que é possível fazer é apresentar as razões pelas quais acreditamos que essas convicções são melhores do que quaisquer alternativas a elas. Putnam formula bem a idéia:

> Não que eu realmente saiba que, por exemplo, a dignidade humana ou a liberdade de expressão são melhores do que as alternativas, a não ser no sentido de ser capaz de apresentar os argumentos do gênero que as pessoas comuns e não-metafísicas com convicções liberais podem oferecer e de fato oferecem. Se me pedem para explicar como o conhecimento ético é possível em termos "absolutos", nada tenho a

dizer. Mas há casos de todos os tipos com respeito aos quais sou obrigado a dizer: "eu sei que isso é assim, mas não sei explicar como sei isso". Com certeza, a física não é capaz de me dizer como eu sei o que quer que seja.[41]

Se Rorty acredita que as proposições (2), (3) e (4) são falsas, o melhor que ele tem a fazer é descer do pedestal do ceticismo epistemológico e, considerando que essas proposições de fato não são opiniões metafísicas, apresentar uma argumentação moral substantiva que nos convença a rejeitá-las. É discutível que o ceticismo de Rorty não tenha por implicação solapar convicções morais *de primeiro grau* que têm aspirações de aplicação universal. Se essa objeção a ele faz sentido, sua posição cética, naquilo que dela permanece de pé, poderia ser reduzida a uma modalidade de ceticismo interno semelhante à de Walzer – sujeitando-se às mesmas objeções apresentadas acima ao relativismo cultural.

Desagrada a Rorty que sua posição normativa seja qualificada de relativista[42]. Ele prefere denominá-la "pragmática", fazendo alusão à atitude daqueles que, como ele, consideram que os valores de sua comunidade – uma comunidade liberal – são superiores às alternativas existentes, ao mesmo tempo que se recusam a identificar outro fundamento para esses valores que não o jogo local de linguagem no qual ganham seu significado. Mas, quando se descarta a má metafísica que Rorty tenta impingir àqueles que acreditam que certos julgamentos de valor podem ter aplicação universal, o que resta é um argumento relativista segundo o qual o significado dos termos e das elocuções morais que empregamos é sempre prisioneiro de uma cultura ou de uma tradição de pensamento moral e político. "Os princípios morais", diz Rorty, "só têm sentido na medida em que compreendem uma referência tácita a toda uma gama de instituições, práticas e vocabulários de deliberação moral e po-

---

41. Putnam, 1993, p. 154.
42. Ver, por exemplo, Rorty, 1993b, p. 118.

lítica." Um pouco adiante, no mesmo texto, lemos que "a moralidade é uma questão daquilo que [Wilfrid Sellars] chama 'intenções-nós' (*we-intentions*), segundo a qual o significado fulcral da 'ação imoral' é 'o tipo de coisa que *nós* não fazemos'"[43].

É correto dizer que o significado de nossa linguagem moral está inextricavelmente aprisionado, como Rorty (e Walzer) pensa, às pretensões de valor de uma determinada comunidade interpretativa? Sobre isso eu não conseguiria dizer nada melhor do que Kymlicka:

> Quando uma mulher muçulmana no Egito diz "a discriminação sexual é errada", ela não quer dizer que "não fazemos isso por aqui". Muito pelo contrário, ela está dizendo isso precisamente porque tal coisa se faz e sempre se fez por lá, e está firmemente enraizada em todos os mitos, símbolos e tradições de sua história e sociedade. Ela poderia igualmente dizer que "a discriminação é errada, a despeito de que seja aprovada por aqui". Se Rorty estivesse certo sobre o que a linguagem moral significa, então essa mulher estaria se contradizendo. Ela estaria dizendo "nós não fazemos isso por aqui, se bem que fazemos isso por aqui". Mas é claro que sabemos o que ela quer dizer e que ela não está se contradizendo. Portanto, é simplesmente falso que, quando dizemos "X é errado", queremos dizer que "não fazemos isso por aqui".[44]

A crítica de Kymlicka à interpretação estreita que Rorty oferece ao significado da linguagem moral se torna ainda mais pertinente quando combinada à objeção, formulada acima, à suposição de consenso moral e de homogeneidade cultural que com freqüência se introduz nos argumentos típicos do relativismo cultural. É simplesmente improvável que hoje exista uma sociedade na qual não se encontrem pessoas que se identifiquem com princípios como a liberdade de consciência e de expressão e o direito de não sofrer puni-

---
43. *Ibid.*, pp. 88-9.
44. Kymlicka, 1989, p. 66.

ção sem um julgamento justo e sem culpa formada. Nas condições do mundo contemporâneo, não somente as sociedades mas também as pessoas são cada vez mais multiculturais – usando o termo "multiculturalismo" com um significado descritivo, e não com o significado que lhe é atribuído pela posição normativa discutida no capítulo 5 –, no sentido de que muitas vezes se vêem diante do desafio pessoal de integrar identidades e compromissos normativos (de praticantes de determinada religião, de herdeiras de certa tradição moral, de membros de dada comunidade política nacional, de adeptos da democracia e do respeito a direitos humanos básicos, e assim por diante) muito distintos entre si, nenhum dos quais elas aceitam simplesmente abandonar. A não ser que a coerção coletiva seja empregada (como muitas vezes é) para impedir as manifestações desse fenômeno, acredito que é razoável supor que, em toda parte, sempre haverá pessoas empenhadas em integrar, de maneira que faça sentido para elas próprias, esses compromissos normativos distintos.

Para encerrar este tópico, faço um último comentário sobre o ceticismo externo de Rorty, agora em conexão mais direta com a temática dos direitos humanos. Argumentei antes que, quando se negam as pretensões de objetividade e de universalidade de elocuções morais como "o genocídio é monstruoso", reduzindo seu significado a "isso é o tipo de coisa que não fazemos", é duvidoso que o ceticismo envolvido nessa interpretação não solape a força das razões que podemos apresentar para justificar nossas convicções morais de primeira ordem. É preciso acrescentar ainda que é difícil ver como o "pragmatismo" – de fato, uma variante filosoficamente mais sofisticada de relativismo – propugnado por Rorty não tenha por implicação prática uma atitude de contemplação passiva de violações graves aos direitos humanos quando essas violações não ocorrem entre "nós" (os herdeiros do Esclarecimento), ou com o "nosso" concurso, e sim entre "eles" (aqueles que foram socializados em tradições morais e políticas distintas). Não faltam exemplos recentes e horripilantes disso, sobretudo os casos de genocídio já mencionados na seção anterior.

Em sua "Amnesty Lecture" de 1993, Rorty examina o conflito étnico na Bósnia em 1992[45]. Ele aproveita para desenvolver um de seus temas favoritos. Pretender fundar o respeito pelos direitos humanos em um atributo que pertença à natureza do homem – a razão – é inócuo. Os sérvios que praticam a "limpeza étnica" podem até acreditar que os seres humanos "do tipo certo" devem ter seus direitos respeitados, mas eles simplesmente não vêem os muçulmanos bósnios como seres humanos "do tipo certo". Ou não os vêem como seres humanos em nenhum sentido moralmente relevante. É inútil pregar sobre "nossa humanidade comum" para aqueles que acham que estão lidando com seres que são menos do que humanos. "O problema", diz Rorty, "são os sérvios distintos e honrados que vêem os muçulmanos como cães circuncidados."[46] O mero fato biológico de pertencer a uma mesma espécie, a humana, não é suficiente para fazer com que isso crie uma comunidade moral que abranja a humanidade toda.

No que, então, devemos depositar nossas esperanças de que os direitos humanos venham a ser respeitados? De um lado, Rorty aposta no que ele denomina "educação sentimental", um processo gradual de alargamento de nosso próprio *ethnos* e de inclusão em nossa comunidade moral de pessoas que antes eram excluídas dela. O instrumento privilegiado disso não é a filosofia política, nem atividades racionais e intelectuais de qualquer tipo, e sim os relatos "longos e tristes" – na forma de descrições antropológicas ou jornalísticas e narrativas literárias – do sofrimento e da humilhação sofridos por aqueles "que não são como nós". Observe-se já de início que, apesar de Rorty considerar ilusórios os apelos a uma natureza humana comum, aquilo que torna possível conceber esse alargamento, como ele próprio

---

45. Rorty, 1993b.
46. *Ibid.*, p. 124.

o concebe, não deixa de ser uma capacidade comum à humanidade toda: "a ironista pensa que aquilo que a une ao resto da espécie não é uma linguagem comum mas sim *apenas* a suscetibilidade à dor e, em particular, o tipo especial de dor que os animais não partilham com os humanos – a humilhação"[47]. Como deveríamos entender isso, afinal, senão como um fundamento *não-lingüístico* para uma moralidade política de alcance universal?

Mas é em narrativas sentimentais, das quais *A cabana do Pai Tomás* constitui um exemplo paradigmático, que Rorty deposita suas esperanças de progresso moral. Essas narrativas fazem com que nos coloquemos na pele de pessoas "diferentes de nós" que sofrem e se sentem humilhadas, uma identificação empática que é o primeiro passo para que passemos a vê-las como "pessoas iguais a nós". Por outro lado, Rorty admite que essa educação sentimental só encontrará eco entre pessoas cujas condições de vida sejam "suficientemente livres de risco a ponto de tornar a diferença que se tenha em relação a outros desimportante para o respeito de si próprio, para o sentido do próprio valor". Condições seguras de vida também são indispensáveis porque "a educação sentimental só pode funcionar entre pessoas que possam relaxar um tempo suficiente para ouvir"[48].

Não é difícil perceber em que ponto essa argumentação é mais deficiente. Ainda que essa interpretação do progresso moral fosse correta (o que não acredito que seja[49]), e considerando-se que esse só pode ser um processo de prazo muito longo, o que se deveria começar a fazer *aqui e agora* para impedir que violações graves e de larga escala aos direitos humanos ocorram? Quem sabe os sérvios que vão

---

47. Rorty, 1992, p. 126.
48. Rorty, 1993b, p. 128.
49. A interpretação proposta nos capítulos 1 e 7, neste volume, aposta muito mais em mudanças institucionais. É claro que se pode entender essa breve referência que Rorty faz a "condições seguras de vida" como um reconhecimento de que a educação sentimental tem, ao que parece, de ser precedida por mudanças de outra natureza, no limite a instituição de algo como um *welfare state* global.

existir daqui a duas ou três gerações reagirão com horror e indignação às "narrativas sentimentais" do sofrimento e da humilhação que seus antepassados impuseram aos muçulmanos da Bósnia e do Kosovo. Mas, caso se permitisse ao Estado sérvio fazer o que bem entendesse em 1998-1999 (a Otan interveio na guerra do Kosovo em março de 1999), talvez não restassem muitos muçulmanos em Kosovo para testemunhar os efeitos do progresso moral, tal como imaginado por Rorty, sobre os sérvios.

Se realmente acreditamos (como uma convicção moral de primeira ordem) que o genocídio é monstruoso, temos também de acreditar em uma implicação óbvia disso, a saber, que algo deve ser feito para impedi-lo. O que deve ser feito não é objeto desta discussão. Como foi afirmado antes, a crença na universalidade de direitos humanos básicos não necessariamente endossa posições intervencionistas com respeito a graves violações de direitos humanos. Há situações extremas, como a criada pela limpeza étnica promovida pelo Estado sérvio em Kosovo e como a que se apresentou pouco tempo depois (em setembro de 1999) no Timor Leste, nas quais nenhum outro recurso resta para ser tentado. Mas o grande desafio, como sustenta Henry Shue, é o de "conceber meios menos violentos de elevar o custo para os governos que se negam a proteger os direitos das pessoas sobre as quais pretendem ter jurisdição"[50]. Trata-se de um desafio de natureza institucional[51]. Entre a atitude de indiferença, como a adotada pela chamada "comunidade internacional" no caso do genocídio de Ruanda em 1994, e a in-

---

50. Shue, 1996, p. 177.
51. Shue cita com aprovação a sugestão de Thomas Pogge de que se adote uma norma de direito internacional segundo a qual os povos teriam o direito de não pagar empréstimos internacionais contraídos em seu nome por governantes que tivessem chegado ao poder e que o tivessem exercido em violação explícita a procedimentos democráticos constitucionais. Independentemente dos méritos dessa sugestão específica, a idéia é que é possível se conceberem normas de direito internacional que tenham por objetivo criar incentivos para que as instituições e políticas domésticas sejam justas ou, pelo menos, para que não sejam patentemente injustas.

tervenção militar externa, há espaço para a inovação institucional. A criação de um Tribunal Penal Internacional permanente representa um pequeno passo nessa direção. Como essa implicação crucial está ausente do tratamento que Rorty dá a violações graves e sistemáticas de direitos humanos, é duvidoso que seu ceticismo moral seja mesmo de segunda ordem[52]. De fato, é duvidoso que um ceticismo epistemológico genuíno, tal como Rorty o concebe e distinto da modalidade de ceticismo moral examinada na seção anterior deste capítulo, exista.

Embora eu tenha evidenciado fragilidades de perspectivas teóricas céticas em matéria de valores políticos universais, isso não basta para demonstrar que dispomos de uma sólida teoria normativa de direitos humanos universais. Destoando nesse ponto do restante do volume, a argumentação neste capítulo foi de teor essencialmente negativo. Não há dúvida de que esse trabalho de "limpeza de área" à reflexão teórica sobre a justiça internacional pode ser feito de modo mais consistente e abrangente do que aqui foi feito. Esse tipo de investigação constitui, por si só, uma importante área de pesquisa e reflexão na teoria política internacional[53]. No último capítulo, pretendo dar um passo adiante e passar para uma argumentação positiva sobre questões de justiça internacional. A suposição de que a teoria política do liberalismo igualitário pode oferecer uma contribuição para a articulação de uma teoria mais sólida de direitos humanos universais, sobretudo no que se refere àquele que parece ser o elo mais fraco dessa teoria, aquele que diz respeito à interpretação das obrigações impostas pelos direitos humanos econômicos e sociais.

---

52. Em "A nova cruzada americana" (artigo publicado no caderno "Mais!" da *Folha de S. Paulo*, de 23/5/1999), Rorty defendeu energicamente a intervenção militar da Otan no conflito do Kosovo. Mas parece difícil, para alguém que aceite suas posições teóricas no terreno da moralidade, não ver essa defesa como uma imposição arbitrária das "intenções-nós" de uns sobre outros, que não as compartilham.

53. A expressão "teoria política internacional" foi proposta por Brown, 2002.

Capítulo 7
Desigualdade e pobreza sob uma perspectiva global

Apenas algumas poucas estatísticas bastante conhecidas são suficientes para ilustrar as disparidades abissais de oportunidades de vida que há ao redor do mundo. Cerca de 1,2 bilhão de pessoas vivem com menos de um dólar por dia, e aproximadamente 2,8 bilhões de pessoas vivem com menos de dois dólares por dia[1]. A riqueza das 200 pessoas mais ricas do mundo alcançou a cifra de 1,135 trilhão de dólares em 1999, em contraste com os 146 bilhões de dólares que representam a renda combinada das 582 milhões de pessoas de países menos desenvolvidos no mesmo ano[2].

---

1. Dados expressos pela Paridade do Poder de Compra (PPP) em dólares de 1993. Ver UNDP, 2001, p. 9. Reddy e Pogge (2005) acham que há sérias deficiências na metodologia empregada pelo Banco Mundial para estabelecer suas linhas internacionais de pobreza de um dólar e dois dólares por dia. Os autores põem em questão a métrica excessivamente monetária e também o conceito de "paridade de poder de compra", que é empregado para estabelecer as taxas de câmbio necessárias para tornar equivalente o poder de compra da moeda de diferentes países. O PIB *per capita* do Brasil no ano de 2004, por exemplo, era de 3.090 dólares, se expresso na taxa de câmbio de mercado em 2004, e de 8.020 dólares, se expresso na taxa de câmbio PPP. Segundo Reddy e Pogge, o emprego de uma metodologia inadequada pode estar levando o Banco a subestimar o tamanho da pobreza mundial. O exame dessa crítica é importante, sobretudo quando se pretende aferir se a pobreza está aumentando ou diminuindo. De toda forma, os números do Banco Mundial, mesmo que possam subestimar o tamanho do problema, já são suficientemente dramáticos para justificar a discussão subseqüente.

2. UNDP, 2000, p. 82.

Apenas 25 milhões de pessoas nos Estados Unidos, o decil superior da distribuição de renda do país, possuem uma renda combinada maior do que a renda de 43% da população mundial mais pobre (cerca de 2 bilhões de pessoas)[3]. Enquanto em 1960 a renda agregada dos países que concentram o quintil mais rico da população do mundo era 30 vezes maior do que a renda dos países que concentram o quintil mais pobre, em 1997 essa proporção subiu para 74:1[4]. Esse quadro não é menos dramático se passamos da desigualdade de renda para outros indicadores de desigualdade, como mortalidade infantil, desnutrição, expectativa de vida, oportunidade educacional e acesso a atendimento básico de saúde. Para esta discussão, seria suficiente dizer que 11 milhões de crianças com menos de 5 anos de idade morrem em países em desenvolvimento de doenças que poderiam ser prevenidas ou curadas, e que a vida é em média vinte e oito anos mais curta nos países mais pobres em comparação aos países mais ricos[5].

Não apenas a desigualdade de renda no mundo é alta, mas também há evidências de que ela está *aumentando*. Branko Milanovic, em um estudo empírico inovador, baseou-se pela primeira vez somente em dados de *surveys* domésticos realizados em 117 países, e concluiu que a desigualdade de renda no mundo aumentou de um coeficiente Gini de 62,8 em 1988 para 66 em 1993[6]. O esforço de Milanovic foi o de mensurar a desigualdade de renda entre *pessoas* no mundo. É isso que ele chama de "desigualdade mundial", um conceito distinto dos dois conceitos de desigualdade normalmente usados entre *nações* ("desigualdade internacional"):

---

3. UNDP, 2001, p. 19.
4. UNDP, 1999, p. 3. Deve-se observar que essa estimativa compara a renda média dos países onde se encontram os 20% mais ricos com a renda média dos países onde se encontram os 20% mais pobres da população mundial.
5. UNDP, 2001, p. 9, e UNCTAD, 2002, p. 254. A expectativa de vida ao nascer é em média de 50 anos nos países menos desenvolvidos, comparada a 78 anos nos países da OCDE.
6. Milanovic, 2002, p. 88. Ver também Milanovic, 2001.

um compara a renda média entre as nações, desconsiderando o tamanho da população ("desigualdade internacional não-ponderada"), e o outro compara a renda média entre as nações medindo o tamanho da população ("desigualdade internacional ponderada"). Esse segundo conceito gera distorções maiores, pois, ainda que pondere o tamanho da população de um país como a China, considera que todos os chineses possuem a mesma renda média. Isso esconde o fato de que o rápido crescimento econômico das regiões costeiras da China está aumentando a desigualdade entre a China urbana e a China rural. O mesmo acontece com a Índia urbana e a Índia rural, e as diferenças são ainda maiores entre a China urbana e a Índia rural (ou entre a China urbana e as áreas rurais do sul asiático em geral). Milanovic enfatiza que o que realmente importa é a medida de desigualdade entre indivíduos, e não entre nações.

Vejamos algumas ilustrações vívidas desse aumento da desigualdade entre indivíduos: enquanto a renda real do quintil inferior do mundo diminuiu entre 1988 e 1993 em um quarto, os 5% mais ricos ganharam 12% em termos reais; e a razão entre a renda média do quintil superior e a renda média do quintil inferior do mundo aumentou de 78 a 1 em 1988 para 114 a 1 em 1993[7]. Outras descobertas do estudo de Milanovic também são relevantes para este capítulo. Por exemplo, é a desigualdade entre países, em vez da desigualdade dentro dos países, que explica a maior parte desse aumento na desigualdade[8]. As desigualdades entre países – as diferenças entre as rendas médias dos países – explicam 88% da desigualdade mundial[9].

Os dados citados acima falam por si mesmos, porém não há consenso entre os teóricos políticos sobre se a pobreza e as desigualdades globais deveriam ser analisadas me-

---

7. Milanovic, 2002, pp. 88-9. Todos os dados foram normalizados pela paridade do poder de compra.
8. *Ibid.*, pp. 76-86.
9. *Ibid.*, p. 78.

diante a noção de *justiça*. Alguns dos teóricos políticos ocidentais mais influentes, como John Rawls e Michael Walzer, acham que não[10]. Toda controvérsia sobre esse problema surge do fato de que as desigualdades extremas existentes no mundo, de oportunidades de vida, ocorrem tanto *entre* países como *dentro* de jurisdições políticas separadas. Do ponto de vista normativo, a dificuldade central é como fazer justiça, ao mesmo tempo, ao papel causal desempenhado, de um lado, pelos arranjos internacionais e, de outro, pelas instituições e políticas domésticas, na geração de tais níveis de desigualdade e pobreza. À medida que a globalização econômica e a interdependência global se aprofundam, é mais do que mera especulação supor que, em razão da dificuldade ora mencionada, o problema institucional e normativo central do século XXI será alcançar um equilíbrio adequado entre imperativos políticos domésticos e o compromisso com uma sociedade internacional toleravelmente justa. Já não era sem tempo considerar a globalização não apenas um problema econômico, mas também um problema normativo e ético.

Como normalmente acontece quando examinamos questões de justiça política e social de uma ótica normativa, os pontos de vista de Rawls sobre a matéria constituem, para dizer o mínimo, um ponto de partida útil. Na próxima seção, examinarei os esforços de Rawls para estender sua teoria da "justiça como eqüidade" para o âmbito internacional, mantendo o foco em problemas de desigualdade socioeconômica. Essa discussão se presta a armar de forma apropriada o palco para o exame de questões controversas com as quais pretendo lidar mais detalhadamente no restante do capítulo.

---

10. Em Rawls (2008, § 58), existem apenas alguns breves comentários sobre esse tema. Rawls fez um esforço mais sistemático de estender sua teoria para as relações internacionais em 1993 e, sobretudo, em 1999. Os textos mais importantes de Walzer sobre justiça internacional são os de 1980, 1983 (cap. 2), 1995 e 1997.

A teoria de Rawls da justiça internacional

Em *The Law of Peoples*, Rawls sustentou que os princípios de justiça para uma sociedade internacional bem-ordenada seriam aqueles escolhidos em uma segunda rodada do dispositivo contratualista-hipotético que ele denominou – em *Uma teoria da justiça* – "posição original", depois que os princípios de justiça doméstica já estivessem à mão. A característica mais notável dessa segunda rodada é a representação de "povos", e não de indivíduos, na posição original. É possível que, ao dirigir sua teoria para povos, e não para Estados, Rawls possa ter preservado seu "Direito dos Povos" das características moralmente menos atraentes da soberania estatal, como os "direitos" do soberano de tratar os nacionais como julgar apropriado e de declarar guerra a outras comunidades políticas[11].

Mas por que povos, e não indivíduos, são os entes que deveriam ter seus interesses mais fundamentais representados na posição original global? Rawls sustenta que a representação de interesses individuais nessa segunda rodada da posição original tornaria a concepção de justiça resultante – possivelmente, uma variante de cosmopolitismo moral – individualista demais para ser aceita por sociedades que, mesmo não tendo uma organização política de tipo liberal-democrática, teriam todas as credenciais para ser consideradas membros plenos de uma sociedade internacional de povos justa[12]. A solução que Rawls concebeu para o problema de como estender sua concepção de justiça para o nível internacional impõe um ônus pesado para a perspectiva normativa geral que está na base de sua teoria no caso doméstico: a premissa do individualismo ético é abandonada ou pelo menos seriamente comprometida. "Individualismo ético" refere-se à noção de que o bem-estar de indivíduos, e não o de entidades coletivas de qualquer tipo,

---

11. Rawls, 1999, pp. 23-30.
12. *Ibid.*, pp. 60-2 e 82-3.

constitui a fonte última de preocupação moral para nós. Essa forma de individualismo, que não deve ser confundida com uma concepção egoísta-racional que interpreta o bem dos indivíduos somente por referência à satisfação de *seus* próprios interesses[13], é uma das características da justiça rawlsiana que, no caso doméstico, claramente a diferenciam de concepções comunitaristas de justiça. E, uma vez que a premissa do individualismo ético é abandonada, a modalidade de igualdade política para a qual o Direito dos Povos está voltado é uma igualdade entre *povos*, não uma igualdade entre pessoas. As implicações políticas desse passo teórico são de largo alcance: vastas desigualdades entre indivíduos são em princípio compatíveis com a forma de igualdade que Rawls pensa ser moralmente importante no plano internacional.

A deliberação na posição original constituída por representantes de povos se desenvolveria em duas etapas: na primeira, o contrato social hipotético seria alcançado por representantes das sociedades liberal-democráticas bem-ordenadas; na segunda, os princípios do direito internacional escolhidos na primeira etapa seriam também aceitos pelos representantes daquilo que Rawls denominou "sociedades hierárquicas bem-ordenadas". Não examinarei a argumentação de Rawls a partir da posição original mais detalhadamente. Para os nossos propósitos, basta dizer que os princípios que resultariam do contrato social internacional concebido por Rawls são bastante semelhantes àqueles de uma visão pluralista convencional da sociedade internacional:

1. Os povos são livres e independentes, e sua liberdade e independência devem ser respeitadas por outros povos.
2. Os povos devem cumprir tratados e promessas.

---

13. Essa é, essencialmente, a confusão feita por Marx em sua análise dos direitos humanos em *A questão judaica*. Dizer que a avaliação moral de arranjos sociais e políticos deve tomar por base os interesses de indivíduos não necessariamente nos compromete com uma proposição normativa distinta, a saber, a de que o bem individual consiste na máxima satisfação possível dos próprios interesses.

3. Os povos são iguais e constituem partes nos acordos que os comprometem.
4. Os povos devem observar um dever de não-intervenção.
5. Os povos devem ter um direito de autodefesa, mas não um direito de instigar a guerra por outras razões que não a autodefesa.
6. Os povos devem honrar os direitos humanos.
7. Os povos devem observar certas restrições especificadas à conduta na guerra.
8. Os povos têm um dever de dar assistência a outros povos que se encontrem sob condições desfavoráveis, que os impeçam de ter um regime político e social justo ou decente.[14]

A despeito de Rawls falar em "povos", e não em "Estados", o conteúdo do Direito dos Povos é muito semelhante a uma visão tradicional do direito internacional, organizada em torno do princípio da soberania estatal e temperada pelo banimento da guerra de agressão e por uma noção bastante minimalista de direitos humanos. É particularmente digna de nota a ausência de um princípio igualitário de justiça distributiva análogo ao "princípio de diferença" – segundo o qual as desigualdades distributivas só são moralmente justificáveis quando se estabelecem para o máximo benefício possível daqueles que estão na posição social mais desfavorável –, que desempenha um papel tão proeminente na concepção de justiça de Rawls no caso doméstico[15]. O oitavo princípio do Direito dos Povos não se reveste, como veremos adiante, do *status* moral de um princípio de *justiça*. A visão de sociedade internacional que emerge é aquela na qual sociedades domésticas bem-ordenadas, concebidas como sistemas mais ou menos fechados de cooperação social, cada um satisfazendo as exigências legítimas de justiça de seus membros, se limitariam a subscrever princípios de coexistência no plano internacional.

A perspectiva adotada neste trabalho corresponde à de teóricos políticos que em grande medida aceitam o enfoque

---

14. Rawls, 1999, p. 37.
15. Esse princípio é discutido nos capítulos 1, 2 e 4 deste volume.

rawlsiano à justiça no caso doméstico, mas rejeitam a forma como Rawls interpretou a extensão desse enfoque no âmbito internacional. Entre esses teóricos destacam-se Charles Beitz, Thomas Pogge, Brian Barry, Henry Shue e David Richards[16]. Meu objetivo aqui é fortalecer alguns dos argumentos dessa visão teórica alternativa sobre a justiça internacional, em particular no que se refere à justificação de obrigações distributivas mais extensas (que recaem tanto sobre os Estados das sociedades mais ricas como sobre as instituições e os regimes internacionais) do que aquelas entrevistas pela concepção que Rawls tem de uma sociedade de povos justa. Essas obrigações mais extensas decorrem de uma visão da sociedade internacional para a qual o valor moral último reside no florescimento de vidas individuais, e não no aprimoramento de sociedades (ou de "povos") *per se*[17].

No âmbito internacional, de acordo com Rawls, as desigualdades socioeconômicas não devem ser reguladas por um princípio de justiça distributiva – como o princípio de diferença de sua própria teoria da justiça –, mas por um "dever de assistência", que é uma noção análoga àquela que, em *Uma teoria da justiça*, Rawls discute sob a rubrica de "deveres naturais de justiça", "de ajudar uma outra pessoa quando ela se encontra em um estado de carência ou em perigo, desde que se possa fazer isso sem incorrer em riscos excessivos para si próprio"[18]. O dever de assistência é entendido como um "dever positivo". "Deveres positivos" são usualmente contrastados, na filosofia moral e na teoria política, com "deveres negativos": ao passo que estes últimos têm por objeto interditar as ações dos agentes que causam, de forma direta, injustiças ou danos a outros, aqueles têm por objeto a prestação de auxílio a outras pessoas quando

---

16. Beitz (1979) e Pogge (1989, cap. 6), são esforços teóricos pioneiros nessa área. Ver também Beitz, 1995b, 1999a, 2001; e Pogge, 1994b, 1995, 1998, 1999, 2001a e 2001b. Barry (1989a, 1998 e 1999), Richards (1982) e Shue (1996) também têm uma acentuada afinidade com a perspectiva cosmopolita.

17. Beitz, 1999b, p. 520.

18. Rawls, 2008, pp. 137-41, e 1999, pp. 105-20.

elas se encontram necessitadas ou em situação de risco, independentemente de quem possa ser considerado causalmente responsável pelo estado em que se encontram. Em geral, essa distinção é feita com o intuito de enfatizar o caráter moralmente obrigatório do cumprimento de deveres negativos e o caráter moralmente optativo dos deveres positivos. Há mais a ser dito sobre esse tópico, mas voltemos ao ponto em questão no momento[19].

Que razões Rawls oferece para rejeitar a extensão de um princípio liberal-igualitário de justiça distributiva à sociedade internacional? Nesta seção, examinarei três dessas razões. Uma delas me parece se apoiar em uma argumentação frágil, enquanto as outras devem ser vistas como argumentos de maior peso que correspondem a pontos de vista largamente compartilhados pelas elites de países desenvolvidos, por economistas convencionais e pelas autoridades e funcionários graduados de organizações financeiras internacionais como o Fundo Monetário Internacional (FMI) e o Banco Mundial.

Tratarei mais brevemente do primeiro argumento (ao passo que questões relacionadas aos dois outros argumentos serão discutidas ao longo de todo o capítulo). Um princípio igualitário de justiça distributiva não pode ser incorporado ao Direito dos Povos porque as "sociedades hierárquicas decentes" podem não reconhecer a validade de um princípio dessa natureza em suas próprias instituições domésticas[20]. O fato de não fazê-lo não as desqualifica, sustenta Rawls, como membros plenos de uma sociedade de povos justa. No que se refere à justiça distributiva em sentido estrito, isso soa como um argumento de conveniência que pode ser empregado pelos cidadãos mais privilegiados das sociedades liberais mais afluentes para justificar que eles fiquem

---

19. Ver essa distinção em Vita, 2007, pp. 49-54.
20. Na realidade, Rawls entende esse argumento como uma objeção mais geral a uma concepção liberal-igualitária de justiça global. Ver Rawls, 1993, p. 75; e 1999, pp. 82-5.

com um quinhão (muito) desproporcional dos benefícios da cooperação social em escala global. "Um princípio que objetive reduzir as desigualdades socioeconômicas internacionais não deve ser adotado", poderiam argumentar esses cidadãos, "porque reconhecê-lo significaria violar os 'significados compartilhados' de sociedades (bem-ordenadas) que não reconhecem um princípio similar em suas instituições domésticas."[21] E qualquer violação desse tipo vai de encontro à noção de tolerância com a qual a sociedade internacional de povos deveria estar comprometida[22].

Há duas réplicas a essa linha de argumentação. Em primeiro lugar, o objeto de um princípio de justiça distributiva internacional são desigualdades produzidas em medida significativa pela estrutura básica *global*[23]. A noção de "estrutura básica" da sociedade, é claro, é de Rawls, assim como o argumento sobre por que isso deveria ser considerado o objeto por excelência da justiça social[24]. Está em questão aqui se há, no nível internacional, uma estrutura de instituições e de práticas que possa ser considerada análoga, em seus efeitos distributivos, à estrutura básica da sociedade no caso doméstico. Voltarei a essa questão central adiante. Por ora, é preciso enfatizar que Rawls gera confusão quando sugere que uma das razões para rejeitar uma justiça liberal cosmopolita é que essa posição normativa recomendaria intervenções, e talvez até mesmo sanções econômicas ou militares, contra sociedades não-liberais bem-ordenadas[25]. Poder-se-ia perguntar, de forma incidental neste contexto, por que o compromisso com um critério universal de justi-

---

21. Emprego propositalmente uma das expressões preferidas de Walzer ("significados compartilhados") porque, de fato, é muito difícil distinguir a posição de Rawls sobre a justiça internacional do comunitarismo de Walzer.
22. Rawls, 1999, pp. 59-60.
23. Pogge, 1989, p. 267.
24. Rawls, 2008, seção 2. Neste volume, o foco na estrutura básica é examinado no capítulo 1 e, sobretudo, no capítulo 2.
25. Rawls sugere claramente que há quase que uma conexão necessária entre liberalismo cosmopolita e intervencionismo. Ver Rawls, 1999, p. 60.

ça deveria necessariamente implicar um compromisso de intervir nas sociedades cujas instituições domésticas violassem tal critério. "Existe um critério universal de justiça?" e "Em que circunstâncias a violação de tal critério (se existe um critério universal) justifica a intervenção externa?" são duas questões muito diferentes, com as quais é preciso lidar separadamente[26]. Mas mais importante agora é enfatizar que o que está em discussão, quando questões de justiça distributiva internacional se apresentam, não é como seria possível fazer com que as instituições domésticas de todas as sociedades do mundo se conformassem a uma concepção liberal-cosmopolita de justiça; a discussão diz respeito sobretudo à estrutura institucional global e a como *essa* estrutura pode ser reformada em uma direção liberal-igualitária. Pode-se inquirir se há reformas na estrutura global que poderiam fomentar a justiça em âmbito doméstico, mas ainda assim o que está em questão são arranjos institucionais globais.

A segunda réplica está conectada à primeira. É preciso ter em mente que a maior parte do ônus da implementação institucional de um princípio de justiça distributiva internacional não vai recair sobre sociedades hierárquicas do mundo em desenvolvimento (como a objeção de Rawls parece supor), mas sobre as sociedades liberais mais ricas. Os esforços daqueles que defendem medidas e reformas com o objetivo de reduzir a pobreza global – um objetivo que em si mesmo é mais de ajuda humanitária do que de justiça distributiva, como se verá adiante – se defrontam com o "déficit motivacional" que caracteriza os cidadãos mais privilegiados das sociedades liberais desenvolvidas. E são os governos dessas sociedades que vêm bloqueando até mesmo passos pequenos nessa direção, algo que é evidenciado, por exemplo, pelo significativo declínio ocorrido nos anos 1990 nos níveis de ajuda ao desenvolvimento dos países da Or-

---

26. Ver sobre esse tópico, neste volume, a seção "O ceticismo interno de Walzer", cap. 6, p. 200.

ganização para a Cooperação e Desenvolvimento Econômico (OCDE) para países pobres[27]. Outra ilustração disso são as reservas que os Estados Unidos, em particular, invariavelmente apresentam a qualquer tratado ou documento que possa implicar o reconhecimento de deveres de justiça internacional. Os Estados Unidos jamais ratificaram, por exemplo, o Pacto Internacional sobre Direitos Econômicos, Sociais e Culturais. Há algo de perverso no apelo a uma objeção relativista à justiça liberal cosmopolita quando se tem em conta que as obrigações implicadas por essa forma de justiça recairiam principalmente sobre aqueles que têm as razões mais fortes para considerá-la verdadeira ou, pelo menos, que deveriam considerá-la, como Rawls formularia, a concepção mais razoável de justiça[28]. No capítulo anterior, ao serem examinadas objeções relativistas à existência de valores universais, direitos humanos básicos em particular, supus que um desafio importante ao reconhecimento desses direitos é apresentado pelas sociedades, quase sempre do mundo em desenvolvimento, cujos sistemas culturais têm de ser alterados, em certos aspectos, para acomodar o respeito a esses direitos. Mas, quando se trata de justiça distributiva, a questão se apresenta de modo inteiramente distinto, já que o ônus de assegurá-la recai principalmente sobre os 955 milhões de cidadãos dos países mais ricos do mundo e seus governos[29].

O segundo dos argumentos de Rawls contra um princípio de distribuição global de recursos é que os fatores res-

---

27. Alguns dados sobre a Ajuda Oficial ao Desenvolvimento – ODA (na sigla em inglês para Official Development Assistance) – nos anos 1990 são fornecidos abaixo.

28. Ver Pogge (1994, pp. 218-9), para um argumento segundo linhas similares.

29. Com base em dados do Banco Mundial de 2001, Pogge (2005, p. 1) menciona que os 955 milhões de cidadãos (cerca de 15% da população mundial) dos países de alta renda ficam com 81% (em taxas de câmbio correntes) do PIB mundial contra somente 1,3% que, de acordo com a estimativa de Pogge, é consumido pelos quase 2,8 bilhões que se encontram abaixo da linha de pobreza de dois dólares por dia.

ponsáveis pela desigualdade e pela pobreza em escala global são essencialmente internos às "sociedades sobrecarregadas", isto é, aquelas que estão sujeitas a circunstâncias socioeconômicas e culturais desfavoráveis[30]. Vejamos uma passagem pertinente:

> Acredito que as causas da riqueza de um povo e as formas que ela assume se encontram na cultura política e nas tradições morais, filosóficas e políticas que estão na base de suas instituições sociais e políticas, assim como na industriosidade e nos talentos cooperativos de seus membros, tudo isso apoiado em suas virtudes políticas. (...) Os elementos cruciais que fazem diferença são a cultura política, as virtudes políticas e a sociedade civil do país, a industriosidade e a probidade de seus membros, sua capacidade de inovação, e muitas outras coisas. Crucial também é a política populacional do país: um país deve se preocupar em não sobrecarregar seu território e sua economia com uma população maior do que possa sustentar.[31]

Uma idéia similar aparece numa versão anterior desse texto, com a diferença de que, no ensaio publicado em 1993, o argumento dos fatores internos foi empregado para explicar de forma mais direta as causas da sina das "sociedades sobrecarregadas", em vez de ser empregado para explicar "as causas da riqueza de um povo":

> os maiores males sociais nas sociedades mais pobres provavelmente são o Estado opressivo e as elites corruptas; e a sujeição das mulheres que é encorajada pela religião desarrazoada, com a resultante superpopulação com respeito àquilo que a economia da sociedade pode decentemente sustentar.[32]

Se esse "argumento dos fatores internos" de Rawls – ou aquilo que Thomas Pogge denomina "nacionalismo expla-

---

30. Para a noção de "sociedade sobrecarregada", ver Rawls, 1999, pp. 105-13.
31. Rawls, 1999, p. 108.
32. Rawls, 1993a, p. 77.

natório"[33] – estiver correto, então não poderá haver nenhum fundamento moral para um princípio de justiça distributiva internacional. As "sociedades bem-ordenadas" teriam somente um dever positivo de auxiliar as sociedades sobrecarregadas a superar os obstáculos internos que as impedem de implementar uma estrutura básica bem-ordenada. As obrigações dos ricos para com os pobres, no plano internacional, teriam de ser entendidas como obrigações de benevolência e caridade, e não como obrigações de justiça que têm por base o dever de corrigir a iniquidade distributiva de arranjos institucionais dos quais os povos ricos são os maiores beneficiários. Para além desse patamar muito baixo de obrigação moral estabelecido pelo dever de assistência, nenhuma redistribuição ulterior de recursos, riqueza ou renda seria justificada como uma questão de justiça. Como Rawls enfatiza, esse dever pertence à "teoria não-ideal"[34] do Direito dos Povos, é de natureza transitória e tem tanto "um alvo como um ponto-limite"[35]. A conclusão disso é que instituições permanentes para regular desigualdades socioeconômicas não são moralmente exigidas no plano internacional. (Há mais a dizer sobre esse tópico, pois envolve uma distinção clara, nem sempre feita, entre ajuda humanitária e justiça, distinção essa que será discutida na próxima seção.) Observe-se que a redistribuição internacional como uma

---

33. Pogge, 2005, p. 6.
34. Sobre a noção de "teoria não-ideal", ver Rawls, 2008, pp. 304-8. Na linguagem rawlsiana, os objetos que caem no âmbito da "teoria ideal" da justiça, quer se trate de deveres, direitos ou de determinadas ações, podem ser (normativamente) justificados em virtude da prevalência de circunstâncias de injustiça ou de circunstâncias desfavoráveis, e somente o são enquanto essas circunstâncias perdurarem. Injustiças passadas podem exigir políticas transitórias de compensação para suas vítimas; graves injustiças nas instituições e leis presentes podem justificar atos de desobediência civil; e injustiças nas relações entre os Estados, nas circunstâncias vigentes das relações internacionais, podem justificar o recurso à guerra justa. Em contraste, os dois princípios de justiça, que pertencem à "teoria ideal" da justiça, não são de caráter transitório: a suposição é que eles devem regular permanentemente a estrutura básica de uma sociedade liberal bem-ordenada.
35. Rawls, 1999, p. 119.

questão de justiça só é excluída por uma versão particularmente forte do que denomino "argumento dos fatores internos". Essa versão negligencia inteiramente os efeitos distributivos que os arranjos internacionais podem ter, tanto em si mesmos como no que diz respeito aos tipos de instituições e políticas domésticas que podem encorajar. É com essa versão forte do argumento que vamos nos ocupar. A razão para isso é simples: qualquer posição intermediária seria suficiente para sustentar que há razões normativas sólidas para se preocupar com a justiça social também no plano da sociedade internacional.

Rawls ilustra seu argumento com dois exemplos hipotéticos, nos quais se pede que consideremos dois países que têm, em algum momento t_1 do tempo, o mesmo nível de bens primários (para simplificar, renda e riqueza) e a mesma população. No primeiro exemplo, o país "A" valoriza muito o trabalho duro e a prosperidade econômica, ao passo que o país "B" dá grande ênfase às manifestações culturais de sua vida comunitária. No segundo exemplo, o país "C" adota as medidas necessárias para reduzir o ritmo de seu crescimento populacional, enquanto o país "D", em virtude dos valores religiosos prevalentes, não adota medidas dessa natureza. Em ambos os casos, em algum momento t_2 do tempo, os países "A" e "C" terão um nível significativamente mais elevado de bens primários. Mas nenhuma redistribuição desses bens de "A" para "B" e de "C" para "D" é moralmente justificada[36].

Não estou negando que exista alguma verdade na argumentação de Rawls. Não está entre os propósitos deste livro negligenciar a importância que instituições e políticas domésticas têm para reduzir desigualdades e a pobreza[37]. Mas a argumentação que apela a fatores internos só capta

---

36. Rawls, 1999, pp. 117-8.
37. Sen (1999, caps. 4-9) oferece evidências empíricas abundantes no sentido de que instituições e políticas domésticas apropriadas, mesmo em países ou regiões empobrecidos, fazem uma diferença muito grande para a redução da pobreza e de desigualdades arraigadas.

parte da verdade. Quando refletimos sobre os dois exemplos citados acima, percebemos uma notável similaridade entre a objeção que Rawls apresenta à redistribuição internacional e a objeção às implicações redistributivas de sua própria teoria da justiça, no caso doméstico, que foi formulada por Nozick em seu exemplo "Wilt Chamberlain"[38]. O ponto central do exemplo de Nozick era demonstrar como vastas desigualdades de recursos sociais escassos poderiam emergir legitimamente de um *status quo* inicial de igualdade de recursos, por meio de transações voluntárias de agentes individuais decidindo, de acordo com suas próprias luzes e interesses, o que fazer com a parcela igual de recursos com a qual cada um foi inicialmente dotado. E essa é precisamente a lógica que está por trás dos dois casos imaginados por Rawls.

Posso pensar em duas réplicas ao uso que Rawls faz dessa argumentação nozickiana contra a justiça distributiva internacional. Em primeiro lugar, há dificuldades, que não foram enfrentadas de forma apropriada por Rawls, que decorrem de se falar de "povos" como se fossem agentes individuais que são capazes de decidir o que é melhor para suas próprias vidas e, por isso, são considerados plenamente responsáveis pelas decisões que tomam. Se o que queremos, como é o caso de Rawls, é que os membros individuais dos povos sofram todas as conseqüências das boas e das más decisões tomadas em seu nome por uma entidade coletiva "povo", há dificuldades adicionais com as quais Nozick não teve de se preocupar em sua objeção à justiça distributiva doméstica. Povo é uma coletividade, não uma pessoa da qual se possa dizer, sem mais, que é capaz tanto de escolher o que é melhor para si própria como de suportar as conseqüências de suas próprias escolhas. Em que sentido podemos considerar que os membros individuais de um povo – digamos, as mulheres pobres ou os trabalhadores rurais – são responsáveis pelas decisões tomadas em sua

---

38. Nozick, 1974, pp. 160-4.

sociedade que dizem respeito, por exemplo, ao desenvolvimento econômico e social e ao planejamento populacional? Os governos, e não individualidades fictícias tais como "povos", tomam decisões desse tipo. Se quisermos que noções de escolha e responsabilidade desempenhem, na sociedade internacional, o mesmo papel moral que desempenham no exemplo "Wilt Chamberlain" de Nozick, então temos de estar preparados, para dizer o mínimo, para exigir que os povos sejam democraticamente governados. E, claramente, Rawls não quer ir tão longe, já que essa exigência, como vimos, iria de encontro à maneira como ele interpreta o ideal de tolerância aplicado à sociedade internacional. Diga-se de passagem que noções como a de "sociedade hierárquica bem-ordenada" e de "hierarquia consultiva decente", em torno das quais uma boa parte da argumentação em *The Law of Peoples* gira, são suspeitas de irrealidade. O problema não está em elas serem idéias reguladoras, já que isso a noção de "sociedade liberal bem-ordenada" também é. Mas, neste último caso, o ideal está claramente ancorado em características definidas de sociedades liberais existentes, apontando, ao mesmo tempo, para a distância em que essas sociedades ainda se encontram de realizá-lo. É difícil dar sentido à noção de "sociedade hierárquica bem-ordenada" desse modo. O exemplo de Rawls, de um país imaginário denominado por ele "Kazanistão", não ajuda muito a desfazer essa impressão de irrealidade[39].

Há outra dimensão a ser considerada com respeito à questão de responsabilizar povos pelas disparidades socioeconômicas internacionais, da mesma forma que Nozick quer responsabilizar os indivíduos e suas escolhas pelas disparidades socioeconômicas domésticas. Porque um povo não é uma pessoa que decide para si própria quais *trade-offs* são aceitáveis para ela, mas sim uma coletividade que existe de uma geração para outra, considerar que povos sejam moralmente responsáveis por decisões e escolhas que afe-

---

39. Rawls, 1999, pp. 75-8.

tam o bem-estar de seus membros individuais também levanta um problema intergeracional. Thomas Pogge o aponta: "Em que medida deve-se fazer com que os membros de uma geração suportem os custos econômicos de decisões tomadas por seus predecessores?"[40] A argumentação de Rawls que tem por base os dois exemplos mencionados ignora inteiramente essa complexidade. Não é nada claro, para exemplificar, por que crianças que não têm acesso a oportunidades educacionais e a cuidados médicos adequados devam ser consideradas moralmente responsáveis por decisões de política social e de controle populacional que tenham sido tomadas pelas gerações anteriores. "Impor os custos das más escolhas de gerações anteriores aos membros sucessores da própria sociedade", diz Charles Beitz, "não parece algo menos injusto do que impô-los a *outsiders* – sobretudo *outsiders* que, por hipótese, desfrutam de um padrão material mais elevado (...) do que os membros desafortunados da sociedade que foi imprudentemente governada."[41] Substituir as escolhas de indivíduos por escolhas de povos não torna mais fácil a Rawls refutar a existência de obrigações de justiça distributiva internacional. Na realidade, parece ser o oposto disso.

Pretendo me apoiar mais extensamente na segunda linha de réplica. Para introduzi-la, vale a pena ter em mente uma passagem na qual Rawls responde à objeção à sua teoria que Nozick formulou por meio do exemplo "Wilt Chamberlain":

> A não ser que a estrutura básica seja regulada ao longo do tempo, distribuições justas prévias de bens de todo tipo não garantem a justiça de distribuições posteriores, por mais livres e eqüitativas que transações específicas entre indivíduos e associações possam parecer quando consideradas localmente e à parte das instituições de *background*. Pois o resultado dessas transações, considerado em seu conjunto, é afetado pelas

---

40. Pogge, 2001a, p. 249.
41. Beitz, 2000, p. 689.

mais diversas contingências e conseqüências que não podem ser previstas. É necessário regular, por meio de leis que governem as heranças e legados, a forma como as pessoas adquirem propriedade de modo a tornar sua distribuição mais igual, a garantir uma igualdade eqüitativa de oportunidades na educação e muito mais ainda. Que essas normas de justiça de *background* estejam em vigor ao longo do tempo não deprecia, mas sim torna possível, os importantes valores expressos por acordos livres e eqüitativos alcançados por indivíduos e associações sob a estrutura básica. A razão para isso ser assim é que somente os princípios que se aplicam a esses acordos diretamente (o direito contratual, por exemplo) não são suficientes para preservar a justiça de *background*.[42]

O que falta no exemplo de Nozick é uma interpretação apropriada da "justiça de *background*". A necessidade de oferecer tal interpretação é uma das razões que levam Rawls a manter o foco de sua teoria – sempre no caso doméstico – na estrutura básica da sociedade. A outra razão, que está conectada à primeira, diz respeito à "influência profunda e penetrante [da estrutura básica] sobre as pessoas que vivem sob suas instituições"[43]. Somente se a estrutura básica da sociedade for justa – somente se for moldada de forma a mitigar as desigualdades de perspectivas de vida que resultam de "contingências e conseqüências que não podem ser previstas" como classe social de origem, talentos naturais e boa ou má fortuna –, poderemos considerar os indivíduos plenamente responsáveis pelos efeitos distributivos de suas próprias decisões e escolhas. Caso desejemos que as decisões dos indivíduos com respeito àquilo que podem fazer com seus recursos carreguem todo peso moral que a teoria de Nozick pretende, então a justiça de *background* tem de ser contínua e permanentemente preservada – o que significa, entre outras coisas, que a estrutura básica da sociedade deve ter por objetivo reduzir tanto quanto possí-

---

42. Rawls, 2001, p. 53. Ver também Rawls, 1993b, pp. 262-5.
43. Rawls, 2001, p. 55.

vel as desigualdades que resultam de fatores moralmente arbitrários.

Essa resposta rawlsiana à objeção apresentada por Nozick parece-me correta, mas por que uma argumentação similar não se aplicaria aos dois casos de Rawls mencionados acima, no contexto da justiça internacional? Por que os correspondentes internacionais das noções de "justiça de *background*" e "estrutura básica da sociedade" não desempenham nenhum papel em uma teoria da justiça aplicada ao âmbito internacional? Rawls chega a admitir, em um determinado ponto, que os arranjos institucionais da sociedade internacional podem ter "efeitos distributivos injustificados"[44] que necessitam de correção, mas esse reconhecimento não desempenha nenhum outro papel em sua teoria da justiça internacional. E, ademais, não deveríamos considerar a nacionalidade como uma contingência moralmente arbitrária, assim como a família em que uma pessoa nasceu, sua classe social de origem e sua dotação de talentos naturais, e como uma contingência que influencia dramaticamente a distribuição de oportunidades de vida no mundo[45]?

Contra o "argumento dos fatores internos endossado" por Rawls, o ponto de vista que pretendo defender, ao longo deste capítulo, é que os regimes e as instituições internacionais – a "estrutura básica" da sociedade internacional – têm efeitos distributivos que contribuem de forma significativa para os níveis de desigualdade e de pobreza apontados no início deste texto. Se uma tal hipótese puder ser substanciada, o que, de resto, não é uma tarefa que aqui possa ser levada a cabo, será possível estabelecer uma fundamentação normativa mais robusta para um princípio de justiça distributiva internacional. Tal como no caso doméstico, efeitos distributivos injustificados de instituições sociais teriam de ser corrigidos como uma questão de justiça.

---

44. Rawls, 1999, p. 115.
45. Ver argumentos que vão nessa direção, em Beitz, 1979, p. 151; Pogge, 1989, p. 247; e 1994b, p. 198; Barry, 1989a, pp. 183-9.

Se há algo como uma ordem social e política global, então aqueles que mais se beneficiam de seus efeitos distributivos, e também têm uma capacidade maior de influenciar a moldura institucional dessa ordem, se encontram sob o dever de torná-la mais compatível com as exigências da justiça. É preciso enfatizar que essa é uma proposição normativa, não uma proposição empírica ou uma avaliação sobre as perspectivas de que propostas redistributivas venham a ser aceitas tão cedo pelos beneficiários da ordem social existente em escala global. Samuel Fleischacker nos mostra, em um livro que reconstitui a genealogia intelectual da noção de justiça distributiva, que mais de dois séculos de elaboração conceitual foram necessários para que a concepção contemporânea suplantasse dessa noção (sempre sofrendo uma feroz oposição) as premissas e as noções morais nas quais as Poor Laws européias estavam fundadas[46]. No ponto em que estamos, não é possível saber se uma transformação conceitual e ideológica similar ocorrerá também na maneira de enfrentar a desigualdade e a pobreza globais e quanto tempo será necessário para isso.

Antes de passar ao argumento que acabei de esboçar, aponto a terceira objeção que Rawls poderia apresentar contra a globalização de um princípio de justiça social. É um argumento típico do enfoque de Michael Walzer à justiça, que Rawls claramente endossa em sua visão da sociedade internacional. Vamos denominá-lo "argumento da parcialidade nacional". Rawls refere-se de forma elogiosa à interpretação que Walzer propõe, em *Spheres of Justice*, para o papel das fronteiras políticas. Para Walzer (e Rawls), uma comunidade política nacional tem o direito moral de fechar suas fronteiras e de adotar políticas restritivas de imigração, que se prestem a "defender a liberdade e o bem-estar, a política e a cultura de um grupo de pessoas comprometidas uma com as outras e com seu modo de vida comum"[47].

---

46. Fleischacker, 2006.
47. Walzer, 1983, p. 39; Rawls, 1999, p. 39 (nota de rodapé). Beitz (2000) argumenta que considerações desse tipo, afins ao argumento da parcialidade

Mas mais importante do que qualquer evidência textual, nesse caso, é o fato de o argumento da parcialidade nacional se ajustar muito bem ao foco de Rawls em povos e a todo o comunitarismo de sua perspectiva com respeito à justiça internacional. De acordo com esse argumento, nossos compatriotas têm o direito moral de exigir de nós uma consideração especial por seu bem-estar de uma maneira que os cidadãos de outros Estados não têm. A parcialidade nacional, interpretada dessa forma, colide com o argumento liberal-cosmopolita de que uma sociedade internacional justa deveria priorizar o bem-estar dos menos privilegiados em uma escala global. Como Charles Beitz observa, os teóricos liberal-igualitários cosmopolitas podem estar incorrendo em um tipo de cegueira moral ao subestimarem a importância que relações e afiliações locais têm para permitir que as pessoas possam viver vidas bem-sucedidas[48]. E essas relações geram exigências distributivas que podem conflitar com as exigências de um princípio de justiça distributiva internacional. Um problema normativo central a ser discutido nesse contexto é o de como é possível conciliar, de maneira plausível, uma perspectiva cosmopolita sobre a justiça internacional com demandas legítimas de parcialidade nacional. Farei alguns comentários sobre isso na última seção deste capítulo, mas um exame mais cuidadoso desse tópico terá de ficar para outra oportunidade.

O foco da discussão recairá sobre a segunda objeção de Rawls, discutida acima. Ao fazer isso, meu propósito não é criticar a teoria de Rawls da justiça internacional, da qual nos separamos neste momento[49].

---

nacional, explicam por que Rawls pensa que povos são os entes moralmente primários na sociedade internacional e também por que as exigências distributivas do Direito dos Povos são um tanto modestas.

48. Beitz, 1999a, p. 291.

49. Discussões detalhadas sobre *The Law of Peoples* podem ser encontradas em Beitz, 2001a; Brown, 2000; Caney, 2001b; Kuper, 2000; e Pogge, 2001a.

Justiça e ajuda humanitária

Uma complexidade teórica preliminar a ser examinada diz respeito à distinção entre justiça e ajuda humanitária. Em nossa discussão, o que Rawls denomina "dever de assistência" qualifica-se como uma forma de ajuda humanitária, ao passo que os liberais (-igualitários) cosmopolitas argumentam que as disparidades econômicas internacionais também envolvem uma questão de justiça[50]. Utilizo o termo "ajuda humanitária" em um senso mais amplo, significando todas as formas de apoio, no contexto internacional, que possam estar conectadas a um dever positivo de ajudar os pobres e as pessoas que vivem em condições de alta vulnerabilidade. Esse dever existe se o benfeitor estiver em posição de ajudar os que necessitam de ajuda, e se ele puder cumprir com tal dever sem incorrer em uma perda significativa em seu próprio bem-estar ou em outros de seus interesses fundamentais.

Parece-me que um dos aspectos dessa distinção é a questão de qual seria o foco adequado da nossa preocupação moral no âmbito internacional: devemos nos preocupar apenas com a pobreza e, em particular, com a pobreza extrema, ou devemos nos preocupar *também* com as desigualdades de recursos e poder? Se nossas preocupações morais se restringissem à erradicação da pobreza extrema, acredito que não haveria muita necessidade de se ocupar de questões de justiça distributiva. Nos parágrafos que vêm a seguir, discutirei cada um desses dois tópicos por vez.

Em um artigo famoso de 1972, escrito durante um devastador episódio de fome epidêmica na então Bengala Oriental (atual Bangladesh) em 1971, Peter Singer ofereceu o que

---

50. Ver Rawls, 1999, pp. 118-9: passagem na qual ele compara o dever de assistência a um "princípio igualitário global". Beitz, 1979, e Pogge, 1989, são trabalhos pioneiros no campo da justiça cosmopolita. Beitz, 1999a, analisa os desenvolvimentos mais significativos nessa área na década de 1990. Também afins à perspectiva cosmopolita são Barry, 1989a, 1998 e 1999; Richards, 1982; e Shue, 1996.

julgo ser a argumentação moral mais convincente em favor da ajuda humanitária[51]. O princípio proposto por Singer é que "se estiver a nosso alcance a capacidade de evitar que algo de mal aconteça, sem que para isso tenhamos que sacrificar nada que seja de importância moral comparável, é nosso dever moral fazê-lo"[52]. Ainda que Singer o considerasse razoavelmente incontroverso, ele propôs uma versão mais branda desse princípio, na qual a expressão "nada que seja de importância moral comparável" foi substituída por "nada que tenha importância moral"[53]. Como aplicação, Singer ofereceu o seguinte exemplo: "Se eu estiver andando e passar por um lago raso e vir uma criança se afogando, terei de entrar no lago e salvar a criança. Isso significa que as minhas roupas ficarão enlameadas, porém isso é insignificante, enquanto a morte da criança certamente seria uma coisa muito ruim."[54] Mesmo essa versão menos exigente do princípio, argumentou Singer, demonstra que as pessoas mais afluentes do mundo têm um dever moral de doar dinheiro para mitigar a fome "até o ponto em que, ao dar mais, uma pessoa estaria causando um sério sofrimento para si mesma e para os seus dependentes"[55].

O próprio Singer considerou uma variedade de objeções ao modo como ele desenvolveu a extensão do caso da criança se afogando para o da mitigação da fome. Não me estenderei aqui na discussão dessas objeções, porém gostaria de pelo menos salientar o problema da responsabilidade moral, que também é central para a concepção de justiça proposta neste capítulo. Poder-se-ia objetar a Singer que, ao passo que a imputação de responsabilidade moral pela inação é evidente na relação um-a-um que há entre o potencial salva-vidas e a criança que está se afogando, ninguém em particular pode ser responsabilizado por não resgatar

---

51. Singer, 1985. É uma reimpressão desse artigo.
52. Ver Singer, 1985, p. 249.
53. *Ibid.*, p 249.
54. *Ibid.*, p. 249.
55. *Ibid.*, p. 249.

pessoas de um estado de inanição quando existem milhões de pessoas que também poderiam fazer isso. A resposta, mais uma vez, faz uso do exemplo simples de Singer. Se mil pessoas estiverem em condições de resgatar uma criança se afogando e nenhuma o fizer, a conclusão não é que nenhuma delas é responsável pela morte da criança, e sim que todas o são[56]. Isso também significa que a ajuda humanitária destinada à mitigação da fome não deve ser vista como moralmente opcional por aqueles em condições de contribuir, sejam eles governos, empresas ou indivíduos, da mesma maneira que resgatar uma criança que está se afogando em um lago não deve ser visto como moralmente opcional por aqueles em condições de fazê-lo.

Na realidade, os governos dos países ricos já aceitaram a obrigação de fornecer ajuda humanitária para a redução da pobreza no mundo. Eles se comprometeram, por exemplo, a aumentar gradualmente o nível da ODA aos países em desenvolvimento até que a meta estabelecida pelas Nações Unidas nos anos 1970, de 0,7% do Produto Nacional Bruto (PNB) de países doadores, seja alcançada[57]. Mais recentemente, eles aprovaram as metas definidas na Declaração do Milênio das Nações Unidas, que incluem objetivos a serem alcançados no mundo até 2015: reduzir pela metade a proporção de pessoas vivendo na pobreza e passando fome, matricular todas as crianças na escola de ensino básico, eliminar as disparidades de gênero na educação primária e secundária e reduzir os índices de mortalidade infantil em dois terços[58]. Em vez de testemunharmos esforços consistentes para cumprir essas obrigações auto-impostas, o que pudemos observar, na década de 1990, foi uma redução constante da ODA dos países da OCDE, de um percentual já muito baixo de 0,33% do PNB agregado em 1992 (ou 74 dólares *per capita* anualmente) para 0,22% (ou apenas 62

---

56. Barry, 1989b, p. 437.
57. A Declaração da Assembléia Geral de 1974, entre outros documentos da ONU, estabeleceu essa meta.
58. UNDP, 2001, p. 22.

dólares *per capita* anualmente) em 1997[59]. É evidente, no entanto, que o descumprimento das próprias obrigações não pode ser apresentado como uma boa razão para negar que elas existam ou para desqualificá-las como "politicamente irrealistas"[60]. Os Estados Unidos, assim como outros países da OCDE, alegam que a "fadiga da assistência" – o declínio do apoio público à ajuda externa, devido ao desperdício dos recursos transferidos aos países pobres em objetivos diferentes dos relacionados à redução da pobreza e da fome – é responsável por essa queda na ajuda ao desenvolvimento. Não acredito que tal razão para reduzir a assistência resista a uma avaliação cuidadosa[61]. E, mesmo que resistisse, a medida apropriada seria o delineamento de um novo formato institucional para a concessão de assistência, e não a redução da assistência[62]. Retornarei a esse tópico de ajuda humanitária mais adiante. Por ora, gostaria de enfatizar que, mesmo que o princípio de Singer forneça (como acredito que o faça) uma justificativa moral para a ajuda humanitária, ele cobre apenas uma parte do que é moralmente significativo em relação às desigualdades internacionais. Esse

---

59. Dados obtidos de UNDP, 2000, p. 218, e UNCTAD, 1999, p. 22. O percentual mais baixo do PNB gasto em ajuda externa foi o dos Estados Unidos, apenas 0,1% em 1998. Apesar do forte desempenho econômico do país na década de 1990, os Estados Unidos ficaram atrás de países muito menos ricos, como Portugal e Grécia.

60. Abordarei esse ponto mais adiante.

61. Existem explicações alternativas para o que aconteceu com a ajuda ao desenvolvimento. Países doadores muitas vezes decidem dar ajuda ou não, quanto e para quem, com base em critérios mais relacionados aos seus interesses estratégicos do que com a redução da pobreza. Além disso, as medidas de austeridade fiscal em países doadores na década de 1990, considerando-se que cortes em ajuda externa provavelmente são os que menos levantam resistência política interna, constituem uma explicação muito mais plausível para os cortes nos níveis da ODA.

62. De acordo com o *The Least Developed Countries Report 2000*, 33 dos 48 países menos desenvolvidos do mundo implementaram muitas reformas econômicas sugeridas pelo Fundo Monetário Internacional durante a década de 1990. No entanto, não foi mantido o compromisso de países doadores em elevar a ODA para os LDCs (em inglês, Least Developed Countries) em no mínimo 0,2% do PIB. Ver UNCTAD, 2000, pp. 6-7.

princípio se aplica independentemente de qualquer laço institucional entre os doadores e os beneficiários, e deve ser aplicado apenas em situações de pobreza e indigência – e contanto que essas circunstâncias persistam. Além do mais, o princípio se aplicaria mesmo que essas circunstâncias não tivessem nenhuma ligação com a desigualdade. Na realidade, justiça não é apenas uma questão de alívio da fome e da pobreza – apesar de esperar ter deixado claro que a mitigação da pobreza é a obrigação moral mais imediata e urgente que devemos cumprir. Ela é sobretudo uma questão de corrigir as desigualdades injustas de recursos e poder geradas por arranjos institucionais.

Não há dúvida de que podemos definir a justiça de maneira a tornar suas exigências equivalentes à garantia de um padrão de vida absoluto. David Miller faz exatamente isso ao falar de justiça internacional, ou seja, ele acredita que a injustiça, no contexto internacional, só pode se referir a um padrão de vida baixo em termos absolutos[63]. Apenas o padrão de vida absoluto baixo em países pobres, e não a desigualdade, deve ser foco da crítica moral no nível internacional. Não nego que, internacionalmente, a justiça requeira algum patamar mínimo definido em termos absolutos. Essa é precisamente a mensagem que queremos passar ao descrever a pobreza como uma violação aos direitos humanos. Contudo, dizer que a satisfação de necessidades básicas de nutrição, moradia, saúde e educação deveria ter prioridade moral sobre a redução de disparidades relativas (de oportunidades, poder, renda e riqueza) não necessariamente nos compromete com a asserção bastante diferente de que isso é *tudo* o que a justiça requer[64]. Retornarei a essa questão na

---

63. Miller, 1998 e 1999.
64. Isso é semelhante a uma posição normativa bastante plausível em âmbito doméstico. A pobreza certamente é o problema mais urgente de justiça. Possibilitar que os pobres escapem da pobreza (e da pobreza extrema em primeiro lugar) tem prioridade sobre, digamos, reduzir a distância entre os quintis superior e inferior da distribuição de renda. Essa é a razão pela qual nossa concepção de pobreza deveria incorporar um importante núcleo abso-

próxima seção. Gostaria de examinar agora outra implicação da visão de Miller. Ao desconectar a pobreza da desigualdade internacional, Miller está na realidade sustentando duas proposições distintas e controversas:
(1) a justiça, no nível internacional, exige *apenas* a garantia de algum patamar mínimo definido em termos absolutos e especificado por um conjunto de direitos básicos mais ou menos restritos; *e*
(2) a injustiça, ou seja, as privações de direitos básicos nos países pobres, tem pouca ligação com as desigualdades distributivas produzidas pelos arranjos internacionais. Essas privações se devem, acima de tudo, aos malogros institucionais e de políticas públicas dos próprios países pobres[65].

O efeito combinado de (1) e (2) é que um nível muito baixo de responsabilidade pelas privações de direitos básicos sofridas pelos pobres é atribuído à sociedade internacional e aos seus membros mais privilegiados. Esse é o ponto mais importante em questão. Um ponto de vista que aceita ambos está comprometido com a suposição de que apenas obrigações de humanidade fracas existem no nível internacional. Como definimos "obrigações de humanidade" e "obrigações de justiça" não é o que mais importa. É o desacordo substantivo, e não uma questão nominal, o que nos interessa aqui.

---

luto definido, por exemplo, pela noção de Sen de *functionings* básicas (discutida no cap. 3) ou por uma noção de necessidades básicas. Contudo, reconhecer isso não deveria nos levar a crer que a desigualdade de recursos acima desse patamar mínimo não é importante do ponto de vista da justiça social. As desigualdades que estão acima do patamar mínimo definido realmente importam, em termos morais, tanto porque isso é uma coisa ruim em si mesma como porque desigualdades excessivas de recursos podem tornar a erradicação da pobreza muito mais difícil de ser alcançada. Os dois pontos são relevantes internacionalmente, ou pelo menos é isso que sustentarei.

65. Apesar de Miller não formular claramente a proposição (2), penso que é justo considerar que (1) e (2) podem ambas ser inferidas de sua discussão (Miller, 1999, pp. 202-4), de quatro tipos ideais de casos nos quais a destituição de direitos básicos pode ocorrer.

A desigualdade é importante?

Por que devemos nos preocupar com a desigualdade internacional? Não é suficiente que nossas preocupações morais, no nível internacional, se restrinjam a problemas de pobreza? Suponhamos, por mais implausível que isso pareça da forma como as coisas hoje se apresentam, que os países que concentram o quintil mais rico da população mundial concordassem em transferir anualmente mais 0,5% do seu PNB, ou cerca de 100 bilhões de dólares, para programas de ajuda ao desenvolvimento e à redução da pobreza[66]. Transferências adicionais de apenas 80 bilhões de dólares anuais, de acordo com uma estimativa das Nações Unidas, seriam suficientes para garantir assistência à saúde adequada e educação básica e para oferecer transferências monetárias suficientes para abolir a pobreza de renda[67]. Teríamos o direito de dizer, nesse caso, que, com relação às disparidades socioeconômicas, e mesmo que a razão entre a renda dos 5% mais ricos e a renda dos 5% mais pobres fosse mantida em um nível muito elevado, questões de justiça não mais se apresentariam? Não é o que penso. As razões para nos preocuparmos com a desigualdade, como um tópico separado da privação material, são semelhantes nos casos domésticos e internacionais. É claro que há um sentido imediato que pode ser atribuído à proposição de que as desigualdades internacionais importam moralmente e que é evidenciado pelos números mencionados acima. Quanto maiores as desigualdades e quanto mais ricos são os países que concentram os 15% mais ricos da população mundial, tanto menores são os sacrifícios que lhe seriam impostos para garantir pelo menos a abolição da pobreza extrema. Esse objetivo seria atingido se o mundo rico cumprisse a obrigação já aceita (citada na seção anterior) de

---

66. Trata-se de uma estimativa aproximada baseada em dados de 1999 extraídos de World Bank, 2000, p. 274.

67. Ver Hill, Peterson e Dhanda, 2001, p. 183.

transferir 0,7% de seu PNB, ou somente 0,07 de cada 10 dólares de renda. "Com efeito", diz Jeffery Sachs, "o esforço exigido dos ricos é tão insignificante que fazer menos do que isso equivale a declarar descaradamente a uma grande parte do mundo: 'Vocês não valem nada.' Portanto, não deveríamos nos surpreender se em anos posteriores os ricos colherem as tempestades dessa semeadura impiedosa."[68] É em virtude de a desigualdade de riqueza e renda ser tão vasta no mundo que se torna mais inaceitável, moralmente, o fato de haver 1,2 bilhão de pessoas vivendo com até um dólar PPP por dia. Voltando à argumentação de Peter Singer analisada na seção anterior, os 15% mais ricos do mundo não teriam de abrir mão de nada que tenha importância moral para que a pobreza extrema pudesse ser abolida.

Feito esse comentário, observo que existem tanto razões morais como não-morais que nos fazem considerar a desigualdade mundial um problema importante do ponto de vista normativo. Comecemos pelas considerações morais mais diretas. Aprendemos com Rawls, para mencionar uma dessas razões, que as oportunidades de uma pessoa fazer de sua vida algo que valha a pena não devem ser determinadas por "fatores moralmente arbitrários" – ou seja, por fatores que têm relação com suas circunstâncias, e não com as suas próprias escolhas[69]. Conforme mencionado acima, é difícil encontrar um fator moralmente arbitrário desse tipo que hoje em dia tenha um peso tão grande nas oportunidades de vida de uma pessoa quanto o local onde ela tenha nascido. Como uma questão de argumentação moral, é difícil dar sentido ao fato de que uma pessoa ter nascido a poucos quilômetros ao norte ou ao sul da fronteira entre o México e os Estados Unidos possa fazer, como realmente faz, uma enorme diferença em suas oportunidades de ter uma vida boa. Conforme Pogge ressaltou, as razões para conceder um *status* moral às fronteiras nacionais, dis-

---

68. Sachs, 2005, pp. 331-2.
69. Ver capítulo 1, neste volume, sobre essa proposição normativa.

tinto do *status* moral de outros fatores moralmente arbitrários, como as diferenças de sexo, cor da pele, classe social de origem, não são nem um pouco claras[70]. As fronteiras nacionais são, acima de tudo, instituições humanas como qualquer outra instituição – ou, para ser mais preciso, são um componente da soberania nacional, que por sua vez é uma instituição que só faz sentido como parte de um arranjo institucional global. É de perguntar por que, de um ponto de vista normativo, se deveria deixar que tivessem implicações tão grandes nas perspectivas de vida de pessoas no mundo todo.

Além disso, existem dois outros argumentos relevantes de Rawls que esclarecem por que a desigualdade importa. "As desigualdades políticas e econômicas significativas", diz Rawls, "estão normalmente associadas às desigualdades de *status* social que incentivam as pessoas de *status* inferior a ser vistas por elas mesmas e pelos demais como inferiores. Isso pode gerar atitudes generalizadas de deferência e servilismo, de um lado, e de vontade de dominar e arrogância, de outro."[71] A humilhação associada ao *status* social baixo daqueles que se encontram nas posições mais inferiorizadas alimenta uma "inveja desculpável" entre eles e mina o respeito por si mesmos, de forma que se torna difícil para eles afirmar seu próprio senso de justiça e a disposição de apoiar as instituições comuns[72]. Denominemos esse argumento contra a desigualdade "argumento do auto-respeito". Ainda há outra razão moral para se preocupar com vastas desigualdades socioeconômicas que concerne ao que Rawls denominou "valor eqüitativo das liberdades políticas"[73]. As desigualdades de riqueza e renda – mesmo que limitadas ao nível de desigualdade que o próprio princípio de diferença proposto pela teoria de Rawls admitiria – não po-

---

70. Pogge, 1994b, p. 198.
71. Rawls, 2001, p. 131.
72. Ver Rawls, 2008, seção 81, para a noção de "inveja desculpável".
73. Rawls, 1993b, Conferência VIII, § 12.

dem ser tão grandes a ponto de permitir que o poder econômico seja convertido em poder político e ameaçar o valor das liberdades políticas dos menos privilegiados. Se o que se pretende é que resultados justos se produzam de procedimentos políticos (e mesmo de procedimentos políticos eqüitativos, como os de um governo democrático), as desigualdades socioeconômicas deverão ser mantidas abaixo de determinados limites[74]. Denominemos essa objeção à desigualdade "argumento do valor eqüitativo das liberdades políticas".

A questão que se apresenta neste ponto é averiguar se esses dois argumentos antidesigualdade mencionados no parágrafo anterior se aplicam não apenas no âmbito doméstico mas também no internacional. Se isso acontecer, eles também oferecerão razões para rejeitar o que antes denominei "argumento dos fatores internos". Charles Beitz argumentou que a desigualdade, como uma noção analítica e normativamente distinta da de pobreza, importa, sim, para a avaliação das disparidades socioeconômicas internacionais[75]. No que diz respeito ao argumento sobre auto-respeito, Beitz afirma que, "com a expansão e a maior penetração da mídia global, já não se pode sustentar que a sociedade global está dividida, como Rawls imaginava que uma sociedade doméstica justa poderia estar, em uma pluralidade de 'grupos não-comparáveis' que, ou bem não têm ciência, ou bem são indiferentes aos padrões de vida existentes em outras sociedades"[76]. Parece implausível afirmar, nas circunstâncias atuais, que os membros de sociedades domésticas diferen-

---

74. Apesar de ser difícil determinar esses limites de forma precisa, a crítica de Rawls ao capitalismo de bem-estar social e suas observações sobre o seu regime socioeconômico preferido, a chamada "property-owning democracy", tornam claro que ele considera os níveis de desigualdade socioeconômica existentes mesmo nos Estados de bem-estar social mais desenvolvidos do presente como incompatíveis com o valor eqüitativo das liberdades políticas. Ver Rawls, 2001, pp. 138-40 e 148-52.

75. Beitz, 2001b, pp. 114-8.

76. *Ibid.*, p. 115.

tes não se importam com o seu *status* social relativo. Além disso, existem pressões econômicas globais que operam no sentido de elevar as disparidades salariais entre as pessoas altamente qualificadas, e com alta mobilidade internacional, e as pessoas com baixa qualificação de países pobres, contra quem as barreiras à imigração nos países ricos parecem ter sido eregidas[77]. Vastas diferenças salariais e de bem-estar que os mais privilegiados acreditam que podem ser atribuídas a algo que carregam em seu próprio cérebro (o chamado "capital intelectual"), em vez de ser atribuídas, como deveria sê-lo, a determinadas características das instituições sociais, são as mais propícias para gerar atitudes de superioridade e inferioridade sociais. O fato de tal crença ser errônea não torna essa forma de desigualdade tolerável para aqueles que sofrem os seus efeitos[78].

Quanto ao argumento do valor eqüitativo das liberdades políticas, são ainda mais fortes as razões para aplicá-lo também no nível internacional[79]. Pois não há nenhuma dúvida de que as pessoas que vivem nos países que concentram o quintil mais pobre da população mundial são profundamente afetadas pelo processo de tomada de decisões políticas e econômicas que é controlado sobretudo por pessoas e pelos governos dos países nos quais se concentra o

---

77. Conforme Kapstein ressalta, as pessoas não têm mais liberdade para imigrar hoje do que há uma geração atrás, e têm muito menos liberdade para imigrar do que os seus avós (1999, p. 104).

78. A parcela dos benefícios da cooperação social que recompensa os talentos e qualificações superiores, em comparação à parcela desses benefícios que é destinada aos não-qualificados e desprovidos de talento, é determinada, obviamente, pelos arranjos institucionais existentes. Deixando-se de lado a desigualdade internacional por um momento, os trabalhadores norte-americanos "de colarinho azul" obtinham uma parcela significativamente maior de bens sociais até o início da década de 1970 do que hoje. Quase 50 milhões de trabalhadores ganham hoje (em 2001) menos de 10 dólares por hora e trabalham 160 horas a mais por ano do que os trabalhadores o faziam por volta de 1973. Ver Steger, 2002, p. 108. São sobretudo mudanças nas instituições (como o sistema de tributação e de transferências), e não no cérebro das pessoas, que explicam isso.

79. Pogge, 1989, p. 250.

quintil mais rico da população mundial. Os governos das sociedades mais ricas não apenas exercem grau desproporcional de controle sobre as tomadas de decisão em instituições como o Conselho de Segurança das Nações Unidas e a Organização Mundial do Comércio (OMC), mas também interferem muito, por meio de organizações internacionais como o FMI e o Banco Mundial, nas políticas internas dos países em desenvolvimento – especialmente de países que estão em situação mais vulnerável devido a problemas de balanço de pagamentos. Se a redistribuição econômica pode ser moralmente justificada no âmbito doméstico para (entre outros motivos) bloquear a conversão de poder econômico em poder político, por que um argumento similar não se aplica ao âmbito internacional? Limitar o nível de desigualdade socioeconômica permissível internacionalmente é necessário para aumentar a voz dos mais pobres do mundo no processo decisório de organizações e instituições internacionais. Esse argumento se aplicaria ainda que procedimentos mais democráticos viessem a ser adotados nesses contextos.

Três razões morais para nos preocuparmos com a desigualdade (como algo distinto da pobreza) foram apresentadas nos parágrafos acima: o argumento da arbitrariedade moral, o argumento do auto-respeito e o argumento do valor eqüitativo das liberdades políticas. Existe ainda um quarto tipo de argumento que vai na seguinte direção: se estamos preocupados com a pobreza, então também devemos nos preocupar com a desigualdade. Os motivos disso são tanto morais como não-morais. Um corpo crescente de evidências empíricas demonstra que níveis elevados de desigualdade podem reduzir o passo do crescimento econômico, o que representa uma razão não-moral para favorecer mais igualdade distributiva, e enfraquecem consideravelmente o efeito de redução da pobreza do crescimento econômico[80].

---

80. World Bank, 2000, pp. 49-59; UNDP, 2001, pp. 16-20. Ver também Milanovic, 2001, pp. 58-60.

Altos níveis de desigualdade inicial de recursos – capital humano e físico, conhecimento e acesso a crédito –, especialmente quando isso se combina com uma elevada desigualdade de gênero, podem ser prejudiciais à eficiência econômica e, o que é mais importante, podem impedir que pessoas se beneficiem do crescimento econômico quando ele de fato ocorre. As pessoas pobres não dispõem dos recursos cruciais, como capital humano, acesso à tecnologia de ponta e de garantias financeiras para fazer empréstimos para começar um pequeno negócio, sem os quais não é possível tirar proveito das novas oportunidades que o crescimento oferece. Somente quando a desigualdade inicial de recursos é relativamente baixa, o crescimento econômico pode realmente se constituir em "um jogo de soma positiva", como muitos economistas gostam de imaginar, resgatando pessoas da pobreza e espalhando benefícios por todos os grupos sociais. Ao dizer que isso é, ao menos em parte, uma razão não-moral para favorecer a igualdade distributiva, tenho em mente que essa é uma razão atraente mesmo para aqueles cuja única preocupação é a prosperidade econômica, e não a justiça social. Isso significa afirmar que mesmo os países ricos têm uma motivação não-moral, de natureza prudencial, para se importar com a prosperidade econômica em países pobres? Não há dúvida de que isso só pode ser verdadeiro em um sentido muito restrito. (Discutirei este tópico – o que podemos esperar de razões morais e prudenciais referentes à justiça socioeconômica internacional – mais detalhadamente abaixo.) Mas certamente é verdade que os proponentes mais entusiásticos da globalização neoliberal não estão de modo algum dispostos a abandonar a idéia de que isso pode promover a prosperidade econômica em todo o mundo, e não somente no mundo desenvolvido[81]. Poder-se-ia argumentar, por exemplo, que o crescimento

---

81. Na realidade, uma proposição central da teoria econômica neoclássica do comércio é que o comércio internacional livre, combinado com a adoção de instituições e políticas domésticas "corretas" em todos os países, leva-

econômico em países em desenvolvimento faria com que o mundo como um todo se tornasse um lugar mais seguro para viver. Alguém poderia objetar que essas razões morais e não-morais relacionadas ao quarto argumento poderiam e deveriam ser levadas em conta por políticas públicas e reformas institucionais domésticas. Não há dúvida de que isso é correto. No entanto, essas razões também justificam uma redistribuição internacional dos recursos. Consideremos brevemente, de início o caso dos Países Menos Desenvolvidos (LDCs), um grupo de 49 países (onde viviam, em 2002, 637,4 milhões de pessoas) que "constitui o núcleo do problema da marginalização na economia mundial"[82]. Esses países não têm muito o que investir na melhoria do capital humano de seus povos e nos serviços e infra-estrutura necessária para torná-los capazes de se beneficiar da economia mundial. Sua capacidade de investimento no próprio desenvolvimento econômico e social se torna extremamente difícil devido a um nível muito baixo de poupança doméstica, e isso é ainda mais fragilizado pelas obrigações com o pagamento dos encargos com a dívida externa a que a maior parte desses países está sujeita. Nos anos 1990, o total dos encargos pagos anualmente pelos LDCs estava acima dos 4,5 bilhões de dólares, e alguns desses países gastam de três a cinco vezes mais com os encargos da dívida

---

rá, no longo prazo, a uma convergência mundial nos níveis de renda. A utilidade marginal elevada do capital faria com que ele fluísse para os países nos quais há falta de capital. E a abundância de trabalho barato faria com que os países pobres privilegiassem a produção exportável que é intensa em trabalho, o que em seu devido tempo elevaria os ganhos dos trabalhadores não-qualificados. Ainda que seja difícil confirmar ou refutar essa teoria rósea, já temos um longo caminho percorrido na implementação de reformas e políticas neoliberais, tanto doméstica como internacionalmente, sem que até agora nenhuma evidência consistente dessa convergência tenha se revelado.

82. UNCTAD, 2000, p. 1. Os dados sobre população mencionados no texto foram extraídos da UNCTAD, 2002 p. 253. O último documento combina três critérios (baixa renda nacional, fraca propriedade humana e vulnerabilidade econômica) para definir um país como sendo LDC.

do que com aquilo que investem em serviços sociais básicos[83]. Como resultado, os países menos desenvolvidos dependem crucialmente de recursos externos, como as remessas de dinheiro feitas por seus cidadãos emigrantes, ajuda internacional e fluxo de entrada de capital externo para financiar praticamente todos os seus investimentos[84]. Além disso, mesmo no caso de países em desenvolvimento que não estão sujeitos a condições tão severas, não está claro até que ponto as políticas e as opções internas podem ser consideradas as causas exclusivas de desigualdades socioeconômicas domésticas e internacionais. Em um mundo em que há uma crescente mobilidade de capital, políticas e reformas institucionais domésticas que objetivam garantir mais justiça distributiva são significativamente restringidas por forças econômicas externas, especialmente pelas expectativas de investidores estrangeiros[85]. Do lado da arrecadação fiscal, há uma tendência geral, e não somente no mundo em desenvolvimento, de recuar de mecanismos de tributação progressiva e de recorrer cada vez mais a impostos sobre o valor agregado que têm efeitos particularmente regressivos. Assim como o próprio FMI reconheceu, "é de esperar que a globalização restrinja cada vez mais as escolhas governamentais de estruturas tributárias e de alíquotas tributárias"[86]. Do lado do gasto social, a austeridade fiscal e os programas de ajustes, freqüentemente impostos aos países em desenvolvimento pelo FMI e pelo Banco Mundial nos anos 1980 e início dos anos 1990 sob a estrutura ideológica do chamado "Consenso de Washington", freqüente-

---

83. UNCTAD, 2002, p. 274. O pagamento dos serviços das dívidas de todos os LDCs chegou a 4,6 bilhões em 1997.
84. *Ibid.*, p. 41.
85. Kapstein, 1999, pp. 100-2.
86. IMF, 1997, p. 70. O Banco Mundial, apesar de admitir que políticas redistributivas contribuem tanto para a eqüidade como para a eficiência econômicas, restringe suas recomendações políticas a mudanças no perfil dos gastos públicos e à redistribuição de ativos, como a propriedade da terra, por meio de políticas compatíveis com os mecanismos de mercado. Ver World Bank, 2000, pp. 56-7.

mente levaram a uma redução na quantidade e na qualidade da educação e nos serviços de saúde, de nutrição e previdência social oferecidos pelo Estado, e até mesmo à adoção de taxas escolares, em alguns países, que excluíram muitas crianças pobres da educacão básica.

Um terceiro ponto que vale a pena examinar tem a ver com a distribuição muito desigual dos ganhos com a globalização. Não é minha intenção a de discutir detalhadamente a economia política da globalização, uma tarefa para a qual não possuo o conhecimento técnico necessário. Limito-me a fazer algumas observações relacionadas à argumentação central aqui desenvolvida. Deve-se notar, de início, que a chamada "globalização" não deve ser vista como algum tipo de processo econômico e tecnológico que ocorre de todo fora do controle humano. Apesar de existir muita controvérsia sobre quão longe a globalização foi, muitos analistas ressaltam que o mesmo grupo de decisões e políticas provocou e acelerou as tendências integracionistas da economia mundial. Para descrever isso de forma breve, pode-se apontar o colapso do sistema de Bretton Woods de taxas de câmbio fixas no início dos anos 1970, depois de uma decisão tomada por Richard Nixon de acabar com a convertibilidade dólar-ouro em agosto de 1971, e as subseqüentes decisões e políticas, implementadas nas décadas seguintes, de liberalização comercial e desregulamentação financeira internacional, como os principais parâmetros desse processo[87]. Como resultado, o comércio internacional, os fluxos financeiros internacionais e os investimentos diretos estrangeiros elevaram-se a níveis sem precedentes nos anos 1990, com seus benefícios econômicos tendo se concentrado fortemente em países da OCDE e, em menor medida, em um punhado de países em desenvolvimento. ("Países em de-

---

87. Para duas análises competentes desse processo, que têm inclinações políticas e ideológicas contrastantes, ver Gilpin, 2001, e Scholte, 2000. Sobre essa temática, consultar também Held, McGrew, Goldblatt e Perratton, 1999, caps. 3 e 4, e Quiggin, 2001.

senvolvimento" é uma categoria um pouco enganadora, já que se aplica tanto a países como Cingapura, que tem renda *per capita* de 20 mil dólares, quanto a países como a Somália, que tem renda *per capita* de 100 dólares.) Os fluxos de investimentos diretos estrangeiros, por exemplo, alcançaram 600 bilhões de dólares em 1998, mas aproximadamente 70% desses investimentos se concentraram nos países da OCDE, ficando os 30% restantes para alguns poucos países em desenvolvimento (principalmente China, Brasil, México e Cingapura). Os países menos desenvolvidos (os LDCs) não obtiveram praticamente nada: 0,4%[88].

Conforme Ethan Kapstein argumentou, os líderes mundiais que ergueram as instituições internacionais no final da Segunda Guerra Mundial procuraram reconciliar os objetivos de promover o comércio internacional *e* a justiça social, vista como um bem público internacional[89]. O sistema de Bretton Woods, que teve em Keynes um de seus principais mentores, foi concebido para proteger as políticas e as instituições domésticas do Estado de bem-estar social das pressões financeiras internacionais[90]. É verdade que, sob esse sistema, a justiça social constituía um objetivo a ser perseguido sobretudo no nível doméstico. Mas, por outro lado, os formuladores de Bretton Woods admitiam que o comércio internacional tinha realmente efeitos distributivos injustos que precisavam ser corrigidos pela redistribuição internacional de recursos, mediante políticas como a adoção de tarifas preferenciais, a ajuda externa e a transferência de tecnologia para os países em desenvolvimento[91].

---

88. UNDP, 2000, p. 82.
89. Kapstein, 1999, pp. 88-98.
90. Para isso foram cruciais o sistema de taxas de câmbio fixas, no âmbito internacional, e as políticas de controle de capital, no âmbito doméstico.
91. Críticos do livre comércio, como Raul Prebish e Gunnar Myrdal, sustentaram no início dos anos 1950 que o único caminho para os países em desenvolvimento alcançarem os países industrializados era o de uma estratégia doméstica de substituição de importações combinada à redistribuição internacional. Os trabalhos de Prebish armaram o cenário para a posterior teoria

Esse consenso do pós-guerra foi varrido pela recente globalização orientada pelo mercado, e isso ocorreu de forma deliberada por parte dos que tomam decisões tanto nos países-chave do Norte como nas organizações internacionais. Foi uma mudança de política, e não as inovações tecnológicas nas telecomunicações e na informática, que causou o crescimento no fluxo de bens, serviços e capital que é freqüentemente tido como característica crucial da globalização. E, como John Quiggin observa, em vez de ver esse crescimento como uma força exógena pressionando pela implementação do tipo de reformas amigáveis ao mercado defendidas pelos neoliberais no âmbito doméstico, "seria mais preciso ver a remoção das restrições ao comércio e aos fluxos de capital como o componente internacional do programa de políticas neoliberais"[92].

O sucesso político desse programa praticamente eliminou a justiça social como uma preocupação dos acordos e das instituições internacionais. Em conseqüência disso, os efeitos distributivos tanto dos regimes internacionais, quando eles existem, quanto da *inexistência* de mecanismos de governança global podem ter livre curso[93]. Este último caso

---

da dependência e para as reivindicações, apresentadas pelo Grupo dos 77 na ONU, nos anos 1970, de uma Nova Ordem Econômica Internacional (NOEI). Apesar de as demandas da NOEI terem sido formuladas na linguagem da justiça, algumas de suas propostas, como criar um regime internacional de *commodities* com o objetivo de estabilizar os preços das matérias-primas, foram inspiradas na bem-sucedida experiência da Opep. Essas propostas estavam de fato muito mais preocupadas em fortalecer a posição relativa de certos Estados de países em desenvolvimento no sistema internacional do que com a sorte dos pobres e com as desigualdades internacionais de perspectivas de vida. Essa é a razão pela qual, a despeito do fato de que foi a NOEI que pela primeira vez levantou a questão da justiça distributiva internacional como um problema político, a teoria política da justiça distributiva internacional hoje não tem muito como se basear nessa experiência.

92. Quiggin, 2001, p. 67. Ver também Steger, 2002, para uma crítica da idéia de que a globalização orientada pelo mercado constitui um tipo de processo natural e inevitável, pelo qual ninguém é responsável.

93. Existem alguns tímidos sinais de mudança. O Banco Mundial, por exemplo, já não é (pelo menos sob a presidência de James Wolfensohn) um defensor incondicional da posição do Consenso de Washington. O Banco agora

é claramente ilustrado pela ausência de uma instituição global que regulamente o fluxo financeiro internacional. O colapso do sistema de Bretton Woods, assim como a abolição dos controles de capital por todo o mundo, resultou em um aumento da movimentação diária das transações financeiras internacionais de 15 bilhões de dólares, em 1973, para a cifra de 1,8 trilhão de dólares, em 1998[94]. Esses fluxos são de curto prazo e investimentos altamente especulativos, tendo pouca relação com a produção de bens ou mesmo com o comércio internacional de bens e serviços[95]. Apesar de especulações sobre uma "nova arquitetura financeira global" surgirem após cada nova crise financeira, como as sucessivas crises na Ásia em 1997, na Rússia em 1998 e no Brasil em 1999, não há um regime ou um mecanismo para regulamentar o fluxo financeiro internacional.

É importante observar que, do ponto de vista aqui adotado, o fato de não existir uma instituição formal regulamentando uma área de preocupação global não significa que essa ausência não deva contar como um componente do que poderíamos denominar, seguindo Rawls, "estrutura básica" da sociedade internacional. Na verdade, constitui uma característica dos arranjos globais vigentes a de que enormes fluxos internacionais de capital permaneçam sem nenhuma regulamentação. O que deve ser feito é comparar as conseqüências distributivas dos arranjos vigentes com as con-

---

reconhece – embora relutantemente – que a onda de reformas pró-mercado dos anos 1980 e 1990 não cumpriu com sua promessa de garantir crescimento econômico, sem falar em eqüidade econômica, para a maior parte do mundo em desenvolvimento. De acordo com o Banco, essas "reformas de primeira geração" agora têm de ser complementadas por "uma estratégia de desenvolvimento que inclua investir em pessoas por meio de serviços de educação e saúde, promover um crescimento econômico inclusivo e eqüitativo, dar apoio a boas práticas de governança e proteger o meio ambiente". Banco Mundial, 2001, p. 192.

94. Oxfam GB, 1999, p. 1. Esses dados foram extraídos de um documento do Banco de Compensações Internacionais (BIS).

95. As transações internacionais de exportação e importação de bens e serviços também vêm crescendo em décadas recentes, mas o montante diário alcançado no fim dos anos 1990 é vários dígitos mais baixo: 25 bilhões de dólares.

seqüências distributivas de uma alternativa em que esses fluxos seriam regulamentados (e, possivelmente, tributados). Não seria difícil demonstrar a quem interessa a preservação do *status quo*, com o sistema financeiro norte-americano aparecendo no topo da lista de suspeitos, e a quem são impostos os ônus mais pesados, a saber, os países em desenvolvimento, que freqüentemente enfrentam ataques especulativos contra suas moedas e são pressionados, em suas escolhas de políticas e instituições domésticas, por fugas de capital reais ou potenciais[96]. A globalização financeira desregulada impôs uma camisa-de-força aos governantes desses países, no sentido de que há uma forte pressão para que implementem somente políticas consideradas "amigáveis ao mercado", isto é, políticas que demonstram ter um forte compromisso com a estabilidade dos preços, níveis baixos de gasto e de déficit públicos, baixa tributação direta, privatizações e desregulamentação das relações trabalhistas.

Os regimes internacionais, quando existentes, podem também ter efeitos distributivos que contribuem para a desigualdade internacional. Este é, certamente, o caso do Acordo Geral de Tarifas e Comércio (GATT)-Organização Mundial do Comércio (OMC). Seria ingênuo avaliar esse regime (e outros regimes internacionais) somente com base em objetivos como a promoção da eficiência econômica e a cooperação interestatal mutuamente vantajosa – ainda que, é claro, essas funções "mais benignas" também façam parte do quadro. Dois comentários são pertinentes aqui. Primeiro, embora as oito rodadas de negociação do GATT, entre 1948 e 1994, tenham conseguido reduzir a tarifa média sobre a importação de manufaturas de mais de 40% para apenas 3% em países da OCDE, os países desenvolvidos continuam impondo barreiras tarifárias e não-tarifárias elevadas

---

96. De acordo com Robert Gilpin, os governos norte-americanos têm se oposto ferozmente à introdução de qualquer forma de regulamentação internacional nessa área. Entre as principais razões para isso estão a competitividade do sistema financeiro norte-americano e o fato de que esse sistema tem muito poder político nos Estados Unidos (Gilpin, 2001, p. 277).

(como as cotas de importação e os subsídios domésticos e de exportação concedidos a seus próprios produtores) a produtos agrícolas, têxteis e outras manufaturas intensivas em trabalho vindas de países em desenvolvimento. A UNCTAD estimou que, em virtude dessas barreiras, os países em desenvolvimento estão perdendo algo em torno de 700 bilhões de dólares anualmente em ganhos na exportação, e isso corresponde a treze vezes o montante anual de toda a ODA[97]. Estritamente falando, essa nem sequer é uma questão de justiça distributiva. Talvez devêssemos defini-la como uma questão daquilo que Barry uma vez denominou "justice as requital" [justiça como retribuição], isto é, a justiça de uma recompensa ou de uma troca justas. O remédio aqui não consiste em redistribuição internacional de recursos, mas somente em tornar o "comércio livre" efetivamente livre[98]. Essa é uma das questões que vêm emperrando a obtenção de acordos na nona rodada do sistema GATT-OMC, a Rodada Doha, que, prevista para se encerrar em janeiro de 2005, corria sérios riscos, em meados de 2007, de fracassar.

Em segundo lugar, há a questão da implementação internacional de direitos de propriedade. Esse tipo de questão torna a preocupação com a redistribuição relevante para o contexto internacional de forma afim ao argumento cen-

---

97. Ver UNCTAD, 1999a, p. IX.
98. Outra questão controversa nesse contexto é a da desejabilidade, do ponto de vista da justiça internacional, de se introduzirem cláusulas trabalhistas, ambientais e de respeito aos direitos humanos no regime do comércio internacional. Não tenho como examinar esse tópico de forma apropriada no momento. Mas não posso deixar de observar que, ainda que cláusulas desse tipo exprimam preocupações genuínas de justiça internacional, não é nem um pouco claro em que medida sanções comerciais, que certamente vão recair sobre países pobres, de fato constituem a melhor resposta para tais preocupações. No que se refere a padrões trabalhistas, Birdsall e Lawrence (1999, pp. 143-5) sugerem um enfoque alternativo, que tem por base a assistência a países em desenvolvimento e medidas não-coercitivas. A única certeza, da perspectiva deste estudo, é a de que é preciso tratar dessas questões, não do ponto de vista dos interesses dos representantes da American Federation of Labor-Congress of Industrial Organizations (AFL-CIO), mas daqueles das mulheres e crianças submetidas a condições desumanas de trabalho nos países pobres.

tral deste texto. Fundada em 1995, depois da Rodada do Uruguai do GATT, a OMC não é somente dotada de mais poder e autoridade para impingir suas decisões que o regime que a precedeu, o GATT, como também sua jurisdição estende-se para além de problemas de barreiras alfandegárias, envolvendo tópicos como a proteção de direitos de propriedade intelectual. Com efeito, os tratados da OMC afetam praticamente todos os aspectos sobre como os Estados organizam suas economias internamente. A maioria dos governos de países em desenvolvimento assinou o Acordo sobre os Aspectos dos Direitos de Propriedade Intelectual Relacionados ao Comércio (TRIPS*) de 1994, e está implementando as instituições domésticas exigidas por esse regime, sem que se tivesse uma noção muito clara de seus efeitos distributivos[99]. A pesquisa científica e o desenvolvimento tecnológico estão ainda mais concentrados nos países ricos do que a riqueza e a renda, e tal concentração é possivelmente o fator mais importante entre aqueles que contribuem para aumentar a desigualdade no mundo atual. Somente os Estados Unidos, o Japão, a Alemanha, a Grã-Bretanha e a França responderam por 84% das novas patentes concedidas no ano de 2002[100]. Além disso, a maior parte (60%) da pesquisa e do desenvolvimento nos próprios países ricos ocorre, hoje, em corporações multinacionais, que estão voltadas à criação de novos produtos para o terço superior da população mundial que possui suficiente poder de compra para adquiri-los. Isso explica por que somente uma pequena fração – menos de 0,6% – dos 70 bilhões de dólares gastos em pesquisas de saúde em 1998 foi dedicada a vacinas contra a Aids/HIV e a malária, duas epidemias que cobram um alto preço dos países mais pobres[101]. É preciso haver algum ar-

---

* Em inglês, Trade-Related Aspects of Intellectual Property Rights.

99. Uma exigência básica do acordo dos TRIPS é a proteção de vinte anos para patentes. Países em desenvolvimento não têm nenhum tratamento diferenciado, exceto no que se refere a onze anos extras que alguns deles, os LDCs, têm para implementar essa proteção. UNDP, 2001, p. 103.

100. OCDE, 2005, p. 7

101. Ver UNDP, 2001, p. 3, para os dados citados neste parágrafo.

ranjo internacional de concessão de patentes e de proteção de direitos autorais, em uma economia de mercado, para que o setor privado tenha incentivos para produzir novos conhecimentos. Porém, o arranjo hoje vigente, que faz cumprir os direitos de propriedade intelectual sem que exista nenhum mecanismo redistributivo para corrigir as desigualdades que disso resultam, certamente vai ampliar ainda mais a distância entre as perspectivas de vida de ricos e pobres no planeta.

Nos parágrafos acima, apresentei razões para rejeitar o "argumento dos fatores internos". Gostaria de adicionar um comentário final. Nas atuais circunstâncias da economia mundial, em que uma alta mobilidade internacional do capital e da força de trabalho altamente qualificada se combina, sobretudo nos países ricos, com barreiras nacionais contra a imigração de mão-de-obra não-qualificada, é bastante improvável que apenas instituições e políticas domésticas sejam suficientes para reduzir significativamente a desigualdade – quer em âmbito doméstico, quer em âmbito internacional. Se acreditamos que a desigualdade *é* uma questão, por razões tanto morais como não-morais, então também temos razões fortes para acreditar que as instituições internacionais terão de desempenhar um papel muito mais ativo do que o visto até hoje para mitigar a injustiça social.

Ajuda humanitária com base na justiça

Façamos uma pausa para uma reflexão sobre o realismo das propostas de reforma que poderiam ser recomendadas pela perspectiva normativa aqui desenvolvido. Mesmo que, nas próximas décadas, um significativo aumento na ajuda humanitária seja tudo o que se pode realisticamente esperar, isso não significa que a discussão sobre a justiça no contexto internacional seja ociosa. Note-se que a ajuda humanitária é vista, por um lado, como algo que exaure nossas obrigações morais no nível internacional e, por outro, totalmente diferente, como o mínimo que deve ser feito em virtude de obrigações mais exigentes de justiça. Neste último caso, a porta fica aberta para a recomendação de sistemas de financiamento à oferta de bens públicos globais e a programas de ajuda ao desenvolvimento em bases permanentes e institucionais. Jeffrey Sachs é um dos que vêm defendendo propostas de reformas, que estão no espírito do enfoque proposto aqui, de uma ajuda humanitária com base na justiça[102]. O cancelamento de dívidas de LDCs altamente endividados é uma das propostas. Sachs também propõe, o que tem uma conexão ainda mais clara com o enfoque normativo deste estudo, um imposto global sobre os combustíveis fósseis que liberam carbono. Tal instituição permitiria realizar dois objetivos: oferecer incentivos contra a utilização excessiva de combustíveis fósseis, que está deformando o clima mundial; e arrecadar recursos para financiar uma variedade de agências multilaterais (que hoje são extremamente subfinanciadas) dedicadas ao desenvolvimento, à ajuda humanitária e a problemas ambientais[103]. Outra idéia na mesma direção é o chamado "Imposto Tobin" – a proposta de um imposto sobre as transações financeiras internacionais que foi inicialmente apresentada pelo economista James Tobin em 1978 e vem, desde então, conquistando um forte apoio de uma variedade de ONGs e redes de ativismo internacionais[104]. A questão sobre em que medida o Imposto Tobin poderia reduzir os fluxos de capital volátil e os ataques especulativos contra as moedas deve ser debatida, mas algumas de suas características são indiscutivelmente atraentes. Esse tributo incidiria sobre o capital financeiro (é

---

102. Ver *The Economist*, 1999, e Sachs, 2005.
103. Uma idéia similar foi proposta por Thomas Pogge alguns anos atrás. Pogge (1994a e 1994b) propôs um Dividendo Global de Recursos que deveria incidir sobre as atividades econômicas que extraem recursos naturais e causam poluição.
104. As mais proeminentes entre elas são a Oxfam e a Associação pela Tributação das Transações Financeiras em Apoio aos Cidadãos (ATTAC). Ver Oxfam GB, 1999, p. 14, para outras referências.

um imposto, como alguns de seus defensores gostam de dizer, que recairia "sobre Wall Street, não sobre Main Street"), que poderia ser projetado de modo a ser claramente redistributivo, e mesmo uma alíquota muito baixa dele seria suficiente para arrecadar uma receita bastante substancial. Não há nenhuma dúvida de que a instituição de qualquer imposto internacional como esse enfrentaria sérios problemas no que se refere a como fazer cumprir, arrecadar o que é devido e determinar a distribuição da receita arrecadada, mas parece razoável supor que nenhuma dessas dificuldades constitui um obstáculo insuperável[105].

Consideremos, por exemplo, o problema da distribuição da receita. Uma das objeções levantadas, a esse respeito, é que qualquer sistema de tributação internacional pode ter efeitos regressivos – poderia acabar gerando, por exemplo, transferências de escandinavos de classe média para pessoas de países em desenvolvimento que são mais abastadas. Porém, arranjos institucionais poderiam ser concebidos de modo a impedir ou minimizar esses efeitos regressivos. Isso não deveria se mostrar muito difícil, como Branko Milanovic ressalta, já que 78% da população mundial vive com rendimentos abaixo da linha de pobreza dos países ricos (já convertida para dólares PPP)[106]. Conforme Milanovic demonstra, transferências bilaterais de países ricos para países pobres podem ser realizadas sem haver praticamente nenhuma sobreposição das distribuições de renda dos dois países. Isso se verifica nos casos em que o indivíduo representativo que se encontra na pior posição em um país rico – digamos, um francês vivendo da assistência social – ainda está em melhor situação do que o indivíduo representativo na posição mais favorável em um país pobre – digamos, na Bangladesh rural[107]. Qualquer sistema de tributa-

---

105. Para mais discussão desse tópico, ver, por exemplo, Oxfam GB, 1999; Quiggin, 2001, pp. 74-5; Barry, 1998, pp. 153-6; e Milanovic, 2001, pp. 58-60.
106. Milanovic, 2001, p. 55.
107. *Ibid.*, pp. 54-6.

ção redistributiva poderia começar com casos como esse, em que os beneficiários seriam claramente os mais pobres do planeta, e excluir transferências para países em desenvolvimento como Brasil, México e Rússia, cujo decil superior é bastante próspero para os padrões mundiais – e, portanto, tem muito a fazer, para reduzir a desigualdade distributiva, sem que para isso necessitem contar com uma ajuda externa significativa. Não há dúvida de que as negociações sobre a distribuição de receitas (e sobre outras características relevantes do sistema de tributação internacional) seriam extremamente difíceis, mas o real obstáculo no caminho da redistribuição internacional é político, e não uma questão de redistribuição regressiva ou de implementação prática[108].

Além disso, é preciso enfatizar que o objetivo de um sistema de tributação internacional não é somente a transferência de dinheiro de pessoas ricas para pessoas pobres, ainda que, obviamente, elevar o nível de consumo de pessoas que vivem em situação de pobreza extrema não seja algo que possa ser considerado de importância menor. Também são necessários recursos, que sejam providos de forma regular e permanente, para enfrentar problemas ainda mais desafiadores, como fazer com que a ciência e a tecnologia levem em conta as necessidades das pessoas pobres do planeta. Como foi dito antes, não há incentivos econômicos para as corporações transnacionais produzirem o tipo de conhecimento que pode beneficiar os pobres. Na proposta de Sachs mencionada acima, a receita proveniente de um sistema de tributação internacional é necessária para conceder financiamentos de longo prazo para ações como o desenvolvimento de vacinas contra epidemias que se alastram em países pobres (principalmente a Aids, a malária e a tuberculose), para financiar pesquisas em biotecnologia focadas

---

108. Após o Programa das Nações Unidas para o Desenvolvimento (PNUD) ter defendido o Imposto Tobin nos anos 1990, as Nações Unidas pararam de endossar a idéia em virtude, ao que tudo indica, da recepção fria que ela teve de autoridades e *policy-makers* norte-americanos. Ver Oxfam GB, 1999, p. 13.

no problema da agricultura nos países tropicais pobres e para capacitar os países pobres a enfrentar as mudanças climáticas que lhes são impostas por países ricos[109]. Isso serve para nos lembrar de algo que, a esta altura, já deveria ter ficado claro: o objeto da justiça social não se restringe somente à transferência de renda dos ricos para os pobres, mas abrange, de forma ampla, a distribuição dos encargos e benefícios da cooperação social.

Poder-se-ia objetar que mesmo esse objetivo mais modesto para a sociedade internacional, isto é, a adoção desse enfoque sobre a ajuda humanitária com base na justiça, ainda é demasiado irrealista para ser levado a sério. Teóricos do realismo nas relações internacionais poderiam dizer que, sendo o mundo como é, não deveríamos perder tempo com objetivos "impossíveis", como garantir um módico de justiça social no nível internacional. De acordo com essa visão, devemos nos ocupar somente do conjunto de "alternativas viáveis". Sobre isso, uma dificuldade preliminar é esclarecer o que realmente está sendo afirmado. Os teóricos do realismo parecem oscilar entre essa tese da impossibilidade, que equivale a negar às idéias éticas qualquer papel nos assuntos internacionais, e a proposição de que o Estado (todos os Estados) deveria dar prioridade absoluta a seu interesse nacional. Esta última proposição, que costuma ser atribuída a Hans Morgenthau e outros teóricos do realismo político, é uma proposição *moral* de um tipo denominado "argumento da parcialidade nacional"[110]. Apesar de constituir uma objeção importante ao cosmopolitismo moral, não tenho como discuti-la com propriedade no momento.

Gostaria de ressaltar o uso demasiado ambíguo que é feito, pela objeção que estou atribuindo a teóricos do realismo nas relações internacionais, da palavra "impossibilidade". Por que deveríamos enxergar um objetivo – como a

---

109. Ver *The Economist*, 1999.
110. Sobre pontos de vista realistas sobre ética, ver, por exemplo, Beitz, 1979, pp. 13-66; Cohen, 1985; e Goodin, 1992.

instituição do Imposto Tobin – como uma "impossibilidade"? Conforme Robert Goodin frisou em uma discussão esclarecedora sobre esse tópico, o que torna um objetivo impossível para os realistas – e um objetivo ser considerado impossível tem por implicação ser deixado fora da pauta de discussão pública e até mesmo da pesquisa acadêmica – com freqüência é meramente o fato de que impõe custos a determinados atores políticos relevantes[111]. É como se alguns atores políticos poderosos – digamos, os governos dos países do G8 – explicassem a impossibilidade das propostas analisadas acima nos seguintes termos: "tais propostas são impossíveis pois não se deveria esperar que aceitássemos os custos que elas nos impõem". Mas, é claro, o que é operativo nessa argumentação não é uma idéia genuína de impossibilidade – no sentido de incapacidade de se fazer algo –, e sim uma idéia de *relutância* em arcar com os custos impostos por aquilo que se está moralmente obrigado a fazer[112]. Se isso é correto, o mínimo que pode ser dito é que tais custos são por excelência uma matéria de discussão pública, uma conclusão que vai de encontro à sugestão do teórico realista de manter fora da agenda questões dessa natureza. Conforme afirma Goodin, "se a única razão para as opções serem consideradas irrealistas é que as pessoas são relutantes em fazer os sacrifícios que poderiam e que, pode-se argumentar, deveriam fazer para realizar objetivos moralmente importantes, então é mais do que nunca preciso que essas opções sejam colocadas na mesa de discussão. O real papel da política, nessas circunstâncias, é precisamente o de não ser 'realista' e não aceitar sem críticas a falta de

---

111. Goodin, 1992, pp. 252-4.
112. Goodin cita uma passagem de Bentham (criticando a Common Law de seu tempo) que se encaixa bem naquilo que está sendo dito: "É verdade que sob esse sistema é impossível, indubitavelmente impossível, que alguma vez se faça justiça. Jamais uma coisa pode ter sido mais verdadeira. Mas a impossibilidade, de onde ela vem? De vocês mesmos. Primeiro vocês criam a impossibilidade, para então utilizá-la como uma alegação." Citado em Goodin, 1992, p. 262.

vontade das pessoas de fazer os sacrifícios que são moralmente exigidos. É, isso sim, o de convencê-las de que vale a pena empenhar-se na realização de ideais morais"[113].

Não tenho a intenção de negar que a objeção realista da impossibilidade aponta para obstáculos políticos reais. No entanto, o que não faz nenhum sentido é supor que essa objeção enfraqueça o argumento normativo proposto aqui. Justamente o contrário, na realidade, parece ser o verdadeiro.

Fundamentos normativos

A arbitrariedade da distribuição dos recursos naturais

Tendo examinado por que a desigualdade, e não somente a destituição, é um problema que tem uma importante dimensão internacional, podemos agora avançar em nossa discussão e investigar a questão de quais são os fundamentos normativos para a justiça distributiva internacional. Meu propósito também é confrontar as possíveis alternativas com as objeções que podem lhes ser apresentadas. Trata-se, agora, de uma discussão de caráter bem mais abstrato do que a das duas seções precedentes.

Em seu livro seminal de 1979, *Political Theory and International Relations*, Charles Beitz argumentou que, em um enfoque rawlsiano sobre a justiça, existem duas bases teóricas distintas para um princípio da justiça distributiva internacional[114]. Beitz afirmou que a distribuição moralmente arbitrária dos recursos naturais, de um lado, e a interdependência internacional, de outro, proporcionam duas vias distintas para justificar uma significativa redistribuição de recursos no mundo. Ainda que a interdependência não tivesse as características relevantes para justificar isso, a distribuição moralmente arbitrária dos recursos naturais ainda

---

113. *Ibid.*, p. 254.
114. Beitz, 1979, pp. 127-53.

existiria para garantir que essa justificação pudesse ser realizada. Para os partidários da justiça internacional, essa talvez seja uma linha atraente de argumentação, porém eu gostaria de sustentar que, ao menos em um enfoque rawlsiano à justiça, de fato só podemos contar com um tipo de fundamento, a saber, aquele que apela para a interdependência[115]. (Um papel suplementar importante, como se verá adiante, será reservado ao argumento da reparação de injustiças passadas.) Vejamos o porquê disso.

Beitz argumentou que a distribuição de recursos naturais deveria desempenhar, em uma teoria rawlsiana da justiça internacional, o mesmo papel normativo que a distribuição moralmente arbitrária de talentos naturais desempenha no caso doméstico. De acordo com Beitz, na ausência de um significativo grau de interdependência e cooperação internacionais, as partes representadas em uma "posição original"[116] global adotariam um princípio de redistribuição de recursos para corrigir a distribuição moralmente arbitrária dos recursos naturais[117]. Entretanto, como Thomas Pogge observou, esse paralelo é baseado numa interpretação incorreta sobre como a teoria de Rawls lida com os talentos naturais no caso doméstico[118]. Não é a distribuição natural de talentos por si mesma que precisa ser retificada por razões de justiça, pois nenhum efeito distributivo se produz desse fato natural *per se*. O que a justiça rawlsiana requer é que os efeitos distributivos de instituições sociais, fortemente enviesados em favor daqueles que possuem determinados talentos, sejam retificados. Isso significa que, ainda que os talentos de uma pessoa sejam sempre plenamente dela, os

---

115. Uma forma distinta de justificar uma redistribuição internacional de recursos é uma argumentação de tipo lockiana-nozickiana no sentido de que a injustiça da apropriação original dos recursos naturais necessita ser retificada. Ver, por exemplo, Steiner, 1987 e 1992.

116. A referência é ao dispositivo que Rawls (1971) concebeu para testar a justificação de princípios de justiça social.

117. Beitz, 1979, pp. 137-8.

118. Pogge, 1989, p. 251.

benefícios – seu quinhão de recursos sociais escassos – obtidos do exercício desses talentos dependem do tipo de estrutura básica adotada em determinada sociedade. É essa estrutura básica (os arranjos institucionais mais fundamentais de uma sociedade) que precisa ser justificada, em particular para aqueles que menos se beneficiam dessas instituições.

Da mesma forma, o que requer uma justificação moral no caso internacional não é a distribuição de recursos naturais *per se*, mas uma instituição internacional, a saber, a soberania estatal sobre os recursos naturais. Tal soberania não é um fato natural, mas uma instituição, adotada e afirmada numa variedade de documentos internacionais – tais como as Declarações das Assembléias Gerais da ONU em 1970, 1972 e 1974[119] –, que pertencem à estrutura básica da sociedade internacional. Não está claro que efeitos distributivos se produzem de tal instituição, que costuma ser, vale a pena ter em mente, ferozmente defendida pelos governos dos países em desenvolvimento. Thomas Pogge recentemente sugeriu que a norma da soberania estatal sobre os recursos naturais, interpretada como o direito ilimitado que um governo tem (quaisquer que tenham sido os métodos empregados por seus líderes para alcançar o poder) de usar os recursos naturais de um país da maneira que achar mais conveniente, pode ajudar a explicar a chamada "Dutch Disease", isto é, a correlação negativa que alguns economistas têm apontado entre a abundância de recursos naturais e o desenvolvimento econômico. A norma que Pogge denomina "prerrogativa internacional de recursos naturais" fornece, conforme o argumento, fortes incentivos para a prevalência de elites políticas predatórias em alguns dos países em desenvolvimento que são ricos em recursos naturais. Se esse argumento é válido, então efeitos distributivos claros, ainda que de um tipo indireto, podem ser atribuídos à norma da soberania estatal ilimitada sobre os recursos naturais: em alguns países em desenvolvimento, isso favoreceria a per-

---

119. Ver Barry, 1989b, p. 449.

petuação de elites políticas para as quais a implementação de instituições e de políticas domésticas de redução da pobreza e da desigualdade não se encontra entre as prioridades. Pelo menos em alguns desses casos, características que pertencem aos arranjos institucionais globais fomentariam os fatores locais que Rawls, Miller e outros críticos do liberalismo cosmopolita vêem como os principais responsáveis pelas desigualdades internacionais.

Independentemente de esse argumento de Pogge ser ou não correto, podemos estar certos de que não há uma conexão causal (positiva) entre a abundância de recursos naturais e o nível de desenvolvimento socioeconômico de um país. Um princípio que tem como objetivo corrigir a distribuição desigual dos recursos naturais, como aquele endossado pela argumentação de Beitz, poderia até mesmo ter implicações perversas e recomendar transferências de países em desenvolvimento que são ricos em recursos naturais, como a Nigéria ou a Venezuela, para países ricos que são destituídos de recursos naturais, como o Japão. E, o que é mais importante para os nossos propósitos no momento, os efeitos distributivos moralmente objetáveis em questão não são gerados pela distribuição de recursos naturais por si mesma, mas por uma norma que faz parte dos arranjos institucionais globais vigentes. Sendo assim, então não é verdade que a arbitrariedade moral da distribuição dos recursos naturais fornece um fundamento normativo independente para a justiça distributiva internacional.

Se quisermos argumentar em favor da justiça internacional com base em um enfoque rawlsianiano, somos compelidos a fundamentar nosso argumento em determinadas características normativamente relevantes da ordem institucional global. Minha argumentação, na primeira parte deste volume, no sentido de considerar a desigualdade como uma questão de dimensão internacional, já se apoiou na hipótese de que existe uma "estrutura básica da sociedade" (nos termos rawlsianos) no nível internacional e de que é preciso lidar com os efeitos distributivos de tal estrutura por

DESIGUALDADE E POBREZA SOB UMA PERSPECTIVA GLOBAL 283

meio de uma concepção de justiça. Essa hipótese também fez parte da explicação que propus sobre por que a distribuição arbitrária de recursos naturais não tem como fornecer um argumento independente para a redistribuição internacional.

O argumento das injustiças passadas

Antes de discutirmos mais detalhadamente as objeções contra o argumento central desenvolvido aqui, vou considerar brevemente uma posição distinta que se poderia adotar para justificar a redistribuição internacional. Poder-se-ia sustentar que as desigualdades geradas pelos arranjos institucionais vigentes não são as únicas ou as considerações morais mais relevantes a serem examinadas quando se levantam questões de justiça internacional. Também é importante, prossegue o argumento, a trajetória histórica que levou ao nível atual de desigualdade mundial – se é ou não maculada por injustiças que exigem uma compensação. Os cidadãos dos países ricos de hoje têm o dever moral de compensar as populações dos países pobres por todos os danos impostos sobre eles por séculos de colonialismo, escravidão e comércio escravo e de imperialismo. Os proponentes da Nova Ordem Econômica Internacional na década de 1970, por exemplo, freqüentemente se baseavam nesse argumento para defender a redistribuição internacional[120].

É difícil negar que há plausibilidade no argumento da injustiça histórica. Algumas das áreas mais pobres do mundo atualmente, como o Nordeste do Brasil e a África Sub-

---

120. Sobre a NOEI, ver a nota 91 acima. Alguns países africanos argumentaràm, na Conferência Mundial contra o Racismo, Discriminação Racial, Xenofobia e Intolerâncias Correlatas, de 2001, que a escravidão e o tráfico de escravos praticados pelos países ocidentais deveriam ser considerados como um crime contra a humanidade (cujo reconhecimento forneceria a base para pedidos de compensação financeira). A Declaração da Conferência, entretanto, não endossou essa posição.

saariana, foram sujeitas à exploração colonialista no passado. No entanto, a argumentação moral para a redistribuição internacional que tenta extrair o máximo da compensação por injustiças passadas está cercada de complexidades aparentemente insuperáveis sobre quem deveria ser responsabilizado pelos danos, quanta indenização seria devida e a quem[121]. A justificação moral de reparações a injustiças passadas perde sua força conforme o tempo transcorre – conforme as pessoas diretamente envolvidas nas circunstâncias de exploração, ou seus descendentes imediatos, vão desaparecendo, e, de fato, no caso em discussão, já desapareceram há muito tempo[122].

Acrescento duas qualificações a essa avaliação cética sobre o que podemos esperar, do ponto de vista normativo, do argumento que apela para a injustiça histórica. A primeira é que, apesar de ser verdade que não é possível derivar implicações precisas dele, faz todo sentido vê-lo como uma consideração de reforço em favor da redistribuição internacional que deriva sua força de uma crítica à injustiça dos arranjos institucionais vigentes. A compensação por injustiças passadas pode ser uma razão *adicional* sobre por que governos e cidadãos dos países ricos devem aceitar uma obrigação de justiça distributiva internacional. Reciprocamente, a implementação de instituições internacionais voltadas para maximizar os benefícios para o quintil mais pobre do mundo – ou, de maneira mais realista, para adotar o enfoque à ajuda humanitária e de ajuda ao desenvolvimento nos moldes propostos acima – também poderia ser entendida como uma forma de compensação pelos danos que os países ocidentais infligiram, no passado, a algumas das regiões que hoje se encontram entre as mais pobres do mundo. O mínimo que se pode dizer é que a trajetória segundo

---

121. Doyle, 2000, pp. 81-2.
122. Em contrapartida, poucos colocariam em questão que as gerações alemãs do pós-guerra têm uma obrigação moral de compensar as vítimas (e seus descendentes imediatos) dos campos de concentração nazistas.

a qual as desigualdades internacionais atuais se constituíram levanta dúvidas sobre a legitimidade das possessões e outras vantagens dos ricos[123].

Essa suposição de convergência seria solapada somente se houvesse como demonstrar que os dois critérios – a compensação pelas injustiças passadas e a correção da injustiça distributiva das instituições existentes (denominemos esse segundo critério "justiça rawlsiana") – poderiam levar a recomendações conflitantes em alguns casos relevantes. Presumo que somente em casos especiais, que possivelmente têm pouca relevância política, esse conflito ocorreria. Menciono aqui um exemplo, tirado da experiência brasileira. O senador Paulo Paim, do Partido dos Trabalhadores, propôs um projeto de lei, algum tempo atrás, pelo qual uma compensação monetária substancial (R$ 102.000, ou cerca de US$ 35.000 em valores de março de 2004) seria paga a cada afro-brasileiro (44% da população, em conformidade com os dados disponíveis) como compensação por séculos de escravidão negra no país. Além de essa proposta ser vulnerável às dificuldades mencionadas acima, que enfraquecem qualquer argumento a partir da injustiça histórica, ela é obviamente impraticável (trilhões de reais seriam necessários para pagar a conta). Entretanto, pretendo enfatizar que, mesmo que coloquemos todas essas dificuldades de lado, os dois critérios levam a recomendações divergentes em um caso como o do projeto do senador Paim. A compensação por injustiça histórica é sempre devida a determinadas pessoas que podem ser conhecidas por seus nomes próprios. A justiça rawlsiana, em contraste, busca corrigir a injustiça de arranjos institucionais. Com esse propósito, ela compara arranjos institucionais distintos de acordo com os benefícios que cada um deles propicia àqueles que se encontrarem na posição social mais desvantajosa, e nos leva a selecionar o arranjo sob o qual essa posição é a melhor. O

---

123. Como Thomas Pogge observou em comentários a uma versão prévia deste texto.

grupo que se beneficia menos dos arranjos institucionais básicos, de acordo com o entendimento que Rawls tem disso, não deve ser considerado como um "indicador rígido"[124]. Isso significa que o indivíduo representativo que se encontra na posição social mais desvantajosa não deve ser identificado a um grupo específico de pessoas que seja o menos privilegiado em determinada sociedade, como os negros pobres certamente o são nas presentes circunstâncias da sociedade brasileira, mas sim de uma posição social definida pela distribuição institucional de benefícios e encargos. O que importa é a parcela dos benefícios da cooperação social que se encontra disponível para essa posição social, *quem quer que a ocupe*. Voltando para o exemplo mencionado acima, suponhamos que uma transferência em larga escala de recursos para afrodescendentes produzisse um sistema alternativo de cooperação social sob o qual a posição dos menos privilegiados seria pior do que a dos afro-brasileiros sob o *status quo* do Brasil de hoje. A justiça rawlsiana exclui uma reforma dessa natureza, não por ser inviável (o que ela também é), mas por ser injusta[125]. Se a correção de injustiças passadas e a correção da injustiça distributiva do arranjo institucional vigente conflitam, a precedência deve caber, pelo menos de acordo com meu argumento, à segunda.

A segunda qualificação aponta para um papel normativo mais específico, e provavelmente também mais preciso, para o argumento da injustiça histórica. Existem assuntos de preocupação global com relação aos quais não é possível separar a injustiça atual da iniquidade passada. O aquecimento global é um desses temas. O objeto da justiça não é somente a distribuição dos benefícios, mas também dos encargos da cooperação social. Suponhamos que seja preciso instituir um regime para prevenir um "mal público" glo-

---

124. Ver, por exemplo, Rawls, 2001, pp. 59-60.
125. Existem, certamente, alternativas da reforma social no Brasil que atendem aos requisitos de ambos os critérios, mas a compensação financeira não é uma delas.

bal – a alteração climática que resulta da concentração atmosférica de dióxido de carbono (e de outros gases causadores do efeito estufa), criado sobretudo pelo consumo de combustíveis fósseis, pelo qual os países ricos são, de longe, os principais responsáveis. Sobre quem os maiores encargos do regime proposto devem recair? Não podemos discutir essa questão de uma perspectiva que somente considerasse os custos ambientais da emissão de gases de efeito estufa a partir de agora[126]. O processo de aquecimento global também foi o processo pelo qual os países industrializados do Norte ficaram ricos e seus cidadãos, encorajados a adotar estilos de vida que danificavam a atmosfera do planeta. Enquanto os custos ambientais de tais estilos recaíram sobre todas as pessoas no planeta, particularmente aquelas que vivem em países tropicais pobres[127], os benefícios disso foram, obviamente, muito concentrados. As pessoas mais abastadas do mundo puderam elevar seu padrão de vida despejando os custos associados a isso em outros que não tiveram nenhuma participação nos benefícios dos quais elas desfrutaram. Essa é a iniqüidade que um regime internacional justo sobre o clima global terá que compensar alocando encargos desiguais – e nesse caso o argumento de injustiça histórica se aplica[128]. Entretanto, devemos notar que o que faz com que o argumento de injustiça histórica se torne mais convincente, aqui, é o fato de que a iniqüidade em

---

126. Isso é o que requer o chamado "princípio de quem polui paga", segundo o qual os custos futuros da poluição deveriam ser internalizados nos preços. Ver Shue, 1999, p. 534.

127. Entre outros efeitos negativos possíveis, o aquecimento global pode reduzir a produtividade da agricultura tropical.

128. O Protocolo de Quioto realmente tem certa característica redistributiva. Ele impõe limites somente aos países industriais e às economias de transição na Europa. Se o regime entrasse em vigor, os encargos impostos aos países industriais (os efeitos econômicos da redução necessária no nível das emissões de CO_2) provavelmente seriam superiores a quaisquer benefícios de curto prazo que possam advir do fornecimento de um bem público global. Isso explica por que tem se mostrado complicado fazer com que o Protocolo de Quioto entre plenamente em vigor.

questão não está restrita a um período ocorrido muito tempo atrás. Se os países industriais tivessem tomado medidas para cortar os níveis de emissão de CO_2 na década de 1980, quando a necessidade de redução da concentração atmosférica de gases de efeito estufa ficou patente, a justificação moral para a compensação teria se enfraquecido muito[129].

A iniqüidade distributiva dos arranjos institucionais existentes

Passemos agora ao argumento de Beitz a favor da justiça distributiva internacional que apela para a interdependência global. Essa é a linha de argumentação mais promissora, se quisermos encontrar um fundamento normativo sólido para uma redistribuição de recursos que se estenda para além daquilo que é necessário em virtude de considerações de humanidade. De acordo com Beitz,

> o mundo não é constituído por Estados auto-suficientes. Os Estados participam de relações internacionais econômicas, políticas e culturais complexas, que sugerem a existência de um sistema global de cooperação social. Como nota Kant, a cooperação econômica internacional cria uma nova base para a moralidade internacional. Se a cooperação social é a base da justiça distributiva, então é legítimo supor que a interdependência econômica internacional dê apoio para um princípio de justiça distributiva similar àquele que se aplica à sociedade domesticamente.[130]

---

129. Para mais discussão sobre essa temática, ver, por exemplo, Shue, 1999; Paterson, 2001; e Barret, 1999.

130. Beitz, 1979, pp. 143-4. Pogge (1989, cap. 6) argumenta em linhas semelhantes. No entanto, o argumento de Pogge apela de forma mais enfática para a imposição coerciva de uma estrutura global básica e seus respectivos efeitos. "Um esquema institucional global", afirma Pogge, "é imposto por todos nós sobre todos nós (...) Esse fato é mais significativo no caso dos participantes menos privilegiados desse esquema, que são literalmente forçados, em última instância pelo recurso à violência, a obedecer a essas normas fundamentais" (Pogge, 1989, p. 276).

Essa passagem toca no ponto central do debate teórico sobre a justiça distributiva internacional. Nesse e em outros trechos de seu livro, Beitz sustenta duas premissas intimamente relacionadas que são cruciais para o argumento em favor da extensão do princípio de diferença para a sociedade internacional. Primeiro, o mundo não é constituído, conforme Rawls imagina, de sociedades domésticas autosuficientes, cada uma sendo um sistema separado de cooperação social. Segundo, o mundo como um todo deve ser visto como um sistema de cooperação social no sentido de Rawls. Para argumentar em favor dessas duas premissas, Beitz analisa, de maneira mais ou menos empírica, certas características relevantes da interdependência global[131]. Beitz admite que é difícil afirmar com exatidão quais são os efeitos distributivos das práticas e instituições internacionais, como comércio e finanças internacionais, os investimentos estrangeiros, o regime internacional de direitos de propriedade e as estruturas regulatórias[132]. Apesar disso, pode-se supor que esses arranjos institucionais, que em grande medida são de caráter não-voluntário para os menos privilegiados do mundo, geram enormes benefícios e encargos e não ocorreriam se tais práticas e arranjos não existissem. Além disso, há uma sólida evidência – do tipo daquela mencionada acima – no sentido de que esses efeitos distributivos tendem a agravar a desigualdade internacional[133].

O que alguns autores consideram controverso nesse argumento não é tanto uma questão de suas credenciais em-

---

131. *Ibid.*, pp. 143-9.
132. *Ibid.*, p. 145. Vinte e cinco anos depois da publicação do livro de Beitz, estudos empíricos sobre as conseqüências distributivas das instituições internacionais ainda são extremamente necessários. Seria muito útil, por exemplo, estudar as regras da OMC sobre propriedade intelectual dessa perspectiva. Hasenclever, Mayer e Rittberger (2000) tentaram fazer algo nesse sentido, tomando o Regime de Não-proliferação de Armas Nucleares como seu caso-teste, mas eles estavam preocupados com um tipo diferente de questão, ou seja, em que medida a eqüidade distributiva é uma condição necessária para a estabilidade dos regimes internacionais.
133. *Ibid.*, pp. 148-9.

píricas, mas sim a noção de "cooperação social" e sua aplicabilidade ao mundo como um todo. Apesar do rápido aumento do comércio, finanças, estruturas regulatórias e sistemas internacionais, e apesar da existência de organizações de cooperação internacional, como as Nações Unidas, o Fundo Monetário Internacional e o Banco Mundial, o mundo não pode ser entendido, como Beitz supôs, como um sistema de cooperação social "no sentido relevante", ou seja, no sentido proposto por Rawls. Brian Barry foi o primeiro a expressar essa crítica e outros, como Chris Brown e Brian Opeskin, o seguiram nisso[134].

Comecemos pela questão do que vem a ser um sistema de cooperação social no "sentido de Rawls". O que esses três autores consideram ser – pelo menos nos textos citados na nota 134 – a característica mais relevante da cooperação social é algo distinto das razões apresentadas por Rawls para rejeitar a crítica à sua própria teoria apresentada pelo argumento que Nozick formulou em seu exemplo "Wilt Chamberlain"[135]. Mas o exame da resposta de Rawls a Nozick é útil neste contexto. Lembremos que o ponto central do exemplo de Nozick está em demonstrar como vastas desigualdades de recursos sociais escassos podem legitimamente surgir de uma situação inicial (e hipotética) de igualdade de recursos, por meio de transações livres e voluntárias de agentes individuais decidindo por si próprios o que fazer com a parcela igual de recursos que cada um recebeu inicialmente. O argumento de Nozick prossegue afirmando que somente a utilização de poder coercitivo pode restaurar a igualdade inicial ou fazer com que a distribuição de recursos corresponda àquilo que o princípio de diferença de Rawls recomenda. A igualdade, em suma, mesmo quando interpretada na forma proposta pelo princípio de diferença,

---

134. Barry, 1989b, pp. 45-7; Brown, 1992, p. 176; Opeskin, 1996, p. 30. Pogge (1989, pp. 20-1 e 263-5) também discute esse tópico e responde à crítica de Barry.

135. Nozick, 1974, pp. 160-4. Esse exemplo de Nozick já foi objeto de discussão na seção "A teoria de Rawls da justiça internacional" deste capítulo.

é incompatível com a liberdade. Consideremos, uma vez mais, a resposta de Rawls a essa crítica, que enfatiza a necessidade de fazer algo que está ausente do exemplo de Nozick, a saber, enfocar a justiça da estrutura básica da sociedade. As razões disso são: 1) porque vastas desigualdades distributivas podem surgir, e de fato surgem, na estrutura básica da sociedade a partir de atos e transações individuais que, em si mesmos (como no exemplo de Nozick) e considerados um a um, não são moralmente objetáveis – e essa é a razão pela qual não podemos dispensar uma noção de "justiça de fundo" (de justiça institucional); e 2) devido "à influência profunda e generalizada que a estrutura básica exerce sobre as pessoas que vivem sob suas instituições"[136]. Penso ter deixado claro, nos três primeiros capítulos deste volume, que acredito que Rawls tem toda razão em enfatizar, contra Nozick, a idéia de justiça da estrutura básica. Mas o que pretendo demonstrar, nesse caso contra a opinião de Rawls, é que uma argumentação similar justifica a extensão de uma concepção de justiça social para lidar com os efeitos distributivos das práticas e instituições internacionais. Imagino que Beitz tinha algo similar em mente ao se referir, na passagem citada acima, à "existência de um sistema global de cooperação social". Mas bastaria haver algo similar a uma "estrutura básica" no nível internacional para se dizer que um tal sistema de cooperação social existe?

Primeira objeção: o mundo não é um sistema de cooperação social

Em "Humanity and Justice in Global Perspective", Brian Barry afirma que há um componente adicional na noção de Rawls de um "sistema de cooperação social" que explica por que o mundo em geral não pode ser concebido como tal sistema, ou seja, como um tipo de agrupamento social ao qual uma concepção de justiça deve ser aplicada. Essa caracterís-

---

136. Ver, por exemplo, Rawls, 1993b, cap. VII, seções 3, 4 e 5.

tica adicional é uma idéia de mutualidade ou reciprocidade[137]. O tipo de agrupamento social a que princípios de justiça se aptam, de acordo com Rawls, é a sociedade vista como um "empreendimento cooperativo que visa ao benefício mútuo"[138]. O que Rawls quis dizer com essas palavras não é muito claro, e me apresso a acrescentar que não pretendo aqui interpretar o que ele realmente quis dizer. Autores de diferentes inclinações interpretaram essa frase de acordo com suas próprias finalidades. David Gauthier, por exemplo, tirou muito proveito dela ao sustentar que sua teoria da "justiça como benefício mútuo" estaria mais de acordo com o espírito da idéia de empreendimento cooperativo, expressa na frase de Rawls, do que a própria teoria de Rawls da "justiça como eqüidade"[139].

Não examinaremos detalhadamente a teoria de justiça de Gauthier, mas vale a pena notar que Barry interpretou as idéias de "empreendimento cooperativo" e "benefício mútuo" da mesma forma que Gauthier. De acordo com Barry, não somente a economia mundial não pode ser vista como um empreendimento cooperativo, como também, e mais importante, a redistribuição econômica decorrente de um princípio de diferença global não pode ser apresentada como vantajosa para os países ricos. Com relação ao último ponto, sustenta Barry, "a extensão da cooperação ampliada que realmente seria mutuamente benéfica provavelmente é bastante limitada. (...) Até onde se pode enxergar, o auxílio aos necessitados terá de vir, digamos, dos Estados Unidos para Bangladesh, e não vice-versa. As condições para a reciprocidade – de que todas as partes se encontrem prospectivamente em posição de se beneficiar do sistema de cooperação – simplesmente não existem"[140]. A crítica mais contundente de Barry à forma como Beitz deriva uma concepção de justiça distributiva internacional das premissas de Rawls

---

137. Barry, 1989b, pp. 445-7.
138. Rawls, 2008, p. 5.
139. Gauthier, 1986.
140. Barry, 1989b, p. 447.

é que um princípio de diferença global não pode ser qualificado como mutuamente benéfico nesse sentido específico, gauthieriano. Essa é uma crítica estranha vinda de um teórico político como Barry, que, de resto, assume resolutamente posições liberal-igualitárias cosmopolitas em seus escritos mais recentes. Parece que Barry não se sente obrigado a rever sua crítica anterior à maneira como Beitz defende a redistribuição internacional[141]. Em um de seus trabalhos mais recentes sobre o tópico, lemos que "a melhor forma de satisfazer as exigências do cosmopolitismo seria a de um mundo no qual as pessoas ricas, onde quer que vivessem, seriam tributadas em benefício das pessoas pobres, onde quer que vivessem"[142]. Mas outros, talvez de forma mais consistente, sustentam, no espírito do ensaio de Barry de 1982, que a ausência de um empreendimento cooperativo global mutuamente benéfico implicaria que não existem obrigações internacionais de justiça distributiva:

> O argumento que o mundo é um empreendimento cooperativo de cinco bilhões ou mais de indivíduos, que é mutuamente vantajoso porque produz benefícios para todos, não é convincente. (...) Os principais beneficiários do comércio internacional são as corporações multinacionais, conforme o próprio Beitz comenta, e por meio delas os grupos que compreendem seus acionistas. Os ganhos econômicos do comércio normalmente se concentram nas elites de renda elevada dentro de cada Estado. (...) Do mesmo modo, o comércio e os investimentos internacionais podem não se constituir em

---

141. Justificando suas posições igualitárias na esfera internacional, Barry oferece somente um argumento a partir da arbitrariedade moral da distribuição de recursos naturais (Barry, 1989b, pp. 448-51; e 1998, p. 150). Já critiquei a suposição de que tal argumento pudesse fornecer um fundamento normativo independente para a redistribuição internacional – pelo menos dentro de uma estrutura teórica rawlsiana, que de resto Barry subscreve em seus trabalhos sobre a justiça social. Além disso, duvido muito que esse argumento possa fazer todo o trabalho de justificar as posições fortemente igualitárias de Barry com relação à redistribuição internacional.

142. Barry, 1998, p. 153.

uma base sólida para considerar a humanidade como um empreendimento cooperativo para o benefício mútuo. Por isso, compartilho do ponto de vista daqueles que negam a existência de um empreendimento cooperativo global suficiente para exigir obrigações cosmopolitas de justiça distributiva.[143]

Mas os arranjos e práticas institucionais globais precisam ser "mutuamente vantajosos", no sentido específico proposto por Barry e Opeskin, para que se qualifiquem como um tipo de cooperação social "no sentido relevante" e para que caiam no escopo de princípios de justiça? Do fato de que a reciprocidade esteja ausente da cooperação internacional no mundo de hoje – enquanto as pessoas abastadas que vivem em países ricos e as classes superiores dos países em desenvolvimento derivam imensas vantagens das instituições e práticas existentes, o quintil mais pobre do mundo não obtém nenhum benefício disso – podemos deduzir que a cooperação internacional baseada em princípios de justiça não é moralmente necessária e possível? Minha resposta é "não" para as duas perguntas. Com relação à primeira pergunta, tudo o que precisamos mostrar, para podermos defender um princípio global de justiça distributiva, é que as mesmas razões (rawlsianas) que fazem com que a estrutura básica da sociedade seja o principal objeto de justiça no caso doméstico também se aplicam aos efeitos das instituições e práticas internacionais. Com relação à segunda pergunta, existe sentido em afirmar que a sociedade internacional pode ser um "empreendimento cooperativo para o benefício mútuo" para todos aqueles sujeitos aos seus efeitos. Mas, claramente, esse sentido só pode se referir a um ideal de cooperação social baseado em princípios de justiça, e não ao arranjo institucional internacional vigente[144] –

---

143. Opeskin, 1996, p. 30. Opeskin acredita que na esfera internacional existem somente obrigações de humanidade.

144. Esta é a resposta que Beitz (1983, p. 595) deu à crítica de Barry, apesar de ter se sentido pressionado a conceder que a justificação que ele havia proposto para a justiça distributiva internacional, em seu livro de 1979, de fato pressupunha a *existência* de uma cooperação social mutuamente benéfica.

e tampouco a uma alternativa ao arranjo institucional existente que seria mutuamente benéfico para todos, tomando por referência a distribuição de vantagens e encargos do *status quo*.

Essa última observação fornece uma pista sobre o que Barry estava realmente buscando em sua crítica sobre Beitz no ensaio de 1982. Meu objetivo não é fazer exegese desse texto específico de Barry, mas sim realizar um julgamento sobre a extensão do dano que essa crítica causa ao tipo de justificação de obrigações de justiça distributiva internacional que subscrevo neste texto. Eu sugeriria que o real alvo da crítica de Barry não é tanto o argumento de Beitz sobre a interdependência global, e sim muito mais um elemento de argumentação moral hobbesiana que pode ser detectado em *Uma teoria da justiça*, de Rawls – e poderia, se tido como correto, seriamente prejudicar a extensão de um enfoque rawlsiano do âmbito doméstico para o internacional. Em seus trabalhos sobre a teoria da justiça depois do ensaio de 1982, Barry sustentou vigorosamente que a argumentação central de Rawls em *Uma teoria da justiça* oscila entre duas teorias de justiça muito diferentes e até incompatíveis entre si: uma, de sabor hobbesiano, que Barry (seguindo Gauthier) denominou "justiça como benefício mútuo", e outra, de sabor kantiano, que ele denominou "justiça como imparcialidade"[145]. Essa é uma discussão demasiado complexa para ser aqui examinada detalhadamente. No restante desta seção, limito-me a explicitar suas implicações para aquilo de que nos ocupamos no momento.

De acordo com a teoria da justiça como benefício mútuo, o que está em questão em um contrato para passar de um ponto de não-cooperação (ou "estado de natureza") para um sistema de cooperação é somente uma distribuição eqüitativa dos ganhos gerados pela cooperação, considerando-se "distribuição eqüitativa", nesse contexto, algum tipo de proporcionalidade com relação à contribuição que

---

145. Barry, 1989a e 1995.

cada participante faz à geração do excedente produzido pela cooperação. A justiça distributiva aqui significa apenas isto, a saber, a distribuição do excedente de cooperação em proporção à contribuição que cada participante fez para gerá-lo. Como o estado de cooperação representa uma melhoria paretiana em relação ao ponto de não-acordo, e considerando-se que os ganhos da cooperação são "eqüitativamente" distribuídos entre os participantes, somente o interesse próprio é necessário para que um acordo seja alcançado e para que cada participante se disponha a cumprir com seus termos[146]. Podemos dizer que tal cooperação exibe "reciprocidade" (ou "mutualidade"), mas isso só no sentido limitado de que cada participante se dispõe a retribuir os benefícios que cada um obtém do sistema de cooperação. Se é isso o que Rawls afirma quando diz que a sociedade – ou seja, a unidade da vida social à qual princípios de justiça se aplicam – é um "empreendimento cooperativo para o benefício mútuo de seus participantes", então obviamente se segue que não existe cooperação social "no sentido relevante" no nível internacional. Que contribuição o quintil mais pobre do mundo faz à geração do excedente de cooperação mundial que é produzido, digamos, pelo comércio, por investimentos e operações financeiras internacionais? Como um sistema internacional de tributação e de transferências concebido para aprimorar tanto quanto possível a posição das pessoas menos privilegiadas do mundo pode ser considerado "vantajoso" para pessoas vivendo nos países mais ricos? Podemos percorrer certa distância na justificação da ajuda humanitária e do fornecimento de bens públicos globais recorren-

---

146. Isto é, obviamente, apenas um sumário da perspectiva de Gauthier, mas a alegação de Barry é que Rawls flertou com essa posição normativa em diversos pontos de sua argumentação em *Uma teoria da justiça*: em seu argumento da posição original, no qual partes racionais e auto-interessadas enfrentam um problema de barganha, na linguagem ambígua da qual ele se vale para descrever sua visão da cooperação social (Gauthier [1986, pp. 10-1] tirou muito proveito dessa ambigüidade), e na suposição de que a exigência motivacional de justiça como eqüidade, "reciprocidade", é mais fraca do que a imparcialidade moral (Rawls, 1993, pp. 16-7).

DESIGUALDADE E POBREZA SOB UMA PERSPECTIVA GLOBAL 297

do a razões prudenciais e auto-interessadas, por exemplo mostrando as externalidades negativas que a imensa pobreza internacional e a exclusão dos benefícios da globalização podem gerar aos países ricos, como as pressões de imigração, danos ambientais, disseminação do tráfico de drogas e de doenças, instabilidade política em grande parte do mundo e terrorismo[147]. Entretanto, é discutível que argumentos prudenciais possam ir muito longe quando se trata de justificar a adoção de instituições políticas e socioeconômicas justas.

A conclusão que podemos tirar desse exame da concepção gauthieriana de cooperação social não é, como Barry supôs em seu ensaio de 1982, que a interdependência global não poderia fornecer o fundamento normativo necessário para a justiça distributiva. A conclusão correta é que a cooperação internacional não pode se basear somente – e, talvez, nem mesmo principalmente – em noções de interesse próprio e benefício mútuo. É isso, acredito, que Barry procurou argumentar em sua crítica de Beitz. O alvo dessa crítica, na verdade, era uma interpretação da teoria de Rawls como uma versão de justiça como benefício mútuo. Conforme o próprio Barry sustentou em seu trabalho subseqüente, a justiça não é uma questão de distribuir os ganhos da cooperação, e o princípio de diferença não é uma solução plausível para um problema de negociação racional, como Rawls pode ter pensado em seu argumento da posição original[148]. Quer se aplique ao âmbito doméstico ou ao internacional, um ideal de cooperação social em que um princí-

---

147. Há boas razões para acreditar que os Estados Unidos e outros países desenvolvidos, em vez de recorrerem à guerra, fariam bem em se apoiar, para combater o terrorismo, em algo similar a um Plano Marshall para promover o desenvolvimento socioeconômico da Ásia Central. Rashid (2002) faz uma excelente análise sobre por que essa região se transformou em uma área privilegiada para a militância e o extremismo islâmicos antiocidentais. Mas esse tipo de argumentação prudencial em prol da ajuda humanitária não se aplica a outras áreas de pobreza e marginalização severas no sul da Ásia e na África Subsaariana.

148. Barry, 1989a, cap. 6.

pio como o princípio de diferença – ou um princípio similar de justiça distributiva – figura de forma proeminente só pode ser gerado a partir das suposições morais mais fortes de uma concepção de "justiça como imparcialidade".

Serei breve novamente. De acordo com a justiça como imparcialidade, as normas fundamentais de um arranjo institucional básico devem ser justificadas, por razões que "ninguém poderia razoavelmente rejeitar", a todos aqueles que são afetados de forma significativa por seus termos. Isso inclui os participantes mais vulneráveis (que têm muito pouco a retribuir por quaisquer benefícios que venham receber) e os que ainda não nasceram (que não podem retribuir nada). Nessa versão de contratualismo, uma motivação moral – que Barry, seguindo a fórmula de Thomas Scanlon, caracteriza como "o desejo de chegar a princípios que outros similarmente motivados não poderiam razoavelmente rejeitar"[149] – entra no lugar do interesse próprio e do benefício mútuo. Que princípios específicos seriam produzidos por tal contratualismo, isso não está inteiramente claro, mas acredito que Barry está bastante correto em enfatizar as suposições morais que necessariamente entram na justificação de um princípio de justiça distributiva – quer no âmbito doméstico ou no internacional.

Podemos nos perguntar, neste ponto, se substituir o interesse próprio e o benefício mútuo por uma motivação e um acordo de tipo morais fará com que se torne mais fácil persuadir os beneficiários dos arranjos vigentes a aceitar as reformas institucionais exigidas pela justiça. Isso não é de modo algum o que pretendo enfatizar. Como Chris Brown disse, a posição de Barry "não é que os ricos e poderosos sempre se sujeitem aos ditames da razão, mas sim que, se não estiverem dispostos a se deixar influenciar por uma argumentação racional sobre as demandas de imparcialidade, não haverá muito que os filósofos morais possam fazer a

---

149. Scanlon, 1982, p. 116, nota 2. Barry discute esse enfoque à teoria do contrato social em 1989a, p. 285, e em Barry, 1995, pp. 67-72.

respeito"[150]. Agarrar-se a uma premissa de benefício mútuo, de todo modo, só contribui para ocultar os obstáculos motivacionais e políticos que residem no caminho da justiça internacional.

O argumento de Barry em "Humanity and Justice in Global Perspective" se desencaminhou, acredito, ao combinar uma crítica correta à interpretação da teoria de Rawls que assimila a uma versão de justiça no sentido de benefício mútuo a uma crítica ao argumento, proposto por Beitz e Pogge, no sentido de que existe um sistema mundial de cooperação social que faz com que a justiça distributiva seja relevante para o contexto internacional. De fato, podemos afirmar que é justamente devido à existência de tal sistema – o análogo internacional da estrutura básica de Rawls – que algo como o contratualismo proposto por Barry pode ser empregado para esclarecer a natureza da justiça social no âmbito internacional. Poderíamos dizer, no espírito do contratualismo de Barry, que a estrutura básica internacional precisa ser justificada, por razões que ninguém razoavelmente rejeitaria, a todos aqueles cujas oportunidades de vida são significativamente afetadas pelas conseqüências distributivas de tal estrutura – quer sejam ou não capazes de contribuir para a geração de ganhos de cooperação. Resumindo, a iniqüidade distributiva existente faz com que uma preocupação com a justiça social ganhe sentido no contexto internacional. Mas a justificativa de um princípio e de instituições que objetivam corrigir essa injustiça precisa se basear em uma consideração imparcial dos interesses legítimos de todos que serão afetados, e não no grau efetivo de reciprocidade que há nas instituições e práticas existentes, nem (somente) em idéias de interesse próprio e benefício mútuo. Ademais, deve-se perguntar por que o grau existente de reciprocidade, sendo aquilo que é, a saber, uma função dos valores e instituições vigentes, poderia ser considerado

---

150. Brown, 1992, p. 182.

(como Opeskin e Brown o fazem) o ponto de referência para avaliar normativamente as alternativas para a sociedade internacional.

Segunda objeção: inexistência de significados compartilhados

O mundo não pode ser visto como um sistema de cooperação social para o benefício mútuo de seus participantes, portanto não há deveres internacionais de justiça distributiva. Esse é o argumento que examinei e rejeitei na seção anterior. Mas é possível dar um teor comunitarista a tal argumento, e é para isso que agora me volto. Teóricos comunitaristas como Michael Walzer e David Miller também afirmam que o mundo como um todo não pode ser visto como um sistema de cooperação social ao qual deveres de justiça se aplicam. Mas, para eles, o que está faltando não é benefício mútuo, consideração que é alheia ao enfoque sobre a justiça que propõem, e sim valores compartilhados e uma identidade compartilhada que pudessem encontrar expressão em instituições globais devotadas a fomentar a justiça socioeconômica.

Para Walzer e Miller, o Estado-nação é a comunidade relevante para a justiça. "A única alternativa à comunidade política", Walzer afirma no capítulo 1 de *Spheres of Justice*, "é a própria humanidade, a sociedade de nações, o planeta todo. Mas, se tomássemos o planeta como nosso contexto, teríamos que imaginar o que ainda não existe: uma comunidade que incluísse todos os homens e mulheres, em toda parte. Teríamos que inventar um conjunto de significados comuns para essas pessoas, evitando, se pudéssemos, a estipulação de nossos próprios valores." Adiante, ele adiciona: "não pode haver uma sociedade justa até que uma sociedade exista"[151]. Miller argumenta de forma semelhante. Deveres de justiça, correspondendo a noções de direitos

---

151. Walzer, 1983, pp. 29-30 e 313.

iguais e tratamento igual, só podem surgir da delimitação da comunidade de cidadãos por um Estado-nação[152]. Ele prossegue afirmando que "apesar de claramente existirem, no mundo contemporâneo, formas de interação e cooperação que ocorrem no nível global (...), essas formas de cooperação não são suficientes para constituir uma comunidade global. Em si mesmas, não criam um senso compartilhado de identidade ou um *ethos* comum. E acima de tudo não há uma estrutura institucional comum que nos justificasse descrever resultados desiguais como formas de tratamento desigual"[153].

O que devemos pensar dessa objeção à existência de obrigações de justiça distributiva internacional[154]? Se fosse interpretada sobretudo como uma objeção realista, eu não veria muita razão para contradizê-la. Entretanto, Walzer e Miller certamente a consideram uma objeção de *princípio* ao cosmopolitismo moral. Querem dizer não somente que, como uma questão de fato, não há instituições globais justas, ou que os atores internacionais mais poderosos não têm nenhum interesse em criá-las, mas também que nem sequer faz sentido criá-las, pois os significados e identidades comuns nos quais essas instituições teriam de se basear ainda não existem. Vou me limitar aqui a apontar algumas razões pelas quais deveríamos rejeitar essa objeção de natureza *normativa*.

Suponhamos, pelo menos em benefício do argumento, que a proposição central deste capítulo seja plausível. Apesar de obviamente inexistirem instituições políticas internacionais similares àquelas de um Estado-nação, sustentei que as práticas e os arranjos institucionais globais existentes realmente têm efeitos distributivos que contribuem significativamente para a desigualdade de oportunidades de

---

152. Miller, 1999, p. 189.
153. *Ibid.*, p. 190.
154. Essa objeção pode ser interpretada como a parte negativa do "argumento de parcialidade nacional", a que fiz menção na seção "A teoria de Rawls da justiça internacional", acima.

vida no mundo. Admitamos também, como Walzer e Miller querem nos fazer crer, que estamos destituídos de "significados sociais" que poderiam constituir o fundamento normativo de instituições globais comuns justas. (Deixo de lado, por ora, a suposição de que direitos humanos básicos possam se erigir em tais significados.) Se essas duas afirmações fossem verdadeiras, a que conclusão normativa chegaríamos? Que nada pode ser feito com respeito a esses efeitos distributivos desiguais porque os significados sociais comuns relevantes ainda estão ausentes? Isso equivaleria a tratar as instituições internacionais e seus efeitos distributivos como dados da natureza, uma conclusão que, além de não fazer sentido analiticamente, só seria aceitável para os beneficiários das desigualdades vigentes. Se há injustiça em um arranjo institucional, seus participantes mais privilegiados estão submetidos a um dever de reformá-lo, quer o reconheçam ou não, independentemente de quaisquer vínculos de natureza comunal que possam existir entre eles e os que sofrem de privações extremas[155].

Deixando-se de lado essa réplica imediata, há outras razões para rejeitar a objeção comunitarista. Uma delas é que a maneira como Walzer e Miller apelam aos valores e identidades comuns parece pressupor que um acordo sobre princípios teria de *preceder* qualquer esforço para instituir arranjos internacionais justos. Isso certamente é uma condição excessivamente rigorosa. Mesmo os admiradores do "romance do Estado-nação"[156] podem conceder que essa pode não ter sido a forma como tudo se passou na emergência do Estado-nação na Europa e em outras partes do mundo. Será que as estruturas do Estado-nação só surgiram onde foram precedidas pela emergência de um consenso dessa natureza? Para que o Estado-nação prevalecesse sobre ou-

---

155. Pogge, 1994c, p. 97.
156. A referência é ao ótimo título ("The Romance of the Nation-State") de um ensaio de David Luban de 1980, republicado em Beitz, Cohen, Scanlon e Simmons, 1985.

tras formas de identidade e lealdade políticas na Europa – digamos, sobre a lealdade a barões feudais ou ao Sacro Império Romano-germânico, ou ainda a cidades-Estado –, será que foi preciso que o "romance do Estado-nação" (uma identidade nacional e uma língua, tradições e história comuns) tivesse aparecido *antes*? Não faz nenhum sentido especular que a direção causal possa ter se dado no sentido contrário – de instituições comuns para significados comuns?

A objeção comunitarista examinada aqui pode vir acompanhada de um argumento sobre como o reconhecimento de obrigações de justiça se conecta à nossa psicologia moral. Esse argumento é constituído por duas proposições: que (1) o reconhecimento institucional de obrigações de justiça social se apóia em um sentimento moral, a saber, a capacidade que temos (ou que um grande número de pessoas tem) de nos identificarmos de forma empática com a sorte daqueles que se encontram em uma posição de desvantagem e de vulnerabilidade; e que (2) o reconhecimento de obrigações de justiça internacional se choca com nossas *sympathies* limitadas, com a incapacidade que temos de identificação empática com o sofrimento de outros que estão muito distantes de nós e com os quais não compartilhamos vínculos mais densos de solidariedade, lealdade ou identidade. Vejamos esta passagem de Richard Rorty:

> Considere-se (...) a atitude dos americanos liberais contemporâneos perante a interminável falta de esperança e a miséria da vida dos jovens negros das cidades americanas. Dizemos que essas pessoas têm de ser ajudadas porque são seres humanos como nós? Podemos até dizer isso, mas é muito mais convincente, tanto moral como politicamente, caracterizá-las como sendo *americanos* como nós – insistir em que é vergonhoso que um *americano* viva sem esperança. O que está em causa nestes exemplos é que o nosso sentido da solidariedade é mais forte quando se pensa naqueles relativamente aos quais se exprime solidariedade como se fossem "um de nós", em que "nós" significa algo de mais pequeno e mais local do que a raça humana. É por isso que "porque ela

[Rorty refere-se à atitude dos belgas que assistiam a Gestapo arrastar sua vizinha judia, sem que uma identificação empática com uma humanidade comum fosse suficiente para motivá-los a fazer algo para protegê-la] é um ser humano" é uma explicação fraca e não convincente de uma acção generosa.[157]

O que há de problemático no que Rorty está argumentando não é a suposição de que liberais de inclinação igualitária nos Estados Unidos deveriam tentar despertar a identificação empática dos norte-americanos mais privilegiados com a vida sem esperança dos jovens negros das cidades norte-americanas, para que algo seja feito a respeito, mobilizando a identidade nacional que é comum a uns e outros. Isso é uma questão de estratégia a ser adotada na discussão pública e, como tal, perfeitamente legítima. O que há de problemático é a suposição de que "uma ação generosa" (nas palavras de Rorty), no que se refere a questões de desigualdade e pobreza, só é politicamente viável entre aqueles que compartilham de certos vínculos identitários e psicológicos mais profundos. Sobre isso, cabem duas observações. Uma é que se pode duvidar que a forma de proximidade moral propiciada pela identidade nacional, sobretudo quando esta é associada, como é o caso, com a condição daqueles que são membros de um mesmo Estado-nação, possa ser suficiente para despertar uma identificação empática com a sorte dos compatriotas que levam a pior na distribuição de vantagens sociais. Que espécie de identificação empática ou de solidariedade se supõe que exista, por exemplo, entre os mais ricos das regiões mais prósperas e os mais pobres das regiões menos prósperas em um Estado-nação como o brasileiro? Será que são "vínculos identitários e psicológicos mais profundos", atribuíveis a uma identidade nacional comum, que explicam por que programas de natureza (modestamente) redistributiva, como o Bolsa Família ou a aposentadoria rural, se tornaram politicamente viáveis e puderam ser implementados no Brasil? Não creio que os

---

157. Rorty, 1992, pp. 237-8. Não alterei o texto da tradução portuguesa.

vínculos morais distantes que existem entre os cidadãos de Estados-nação de vastas dimensões possam ser apontados como uma condição facilitadora para a adoção de instituições e políticas públicas de caráter redistributivo em âmbito doméstico. Além disso, a experiência política contraria a suposição de que a solidariedade fomentada por uma identidade nacional comum favorece a adoção de arranjos institucionais redistributivos. O que ocorre com mais freqüência é a direita política apelar aos valores da nacionalidade para colocar os interesses da nação acima dos interesses de grupos socioeconômicos desfavorecidos. Como observa Brian Barry, "a redistribuição nunca ocorre da maneira como Walzer e Miller a fantasiam, e sim quase sempre requer a constituição de um partido que deliberadamente procura dividir o eleitorado de acordo com linhas socioeconômicas"[158]. Por outro lado, essa proximidade moral que Rorty julga ser necessária para nos predispor a aceitar os custos de "uma ação generosa" com freqüência se manifesta, em Estados multiculturais, em identidades de grupo que podem fomentar, não uma *sympathy* mas a antipatia e a xenofobia entre os cidadãos[159]. A proximidade propiciada por identidades de grupo, nesse caso, pode se colocar em uma relação problemática com a forma de identidade (nacional) valorizada por Rorty, Walzer e Miller.

Passemos à segunda observação sobre o trecho de Rorty citado acima. Às vezes o argumento da proximidade moral atribuída ao compartilhamento de uma identidade nacional, como uma condição de psicologia moral à exeqüibilidade da adoção de arranjos redistributivos, vem junto com o argumento de que "os *nossos* pobres devem ter prioridade". Temos um dever moral, poder-se-ia argumentar nessa linha, de dar prioridade às formas de privações sofridas pelos pobres com os quais temos uma relação especial, os pobres que são nossos compatriotas, em relação às privações sofridas, digamos, pelos pobres da África Subsaariana. Nos-

---

158. Barry, 1999, p. 51.
159. Wellman, 2001, p. 222. Ver, aqui, cap. 5, sobre a "política de identidade".

sa psicologia moral nos predisporia, como quer Rorty, a mais facilmente aceitar o custo da solidariedade quando o alvo da ação solidária são pessoas com quem compartilhamos uma identidade nacional; e as privações sofridas por nossos compatriotas nos apresentam exigências, com respeito ao que fazer, que arranjos instituir e que políticas adotar, que vêm antes das exigências que nos são feitas pelas privações sofridas por não-compatriotas.

No que se refere a como lidar com obrigações especiais devidas a compatriotas quando a desigualdade e a pobreza globais estão em questão, vou me limitar a apontar uma evidência empírica. Quando se examinam as estatísticas sobre ajuda externa relativas aos países que fazem parte da OCDE, que são os países sobre os quais as obrigações de justiça distributiva internacional têm de recair mais pesadamente (admitindo-se que tais obrigações existem), fica patente que não há necessariamente uma disjunção entre "contribuir para elevar o padrão de vida dos *nossos* pobres" e "contribuir para elevar o padrão de vida de pobres que não são nossos concidadãos". Os países da OCDE que proporcionalmente fazem as maiores contribuições para combater a pobreza global são também aqueles que chegaram mais perto de erradicar a pobreza em âmbito doméstico. Os membros da OCDE que têm um *welfare state* mais forte e igualitário, como é o caso dos países escandinavos e da Holanda, também são os únicos que ultrapassam a meta da ONU de destinar pelo menos 0,7% do PNB à ajuda externa[160]. No outro extremo estão os Estados Unidos, que têm cerca de 35 milhões de seus cidadãos vivendo abaixo da linha de pobreza e são, como disse Paul Krugman em artigo publicado no *The New York Times* no Natal de 2001, o "Scrooge do mundo ocidental"[161]. O cidadão norte-americano médio,

---

160. A Noruega gastou o correspondente a 0,87% de seu PNB em ajuda externa no ano de 2004. A Suécia destinou para isso 0,77% de seu PNB em 2004, e as projeções indicam que o total dos recursos destinados à ODA atingirá 1% do PNB em 2006 e 2007. Dados retirados da OCDE, 2005a.

161. Krugman, 2001. A referência, naturalmente, é ao personagem avarento que Charles Dickens celebrizou em *Um conto de Natal*.

provavelmente induzido a esse auto-engano por suas elites políticas, tipicamente pensa que seu país é demasiado generoso no que se refere a contribuir para mitigar a pobreza global. Krugman menciona que, se perguntado, o cidadão médio em geral dirá que algo como 10% dos recursos orçamentários federais são despendidos em ajuda externa. No entanto, o que os Estados Unidos de fato despendem em ajuda ao desenvolvimento é vinte vezes menos do que isso, ou o correspondente a 0,15-0,16% do PNB, nisso já estando computados os recursos que são destinados ao Afeganistão e ao Iraque, países que estão sob ocupação militar norte-americana[162].

Não estou querendo dizer que a transferência de meros 0,7%, ou mesmo de 1% do PNB (que é o nível que a ODA da Suécia poderá atingir em 2006), seja suficiente para que os cidadãos de sociedades abastadas considerem que suas obrigações de justiça internacional estão sendo adequadamente cumpridas. O que pretendo enfatizar é que, se o exame dos dois casos mencionados acima sugere alguma coisa, é algo distinto das duas proposições da objeção comunitarista à justiça global que citei antes. A adoção de estruturas institucionais que fomentam a solidariedade em relação àqueles que estão na posição social mais desfavorável, no contexto doméstico, parece também contribuir para estender a capacidade de identificação empática dos cidadãos para com aqueles que se encontram na pior posição em âmbito global. Uma suposição similar sobre como nossa psicologia moral opera tem um peso grande na interpretação que Rawls propõe para a constituição de um senso de justiça efetivo entre os cidadãos, que pudesse dar sustentação às estruturas de uma sociedade bem-ordenada tal como ele a concebe no âmbito doméstico. Esse é o tema do capítulo VIII de *Uma teoria da justiça*. A idéia central dessa interpretação é que mudanças institucionais podem induzir a constituição da comunidade moral necessária para conferir estabilidade a uma sociedade ordenada pelos dois princípios de justiça[163].

---

162. Ver OCDE, 2005a.
163. Ver a discussão sobre progresso moral no capítulo 1 deste volume, especialmente a seção "Desigualdade e loteria natural".

Se as *sympathies* humanas são plásticas o suficiente para que faça sentido falar em aprendizado moral e mesmo em progresso moral, por que supor que as fronteiras para isso estejam previamente delimitadas, como Rawls supõe, "pela noção de uma comunidade nacional auto-suficiente"[164]? Os limites da psicologia moral humana não parecem oferecer uma objeção decisiva à justiça internacional.

Como Henry Shue afirma, podemos entender as duas coisas que teóricos comunitaristas consideram desconectadas no caso internacional – não há como conceber a criação de arranjos institucionais justos enquanto não houver um consenso normativo que lhes sirva de fundamento – como se constituindo de maneira simultânea: "sociedade internacional e sociedade internacional justa podem ser construídas ao mesmo tempo, por meio das mesmas atividades. Grande parte do que faz um agrupamento de pessoas constituir uma sociedade é, precisamente como Walzer afirma, entendimentos compartilhados sobre questões como direitos e justiça. Em vez de esperar que uma sociedade surja por si mesma, de alguma forma, antes de perguntar a seus membros que pensem sobre o que faria com que ela se tornasse uma sociedade justa, é possível se tentar erigir uma sociedade mediante um acordo na teoria ou na prática sobre instituições justas"[165].

Argumentando de forma semelhante a que faço aqui para rebater a objeção comunitarista à justiça global, Andrew Hurrell sustenta que as tendências no sentido de um aumento da "densidade" das instituições internacionais a partir do segundo pós-guerra já conferem um lastro suficiente de realidade à discussão normativa sobre a justiça social em âmbito internacional[166]. "Está longe de ser óbvio", diz Hurrell, "que as instituições internacionais não possam mover diferentes Estados e sociedades em direção a 'entendimentos

---

164. Rawls, 2008, p. 564.
165. Shue, 1996, p. 179.
166. Hurrell, 2001.

compartilhados sobre o significado dos bens sociais', para se valer da frase de Michael Walzer (...) Entendimentos compartilhados e institucionalmente expressos sobre o que constitui a justiça e a injustiça já não estão confinados a comunidades nacionais. Ao examinarmos a estrutura em transformação da sociedade internacional, não há nenhuma dúvida de que estamos lidando (...), nos termos de Rawls, com arranjos políticos, sociais e econômicos que 'definem os direitos e deveres das pessoas e que influenciam suas perspectivas de vida, o que elas podem esperar ser e em que medida elas podem esperar se sair bem' (Rawls, 1971, p. 7)."[167] Hurrell prossegue apontando os "elementos de deformidade" produzidos pela velha ordem política de Vestfália, cujos efeitos se percebem em relação tanto à distribuição desigual de vantagens e desvantagens (em questões de segurança e de justiça econômica) quanto a como se produzem e quem produz as normas da sociedade internacional[168]. Esses elementos de deformidade geram um sólido ceticismo acerca das perspectivas, pelo menos no curto prazo, de uma agenda política voltada para questões de justiça internacional. Mas nada do que argumentei acima tem o sentido de subestimar as dificuldades que há de alcançar acordos sobre instituições internacionais justas e implementá-los. A idéia, nesta última seção, resumiu-se a tirar da frente uma objeção de princípio a que se façam esforços teóricos e práticos na direção de superar tais dificuldades. E, se os "elementos de densidade" das instituições e das práticas internacionais têm efeitos comparáveis, como Hurrell reconhece que têm, àqueles que Rawls atribui à "estrutura básica da sociedade" no caso doméstico, os "elementos de deformidade" tornam ainda mais urgente, diversamente do que pensam os teóricos comunitaristas, o debate normativo sobre a justiça na ordem social e política internacional.

---

167. Hurrell, 2001, p. 40.
168. *Ibid.*, pp. 41-2.

CONSIDERAÇÕES FINAIS

Não tentarei resumir o que foi dito ao longo deste volume. Nas duas partes deste trabalho empenhei-me em integrar a teoria política normativa do liberalismo igualitário em âmbito doméstico e internacional da forma que me parece ser mais plausível – "mais plausível" do que a forma como Rawls, por exemplo, concebeu essa integração. O foco principal recaiu na teoria da justiça distributiva, ainda que questões de justiça política e de tolerância, conforme o tópico em questão o exigia (sobretudo nos capítulos 4, 5 e 6), também tenham sido discutidas. Concebi essa integração entre as perspectivas doméstica e internacional propondo que as questões de justiça distributiva, em âmbito doméstico, devem ser examinadas da ótica da noção normativa mais abrangente de "sociedade democrática" e, em âmbito internacional, pela noção de vida humana minimamente decente que a linguagem dos direitos humanos objetiva captar. Essa divisão de trabalho entre as duas idéias normativas tem por trás a suposição de que globalizar o liberalismo igualitário, da forma como o estou entendendo, não pode ser equivalente a sustentar que todas as sociedades do mundo devem adotar instituições domésticas liberal-igualitárias.

Esse modo de conceber a integração evita a alternativa demasiado custosa de ter de defender a validade universal da idéia normativa de sociedade democrática. Talvez isso possa ser feito, mas não me propus a fazê-lo neste trabalho. Limitei-me, no capítulo 6, a examinar objeções céticas à validade universal de julgamentos de justiça tendo em mente, todo o tempo, o dano que essas objeções poderiam causar à idéia de direitos humanos universais. Mas acredito que o alcance desse ideal normativo é maior do que muitas vezes se supõe. Ele não se aplica somente a um punhado de sociedades liberais desenvolvidas, mas também, da forma como o interpreto, a uma sociedade como a brasileira – algo que procurei explicitar, nos momentos em que julguei pertinente. Entendo que boa parte da insatisfação que muitas pessoas hoje manifestam com o funcionamento das instituições políticas democráticas no Brasil tem relação com o fato de que muitos de nós desejaríamos viver em uma sociedade de cidadãos iguais. Essa é uma tarefa muito mais árdua do que a de instituir e fazer funcionar um governo democrático ao longo do tempo – na verdade, é árduo mesmo dar passos consistentes nessa direção. A discussão sobre qual é a concepção de justiça distributiva apropriada para uma sociedade democrática pode oferecer uma perspectiva a partir da qual esses passos podem ser avaliados. Sobre isso, duas considerações podem ser feitas. A primeira é que é importante procurar entender o que significa, de maneira mais precisa, os cidadãos serem tratados como iguais pelas instituições sociais e políticas de sua sociedade. Sobre isso, acredito, a teoria política normativa que expus aqui tem uma contribuição a oferecer. Seria desejável, ademais, ir além e ter uma idéia mais clara sobre que espécies de arranjos institucionais melhor traduziriam essas preocupações igualitárias. Essa é uma discussão que julgo ser importante (fiz algumas observações sobre isso no capítulo 1), mas que é muito pouco popular entre os teóricos políticos. Um esforço significativo nessa direção é o artigo de Louis Putterman, John Roemer e Joaquim Silvestre intitulado "Does Egalitarianism Have a Future?"[1]. Não há dúvida de que mais pesquisa e reflexão

---

1. Putterman, Roemer e Silvestre, 1998.

desse teor são necessárias, mesmo que a discussão a ser desenvolvida possa parecer inteiramente descolada de alternativas políticas exeqüíveis no curto prazo. A segunda consideração é que a justiça na sociedade não é uma questão de tudo ou nada. O liberalismo igualitário não tem a obsessão da realização plena. O esforço para formular uma concepção de justiça distributiva que dê uma forma mais definida à aspiração de igualdade de *status* entre os cidadãos também deve se prestar à avaliação moral das decisões e políticas que podem tornar nossa sociedade um pouco menos injusta aqui e agora. De fato, esse gradualismo é um componente da interpretação que propus, no capítulo 1, para o progresso moral.

Minha impressão é que a discussão desenvolvida na primeira parte deste volume, constituída pelos cinco primeiros capítulos, movimenta-se em um terreno teórico mais sólido. Ao dizer isso não estou afirmando – longe disso – que a considero encerrada. Todos os capítulos deste volume tratam de debates, na teoria política contemporânea, que vêm se tornando crescente e mesmo exasperadoramente sofisticados e especializados. Minha opção, aqui, foi evitar (talvez o leitor se surpreenda com esta afirmação!) uma excessiva especialização. Uma vez que meu propósito, para o bem ou para o mal, era articular uma visão abrangente de meu objeto – o liberalismo igualitário –, vi-me compelido a constituir pontos de vista fundamentados em debates que, em si mesmos, justificariam um tratamento mais detalhado e aprofundado. Um volume inteiro poderia ser dedicado à discussão sobre o foco institucional de princípios de justiça, que é feita no capítulo 2, sobre a relação entre democracia e justiça, examinada no capítulo 4, ou sobre o confronto entre o multiculturalismo e o liberalismo igualitário, realizado no capítulo 5. De todo modo, a teoria da justiça, como a teoria da democracia, se desenvolveu com base na suposição de que o agrupamento humano relevante para a discussão de questões de justiça é (somente) a comunidade política nacional. Abandonando-se essa suposição, como faço no capítulo 7, o esforço de teorização também assume um caráter mais tentativo.

O estudo desenvolvido no último capítulo deve ser visto como uma exploração preliminar da temática da justiça socioeconômica, uma vez que se toma o mundo, e não somente as sociedades domésticas, como um sistema de cooperação social ao qual princípios de justiça se aplicam. De fato, o esforço maior se concentrou na demonstração da proposição normativa de que uma questão de justiça distributiva, como algo distinto de uma questão de obrigações de humanidade, existe também no âmbito da sociedade internacional. A perspectiva que denominei, ao longo deste volume, liberalismo igualitário pode oferecer uma contribuição para esclarecer essa questão. Espero ter conseguido mostrar que sobre isso há um debate bastante complexo no terreno da teoria política normativa, que também se manifesta, de outra maneira, nas discussões públicas correntes. É impossível seguir adiante em discussões de justiça internacional sem antes constituir pontos de vista fundamentados no terreno desse debate normativo. Minha argumentação, tanto no âmbito doméstico como no internacional, aceita a proposição de que uma questão de justiça distributiva se apresenta quando podemos atribuir disparidades socioeconômicas extremas, a começar pelo problema mais urgente da pobreza, a arranjos de natureza institucional. Estabelecer uma relação de causalidade dessa natureza é um passo necessário, pelo menos é o que suponho, para a imputação de responsabilidade moral. Aqueles que mais se beneficiam de determinado arranjo institucional, e que estão mais bem posicionados para alterá-lo, são moralmente responsáveis pelos danos que sob esse arranjo são produzidos àqueles que se encontram na posição mais desfavorável, ainda que ninguém possa ser direta e individualmente responsabilizado por esses danos da mesma forma que o general sérvio Mladic pode ser responsabilizado pelo genocídio praticado contra a população muçulmana da cidade bósnia de Srebrenica, em julho de 1995. Uma conseqüência da argumentação que desenvolvi é, de fato, reduzir o peso moral que usualmente se coloca na distinção entre esses dois tipos de imputação de responsabilidade: a de Ratko Mladic, Radovan Karadzic, Slobodan Milosevic e outros genocidas, pelo massacre intencional de dezenas e mesmo de centenas de milhares de pessoas inocentes; e a que em uma medida significativa recai sobre os cidadãos e governos do mundo rico, pelos milhões de mortes de pessoas inocentes, todos os anos, em virtude de causas relacionadas à pobreza[2]. Essa argumentação normativa tem opositores de peso no terreno da teoria política e se defronta com barreiras ainda mais formidáveis no terreno da opinião pública e do debate político doméstico e internacional. Alguém imagina que possa ser uma tarefa fácil persuadir o cidadão norte-americano médio de que ele e seus concidadãos têm – juntamente com o restante do quintil mais privilegiado do planeta – uma parcela da responsabilidade pelos danos e sofrimentos impostos aos mais pobres no mundo? Outra evidência das dificuldades que se apresentam na discussão pública é a relutância de sucessivos governos norte-americanos (republicanos ou democratas) de ratificar quaisquer tratados ou documentos internacionais, como o Pacto Internacional sobre Direitos Econômicos, Sociais e Culturais, que possam ter o significado de um reconhecimento, mesmo que em uma escala mínima, do tipo de responsabilidade moral enfatizada aqui. O que não deixa de ser um reconhecimento de que compromissos normativos, uma vez assumidos, adquirem certo peso nas decisões políticas.

---

2. Carrego um pouco nas tintas, mas há outros pensando, no mesmo espírito do que estou afirmando, que é hora de conferir o *status* de "crime contra a humanidade" não somente ao genocídio, ao extermínio de população civil e à escravidão, mas também à pobreza extrema. Essa tem sido a tônica da atuação de Pierre Sané como diretor-geral de Ciências Sociais e Humanas da Unesco. É como parte desse empreendimento de alterar a estrutura conceitual e moral a partir da qual a pobreza extrema é avaliada que a Unesco publicou (em co-edição com a Oxford University Press), em 2007, o volume *Freedom from Poverty as a Human Right. Who Owes What to the Very Poor?*, organizado por Thomas Pogge e no qual uma versão mais compactada do capítulo 7 deste volume foi publicada. Ver Pogge, 2007.

Da ótica da pesquisa e da reflexão acadêmicas que tenham afinidade com a perspectiva teórica examinada neste trabalho, pode ser feito um esforço no sentido de robustecer tanto quanto possível a argumentação, aqui delineada, que estabelece uma conexão entre o foco institucional da teoria da justiça distributiva e a imputação de responsabilidade moral. Há várias frentes em que isso pode ser feito, a começar por haver mais pesquisas empíricas voltadas para detectar os efeitos distributivos, no que se refere a questões de justiça socioeconômica, de regimes e instituições internacionais (nisso se incluindo, como foi visto na subseção "A desigualdade é importante?" do capítulo 7, os efeitos distributivos produzidos pela inexistência de determinados arranjos institucionais). Uma preocupação similar a essa consiste em indagar se há alguma relação entre normas e instituições internacionais e a justiça ou a injustiça domésticas. Há, neste livro, observações esparsas que vão nessa direção, como a conexão sugerida por Pogge entre a "prerrogativa internacional de recursos naturais" e a perpetuação, em países pobres que são ricos em recursos naturais, de elites políticas corruptas e predatórias, mas não uma discussão sistemática e organizada de diferentes dimensões dessa temática. Outra frente de pesquisas, tanto teóricas quanto empíricas, diz respeito à discussão de propostas de reforma institucional que objetivem reduzir pelo menos as disparidades socioeconômicas mais extremas do mundo de hoje. Em conexão com essa temática, apresenta-se, por fim, uma discussão que é correlata, em âmbito internacional, àquela que desenvolvi no capítulo 4. Será que a realização de reformas para tornar os arranjos institucionais globais menos injustos pressupõe uma alteração profunda nas estruturas políticas internacionais hoje existentes? Como é possível conectar nossas idéias de justiça social e democracia política no plano internacional? Só haverá progresso na redução das injustiças sociais no mundo se também houver progresso no que David Held denomina "democracia cosmopolita"[3]? Considerando-se que

---

3. Held, 1995 e 2000.

o liberalismo igualitário, da maneira como o interpretei, constitui uma variante de cosmopolitismo moral, será que subscrevê-lo implica também subscrever alguma forma de cosmopolitismo político? Essas são questões suscitadas pela investigação que aqui foi realizada e sobre as quais pouco foi dito neste trabalho. Enfrentá-las, para aqueles que compartilham dos sentimentos igualitários aos quais a teoria política do liberalismo igualitário se empenha em oferecer uma interpretação plausível, é uma forma natural de dar seqüência à reflexão sobre justiça internacional iniciada neste volume.

REFERÊNCIAS BIBLIOGRÁFICAS

ANNAS, Julia. "Mulheres e qualidade de vida". *Lua Nova* 31, 1993, pp. 135-55.

APPIAH, K. Anthony. "Identity, Authenticity, Survival: Multicultural Societies and Social Reproduction". *In*: GUTMANN, Amy (org.). *Multiculturalism: Examining the Politics of Recognition*. Princeton: Princeton University Press, 1994, pp. 162-3.

ARAUJO, Cicero Romão Resende. *Quod Omnes Tangit. Fundações da República e do Estado*. Tese de livre-docência apresentada ao Departamento de Ciência Política da USP, 2004, Mimeo.

ARROW, Kenneth. "Some Ordinalist-Utilitarian Notes on Rawls's Theory of Justice". *The Journal of Philosophy*, vol. 70, n? 9, 1973.

AVRITZER, Leonardo. "Teoria democrática e deliberação pública". *Lua Nova* 49, 2000, pp. 25-46.

BARRET, Scott. "Montreal Versus Kyoto: International Cooperation and the Global Environment". *In*: KAUL, Inge, GRUNBERG, Isabelle e STERN, Marc (orgs.). *Global Public Goods: International Cooperation in the 21ˢᵗ Century*. Oxford: Oxford University Press, 1999, pp. 192-219.

BARRY, Brian. "Humanity and Justice in Global Perspective". *In*: *Democracy, Power and Justice: Essays in Political Theory*. Oxford: Clarendon Press, 1986 (1982).

____. *Theories of Justice*. Londres: Harvester-Wheatsheaf, 1989a.

____. *Justice as Impartiality*. Oxford: Clarendon Press, 1995a.

____. "Spherical Justice and Global Injustice". *In*: MILLER, D. e WALZER, M. (orgs.). *Pluralism, Justice, and Equality*. Oxford: Oxford University Press, 1995b, pp. 67-80.

____. "John Rawls and the Search for Stability". *Ethics* 105, 1995c, pp. 874-915.

BARRY, Brian. "International Society from a Cosmopolitan Perspective". *In*: MAPEL, David e NARDIN, Terry (orgs.). *International Society*. Princeton: Princeton University Press, 1998.
____. "Statism and Nationalism: A Cosmopolitan Critique". *In*: SHAPIRO, I. e BRILMAYER, Lea (orgs.). *Global Justice. Nomos XLI*. Nova York: New York University Press, 1999, pp. 12-66.
____ e GOODIN, Robert E. (orgs.). *Ethical Issues in the Transnational Migration of People and of Money*. The Pennsylvania State University Press, 1992.
____. *Culture and Equality: An Egalitarian Critique of Multiculturalism*. Cambridge-Mass.: Harvard University Press, 2001.
BEITZ, Charles R. *Political Theory and International Relations*. Princeton: Princeton University Press, 1979.
____. "Cosmopolitan Ideals and National Sentiments". *The Journal of Philosophy*, vol. LXXX, 10, outubro de 1983, pp. 591-600.
____, COHEN, Marshall, SCANLON, Thomas e SIMMONS, A. John (orgs.). *International Ethics*. Princeton: Princeton University Press, 1985.
____. "International Liberalism and Distributive Justice". *World Politics* 51, 1999a, pp. 269-96.
____. "Social and Cosmopolitan Liberalism". *International Affairs* 75, 3, 1999b, pp. 515-9.
____. "Rawls's Law of Peoples". *Ethics* 110, 4, 2001a, pp. 669-96.
____. "Does Global Equality Matter?" *In*: POGGE, T. (org.). *Global Justice*. Oxford: Blackwell Publishers, 2001b.
BERLIN, Isaiah. *Ensaios sobre a humanidade. Uma antologia de ensaios*. *In*: HARDY, Henry e HAUSHEER, Roger (orgs.). Trad. Rosaura Eichenberg. São Paulo: Companhia das Letras, 2002 (1958).
BIRDSALL, Nancy e LAWRENCE, Robert Z. "Deep Integration and Trade Agreements". *In*: KAUL, I., GRUNSBERG, I. e STERN, M. (orgs.). *Global Public Goods: International Cooperation in the 21st Century*. Oxford: Oxford University Press, 1999, pp. 128-51.
BOHMAN, James. "The Democratic Minimum: Is Democracy a Means to Global Justice?" *Ethics and International Affairs* 19, 1, 2005, pp. 101-6.
BRAGA, Mauro Mendes. "Cursos noturnos: uma alternativa para a inclusão social no ensino superior brasileiro. O caso da UFMG". Comunicação apresentada na 55ª Reunião da SBPC, Recife, 13 a 18 de julho de 2003.
BROWN, Chris. *International Relations Theory*. Nova York: Harvester Wheatsheaf, 1992.

BROWN, Chris. "International Affairs". *In*: GOODIN, R. E. e PETTIT, P. (orgs.). *A Companion to Contemporary Political Philosophy*. Oxford: Blackwell, 1993, pp. 515-26.

____. "John Rawls, 'The Law of Peoples', and International Political Theory". *Ethics and International Affairs* 14, 2000, pp. 125-32.

____. *Sovereignty, Rights and Justice. International Political Theory Today*. Oxford: Polity, 2002.

BURKE, Edmund. *Selected Works of Edmund Burke, and Miscellaneous Writings*. Indianapolis. *In*: Liberty Fund, Inc., ed. E. S. Payne; Francis Canaban, 1999. Disponível em: http://www.econlib.org/library/-LFBooks/Burke/brkSWContents.html. Acesso em: 16 fev. 2006.

____. *Reflections on the Revolution in France*. 1791, vol. 2, Part I, § 75.

CANEY, Simon. "International Distributive Justice". *Political Studies* 49, 2001a, pp. 974-97.

____. "Survey Article: Cosmopolitanism and the Law of Peoples". *Journal of Political Philosophy* 9, 2001b.

CARDOSO DE OLIVERIA, Roberto. "Antropologia e moralidade". *Revista Brasileira de Ciências Sociais*, vol. 24, 9, 1994, pp. 110-21.

CHRISTIANO, Thomas. "The Significance of Public Deliberation". *In*: BOHMAN, J. e REGH, W. (orgs.). *Deliberative Democracy*. Cambridge-Mass.: The MIT Press, 1997.

COHEN, G. A. "On the Currency of Egalitarian Justice". *Ethics* 99, 1989.

____. "Incentives, Inequality, and Community". *In*: PETERSON, Grethe B. (org.). *The Tanner Lectures on Human Values* 13. Salt Lake City: University of Utah Press, 1992.

____. "Equality of What? On Welfare, Goods and Capabilities". *In*: NUSSBAUM, M. e SEN, A. (orgs.). *The Quality of Life*. Oxford: Clarendon Press, 1993.

____. "A igualdade como norma e o (quase) obsoleto marxismo". *Lua Nova* 33, 1994, pp. 123-34.

____. "The Pareto Argument for Inequality". *Social Philosophy and Policy* 12, 1995, pp. 160-85.

____. "Where the Action Is: On the Site of Distributive Justice". *Philosophy and Public Affairs* 26, 1, 1997.

COHEN, Joshua. "Review of Walzer's *Spheres of Justice*". *The Journal of Philosophy* 83, 1986, pp. 457-68.

____. "Review of Sen's Inequality Reexamined". *The Journal of Philosophy*, vol. 92, n° 5, 1995, pp. 275-88.

____. "Deliberation and Democratic Legitimacy". *In*: BOHMAN, J. e REGH, W. (orgs.). *Deliberative Democracy*. Cambridge-Mass.: The MIT Press, 1997, pp. 67-91.

COHEN, Joshua. "For a Democratic Society". *In*: FREEMAN, S. (org.). *The Cambridge Companion to Rawls*. Cambridge: Cambridge University Press, 2003, pp. 86-138.

COHEN, Marshall. "Moral Skepticism and International Relations". *In*: BEITZ, Charles, COHEN, Marshall, SCANLON, Tomas e SIMMONS, John (orgs.). *International Ethics*. Princeton: Princeton University Press, 1985, pp. 3-50.

DA SILVEIRA, Pablo. "La teoría rawlsiana de la estabilidad: consenso por superposición, razón pública y discontinuidad". *In*: FELIPE, Sônia (org.). *Justiça como eqüidade. Fundamentação e interlocuções polêmicas*. Florianópolis: Insular, 1998.

DAHL, Robert. *A Preface to an Economic Democracy*. Berkeley: University of California Press, 1985.

____. *Democracy and Its Critics*. New Haven: Yale University Press, 1989.

____. *On Political Equality*. New Haven: Yale University Press, 2007.

DANIELS, Norman. "Equality of What: Welfare, Resources, or Capabilities?" *Philosophy and Phenomenological Research*, vol. I (suplemento), 1990.

DEVETAK, Richard e HIGGOTT, Richard. "Justice Unbound? Globalization, States and the Transformation of the Social Bond". *International Affairs* 75, 3, 1999, pp. 483-98.

DOWNS, Anthony. *Uma teoria econômica da democracia*. São Paulo: Edusp, 1999.

DOYLE, Michael. "Global Economic Inequalities: A Growing Gap". *In*: WAPNER, Paul e RUIZ, Lester Edwin (orgs.). *Principled World Politics: The Challenge of Normative International Relations*. Boston: Rowman & Littlefield Publishers, 2000, pp. 79-97.

DWORKIN, Ronald. *Taking Rights Seriously*. Londres: Duckworth, 1997. [Trad. bras. *Levando os direitos a sério*. São Paulo: Martins Fontes, 2007.]

____. "What Is Equality? Part 2: Equality of Resources". *Philosophy and Public Affairs*, vol. 10, n? 4, 1981. Republicado em Dworkin, 2000.

____. *Law's Empire*. Cambridge-Mass.: Harvard University Press, 1986. [Trad. bras. *O império do direito*. São Paulo: Martins Fontes, 1999.]

____. "Objectivity and Truth: You'd Better Believe It". *Philosophy and Public Affairs* 25 (2), 1996, pp. 87-139.

____. *Sovereign Virtue. The Theory and Practice of Equality*. Cambridge-Mass.: Harvard University Press, 2000. [Trad. bras. *A virtude soberana. A teoria e a prática da igualdade*. São Paulo: Martins Fontes, 2005.]

ELSTER, Jon. *Solomonic Judgements. Studies in the Limitations of Rationality*. Cambridge: Cambridge University Press, 1990a.

____. "Reflexões sobre a transição para o socialismo". *Lua Nova* 22, 1990b.

____. *Local Justice. How Institutions Allocate Scarce Goods and Necessary Burdens*. Nova York: Russell Sage Foundation, 1992.

____. "A possibilidade da política racional". *Revista Brasileira de Ciências Sociais*, vol. 14, n° 39, 1999, pp. 13-40.

ESTLUND, David. "Beyond Fairness and Deliberation". *In*: BOHMAN, J. e REGH, W. (orgs.). *Deliberative Democracy*. Cambridge-Mass.: The MIT Press, 1997.

____. "Liberalism, Equality, and Fraternity in Cohen's Critique of Rawls". *Journal of Political Philosophy*, vol. 6, 1, 1998, pp. 99-112.

FLEISCHACKER, Samuel. *Uma breve história da justiça distributiva*. São Paulo: Martins Fontes, 2006.

GALLAGHER, Kevin. "World Income Inequality and the Poverty of Nations". *In*: ACKERMAN, Frank, GOODWIN, Neva, DOUGHERTY, Laurie e GALLAGHER, Kevin (orgs.). *The Political Economy of Inequality*. Washington: Island Press, 2000.

GALSTON, William. *Liberal Purposes*. Cambridge: Cambridge University Press, 1991.

GARGARELLA, Roberto. *Las teorías de la justicia después de Rawls*. Barcelona/Buenos Aires: Paidós, 1999. [Trad. bras. *As teorias da justiça depois de Rawls*. São Paulo: Martins Fontes, 2007.]

GAUTHIER, David. *Morals by Agreement*. Oxford: Oxford University Press, 1986.

GILLIGAN, Carol. *In a Different Voice: Psychological Theory and Women's Development*. Cambridge-Mass.: Harvard University Press, 1982.

GILPIN, Robert. *Global Political Economy*. Understanding the International Economic Order. Princeton: Princeton University Press, 2001.

GOODIN, Robert. "Commentary: The Political Realism of Free Movement". *In*: BARRY, Brian e GOODIN, Robert (orgs.). *Free Movement: Ethical Issues in the Transnational Movement of People and of Money*. University Park, The Pennsylvania State University Press, 1992.

GREEN, Duncan e GRIFFITH, Mathhew. "Globalization and Its Discontents". *International Affairs* 78, 1, 2002, pp. 49-68.

GUTMANN, Amy. "The Challenge of Multiculturalism in Political Ethics". *Philosophy and Public Affairs* 22 (3), 1993.

____ e THOMPSON, Dennis. *Democracy and Disagreement*. Cambridge-Mass.: Harvard University Press, 1997.

HABERMAS, Jürgen. *Between Facts and Norms*. Cambridge-Mass.: MIT Press, 1996a.

_____. "Reconciliação através do uso público da razão: observações sobre o liberalismo político de John Rawls". Trad. Otacílio Nunes Júnior. *Educação e sociedade* 57, 1996b.

HARDIN, Russell. "Deliberation: *Method*, not Theory". *In*: MACEDO, S. (org.). *Deliberative Politics. Essays on Democracy and Disagreement*. Oxford: Oxford University Press, 1999.

HASENCLEVER, Andreas, MAYER, Peter e RITTBERGER, Volker. "Is Distributive Justice a Necessary Condition for a High Level of Regime Robustness?" Tübinger Arbeitspapiere zur Internationalen Politik und Friedensforschung, paper nr. 36, 2000. Disponível em: (http://www. uni-tuebingen.de/pol/taps/tap36.htm). Acesso em: 25 jan. 2001.

HAYEK, F. A. *Law, Legislation, and Liberty*. Chicago: The University of Chicago Press, 1976, vol. 2.

HELD, David. *Democracy and the Global Order*. Stanford: Stanford University Press, 1995.

_____. "Regulating Globalization? The Reinvention of Politics". *International Sociology* 15, 2, 2000, pp. 394-408.

_____, McGREW, Anthony e GOLDBLATT, David. *Global Transformations: Politics, Economics, Culture*. Stanford: Stanford University Press, 1999.

HILL, Ronald Paul, PETERSON, Robert M. e DHANDA, Kanwalroop Kathy. "Global Consumption and Distributive Justice: A Rawlsian Perspective". *Human Rights Quarterly* 23, 1, 2001, pp. 171-87.

HURRELL, Andrew. "Global Inequality and International Institutions". *In*: POGGE, Thomas (org.). *Global Justice*. Oxford: Blackwell Publishers, 2001, pp. 32-54.

IMF (International Monetary Fund). *World Economic Outlook*, Washington, DC, 1997.

JONES, Charles. *Global Justice: Defending Cosmopolitanism*. Oxford: Oxford University Press, 2001.

KAPSTEIN, Ehtan. "Distributive Justice as an International Public Good". *In*: KAUL, Inge, GRUNBERG, Isabelle e STERN, Marc A. (orgs.). *Global Public Goods*. Oxford: UNDP-Oxford University Press, 1999, pp. 88-115.

_____. "Models of International Justice". *Ethics and International Affairs*, vol. 18, n° 2, 2004, pp. 79-92.

KOHLBERG, Lawrence. *Psicología del desarrollo moral*. Bilbao: Desclée de Brouwer, 1992.

KRUGMAN, Paul. "The Scrooge Syndrome". *The New York Times*, 25 de dezembro, 2001, seção A, p. 27, coluna 6.

KUKATHAS, Chandran. "Multiculturalism as Fairness: Will Kymlicka's *Multicultural Citizenship*". *The Journal of Political Philosophy*, vol. 5, 4, 1997, pp. 406-27.

KUPER, A. "Rawlsian Global Justice: Beyond *The Law of Peoples* to a Cosmopolitan Law of Persons". *Political Theory* 20, 1, 2000, pp. 38-52.

KYMLICKA, Will. *Liberalism, Community, and Culture*. Oxford: Clarendon Press, 1989.

____. *Contemporary Political Philosophy*. Oxford: Clarendon Press, 1990. [Trad. bras. *Filosofia política contemporânea*. São Paulo: Martins Fontes, 2006.]

____. *Multicultural Citizenship: A Liberal Theory of Minority Rights*. Oxford: Clarendon Press, 1995.

LIMONGI, Fernando. "A democracia no Brasil: presidencialismo, coalizão partidária e processos decisórios". *Novos Estudos* 76, 2006, pp. 17-41.

LINKLATER, Andrew. "The Evolving Spheres of International Justice". *International Affairs* 75, 3, 1999, pp. 473-82.

MANIN, Bernard. "On Legitimacy and Political Deliberation". *Political Theory*, vol. 15, 3, 1987, pp. 338-68.

MANSBRIDGE, Jane. "Normative Theory and *Voice and Equality*". *American Political Science Review*, vol. 91, n° 2, 1997.

MARSHALL, T. H. *Citizenship and Social Class*. Londres: Pluto Press, 1992.

MILANOVIC, Branko. "True World Income Distribution, 1988 and 1993: First Calculation Based on Household Surveys Alone". *The Economic Journal* 112 (January), 2002, pp. 51-92.

____. "World Income Inequality in the Second Half of the 20th Century", 2001. Disponível em: http://www.worldbank.com. Acesso em: 22 maio 2002.

MILL, John Stuart. "On Liberty". *In*: COHEN, Marshall (org.). *The Philosophy of John Stuart Mill*. Nova York: The Modern Library, 1961a.

____. "Utilitarianism". *In*: COHEN, Marshall (org.). *The Philosophy of John Stuart Mill*. Nova York: The Modern Library, 1961b.

MILLER, David. *On Nationality*. Oxford: Clarendon Press, 1995.

____. "The Limits of Cosmopolitan Justice". *In*: MAPEL, David e NARDIN, Terry (orgs.). *International Society*. Princeton: Princeton University Press, 1998, pp. 164-81.

____. "Justice and Global Inequality". *In*: HURRELL, Andrew e WOODS, Ngaire (orgs.). *Inequality, Globalization, and World Politics*. Oxford: Oxford University Press, 1999.

MILLER, David. *Citizenship and National Identity*. Cambridge: Polity Press, 2000.

MOEHLECKE, Sabrina. "Ação afirmativa no ensino superior: entre a excelência e a justiça racial". *Educação e sociedade*, vol. 25, n.º 88, 2004, pp. 757-76.

MOELLENDORF, Darrell. *Cosmopolitan Justice*. Oxford: Westview Press, 2002.

NAGEL, Thomas. *Equality and Partiality*. Oxford: Oxford University Press, 1991.

NICKEL, James. *Making Sense of Human Rights*. Berkeley: University of California Press, 1987.

NOZICK, Robert. *Anarchy, State, and Utopia*. Nova York: Basic Books, 1974.

NUSSBAUM, Martha. "Patriotism and Cosmopolitanism". *In*: COHEN, J. (org.). *For Love of Country: Debating the Limits of Patriotism. Martha C. Nussbaum with Respondents*. Boston: Beacon Press, 1996.

OECD. "Official Development Assistance increases further – but 2006 target still a challenge", 2005a. Disponível em: http://www.oecd.org/-department/0,2688,en_2649_ 34447_1_1_1_1_1_1,00html. Acesso em: 18 fev. 2006.

_____. *Compendium of Patent Statistics*, 2005b. Disponível em: http://www.oecd.org/dabaoecd/60/24/8208325.pdf. Acesso em: 18 fev. 2006.

OKIN, Susan Moller. *Justice, Gender, and the Family*. Nova York: Basic Books, 1989.

_____. "Is Multiculturalism Bad for Women?" *Boston Review*, outubro-novembro de 1997.

_____. "Poverty, Well-Being, and Gender: What Counts, Who's Heard?" *Philosophy and Public Affairs* 31, 3, 2003, pp. 280-306.

OLSON, Mancur. *The Logic of Collective Action*. Cambridge-Mass.: Harvard University Press, 1971 (1965).

O'NEILL, Onora. "Lifeboat Earth". *In*: BEITZ, Charles, COHEN, Marshall, SCANLON, Thomas e SIMMONS, A. John (orgs.). *International Ethics*. Princeton: Princeton University Press, 1985.

_____. "Agents of Justice". *In*: POGGE, Thomas (org.). *Global Justice*. Oxford: Blackwell, 2001.

OPESKIN, Brian R. "The Moral Foundations of Foreign Aid". *World Development* 24, 1, 1996, pp. 21-44.

OXFAM GB. "Time for a Tobin Tax? Some Practical and Political Arguments". Policy Paper, maio de 1999. Disponível em: www.oxfam.org.uk/policy/papers/tobintax/tobintax2.htm. Acesso em: 17 abr. 2002.

PAES DE BARROS, R., HENRIQUES, R. e MENDONÇA, R. "Pobreza e desigualdade no Brasil: retrato de uma estabilidade inaceitável". *Revista Brasileira de Ciências Sociais* 15, n°. 42, 2000, pp. 123-42.

PATEMAN, Carole. *Participation and Democratic Theory*. Cambridge: Cambridge University Press, 1970.

PATERSON, Matthew. "Principles of Justice in the Context of Global Climate Change". In: LUTERBACHER, Urs e SPRINZ, Detlef (orgs.). *International Relations and Global Change*. Cambridge-Mass.: MIT Press, 2001.

PETTIT, Philip. *Republicanism. A Theory of Freedom and Government*. Oxford: Oxford University Press, 2000.

PIERUCCI, Antônio Flávio. *Ciladas da diferença*. São Paulo: Editora 34, 1999.

PINHEIRO, Paulo Sérgio. "Autoritarismo e transição". *Revista USP 9*, março-maio de 1991.

POCOCK, G. A. *The Machiavellian Moment. Florentine Political Thought and the Atlantic Tradition*. Princeton: Princeton University Press, 1975.

POGGE, Thomas W. *Realizing Rawls*. Ithaca: Cornell University, 1989.

____. "Uma proposta de reforma: um dividendo global de recursos". *Lua Nova* 34, 1994a, pp. 135-61.

____. "An Egalitarian Law of Peoples". *Philosophy and Public Affairs* 23, 3, 1994b, pp. 195-224.

____. "Cosmopolitanism and Sovereignty". In: BROWN, Chris (org.). *Political Restructuring in Europe. Ethical Perspectives*. Londres: Routledge, 1994c, pp. 89-122.

____. "How Should Human Rights Be Conceived?" *Jahrbuch für Recht und Ethik*, vol. 3, 1995, pp. 103-20.

____. "The Bounds of Nationalism". *Canadian Journal of Philosophy*. Volume Suplementar 22, 1998, pp. 463-504.

____. "Human Flourishing and Universal Justice". *Social Philosophy & Policy*, 1999, pp. 333-61.

____. "Rawls on International Justice". *The Philosophical Quarterly*, vol. 51, n°. 203, abril de 2001a, pp. 246-53.

____. *Global Justice*. Oxford: Blackwell Publishers, 2001b.

____. "World Poverty and Human Rights". *Ethics and International Affairs*, vol. 19, 1, 2005, pp. 1-8.

____ (org.) *Freedom from Poverty as a Human Right: Who Owes What to the Very Poor?* Oxford: Oxford University Press, 2007.

POWER, Samantha. *Genocídio. A retórica americana em questão*. São Paulo: Companhia das Letras, 2004.

PRZEWORSKI, Adam. "Ama a incerteza e serás democrata". *Novos Estudos* 9, julho de 1984.
_____. "Deliberation and Ideological Domination". *In*: ELSTER, J. (org.). *Deliberative Democracy*. Cambridge: Cambridge University Press, 1998.
PUTNAM, Hilary. "The Science-Ethics Distinction". *In*: NUSSBAUM, M. e SEN, A. (orgs.). *The Quality of Life*. Oxford: Oxford University Press, 1993, pp. 143-57.
PUTNAM, Ruth Anna. "Comment on Walzer's *Objectivity and Meaning*". *In*: NUSSBAUM, M. e SEN, A. (orgs.). *The Quality of Life*. Oxford: Oxford University Press, 1993, pp. 178-84.
PUTTERMAN, Louis, ROEMER, John e SILVESTRE, Joaquim. "Does Egalitarianism Have a Future?" *Journal of Economic Literature*, vol. XXXVI, 1998, pp. 861-902.
QUIGGIN, John. "Globalization and Economic Sovereignty". *The Journal of Political Philosophy* 9, 1, 2001, pp. 56-80.
RASHID, Ahmed. *Jihad: The Rise of Militant Islam in Central Asia*. New Haven: Yale University Press, 2002.
RAWLS, John. "Social Unity and Primary Goods". *In*: SEN, A. e WILLIAMS, B. (orgs.). *Utilitarianism and Beyond*. Cambridge: Cambridge University Press, 1982.
_____. "The Law of Peoples". *In*: SHUTE, S. e HURLEY, S. (orgs.). *On Human Rights. The Amnesty Lectures of 1993*. Nova York: Basic Books, 1993a.
_____. *Political Liberalism*. Nova York: Columbia University Press, 1993b.
_____. *The Law of Peoples*. Cambridge-Mass.: Harvard University Press, 1999. [Trad. bras. *O direito dos povos*. São Paulo: Martins Fontes, 2004.]
_____. *Justice as Fairness: A Restatement*. Org. Erin Kelly. Cambridge-Mass.: Harvard University Press, 2001. [Trad. bras. *Justiça como eqüidade* – uma reformulação. São Paulo: Martins Fontes, 2003.]
_____. *O liberalismo político*. São Paulo: Ática, 2000.
——. *Uma teoria da justiça*. São Paulo: Martins Fontes, 2008.
REDDY, Sanjay G. e POGGE, Thomas. "How *Not* to Count the Poor", 2005. Disponível em: http://www.columbia.edu~sr793/count.pdf. Acesso em: 15 fev. 2006.
RIBEIRO, Carlos Dimas Martins & SCHRAMM, Fermin Roland. "A necessária frugalidade dos idosos". *Cadernos de Saúde Pública*, vol. 20, n? 5, 2004, pp. 1141-8.
RICHARDS, David. "International Distributive Justice". *In*: PENNOCK, J. R. e CHAPMAN, J. W. (orgs.). *Nomos 24: Ethics, Economics and the Law*, 1982.

ROEMER, John. *Theories of Distributive Justice*. Cambridge, MA: Harvard University Press, 1996.
RORTY, Richard. *Contingência, ironia e solidariedade*. Lisboa: Editorial Presença, 1992.
____. "Solidariedade ou objetividade?" *Novos Estudos* 36, julho de 1993a, pp. 109-21.
____. "Human Rights, Rationality, and Sentimentality". *In*: SHULTE, Stephen e HURLEY, Susan (orgs.). *On Human Rights. The Oxford Amnesty Lectures 1993*. Nova York: Basic Books, 1993b, pp. 111-34.
SACHS, Jeffrey. *O fim da pobreza*. São Paulo: Companhia das Letras, 2005.
SANDEL, Michael. "The Procedural Republic and the Unencumbered Self". *Political Theory* 12, 1984, pp. 81-96.
____. *Liberalism and the Limits of Justice*. Cambridge: Cambridge University Press, 1985.
SCANLON, Thomas. "Human Rights as Neutral Concern". *In*: BROWN, P. e MACLEAN, D. (orgs.). *Human Rights and United States Foreign Policy*. Lexington: D. C. Heath, 1979.
——. "Contractualism and Utilitarism". *In*: SEN, A. e WILLIAMS, B. (orgs.) *Utilitarism and Beyond*. Cambridge: Cambridge University Press, 1982.
SCHOLTE, Jan Aart. *Globalization: A Critical Introduction*. Nova York: Palgrave, 2000.
SCHUMPETER, Joseph. *Capitalismo, socialismo e democracia*. Rio de Janeiro: Zahar, 1984.
SEN, Amartya. "Equality of What: Welfare, Resources, or Capabilities". *In*: MCMURRIN, S. (org.). *The Tanner Lectures on Human Values*. Cambridge: Cambridge University Press, 1980.
____. "Well-Being, Agency, and Freedom". *The Journal of Philosophy*, vol. LXXXII, n? 4, 1985a, pp. 169-221.
____. *Commodities and Capabilities*. Amsterdam: North Holland, 1985b.
____. *Inequality Reexamined*. Cambridge-Mass.: Harvard University Press, 1992.
____. "Capability and Well-Being". *In*: NUSSBAUM, M. e SEN, A. (orgs.). *The Quality of Life*. Oxford: Oxford University Press, 1993a.
____. "O desenvolvimento como expansão de capacidades". *Lua Nova* 28/29, 1993b, pp. 313-33.
____. *Development as Freedom*. Nova York: Alfred Knopf, 1999.
SHAPIRO, Ian. "Enough of Deliberation: Politics is about Interests and Power". *In*: MACEDO, S. (org.). *Deliberative Politics: Essays on Democracy and Disagreement*. Oxford: Oxford University Press, 1999.

SHAPIRO, Ian. *The State of Democratic Theory*. Princeton: Princeton University Press, 2003.

SHUE, Henry. *Basic Rights. Subsistence, Affluence, and U.S. Foreign Policy*. 2ª. ed. Princeton: Princeton University Press, 1996.

____. "Eroding Sovereignty: The Advance of Principle". *In*: McKIM, R. e McMAHAN, J. *The Morality of Nationalism*. Oxford: Oxford University Press, 1997.

____. "Global Environment and International Inequality". *International Affairs* 75, 3, 1999, pp. 531-45.

SINGER, André. *Esquerda e direita no eleitorado brasileiro*. São Paulo: Edusp, 2000.

SINGER, Peter. "Famine, Affluence, and Morality". *In*: BEITZ, Charles, COHEN, Marshall, SCANLON, Thomas e SIMMONS, A. John (orgs.). *International Ethics*. Princeton: Princeton University Press, 1985.

SKINNER, Quentin. *The Foundations of Modern Political Thought*. Cambridge: Cambridge University Press, 1978, vols. 1 e 2.

____. *Liberdade antes do liberalismo*. São Paulo: Unesp, 1999.

SOWELL, Thomas. *Affirmative Action Around the World. An Empirical Study*. New Haven: Yale University Press, 2004.

STEGER, Manfred. *Globalism: The New Market Ideology*. Lanham, MD: Rowman and Littlefield, 2002.

STEINER, Hillel. "Capitalism, Justice, and Equal Starts". *Social Philosophy and Policy* 5, 1987, pp. 49-71.

____. "Libertarianism and the Transnational Migration of People". *In*: BARRY, Brian e GOODIN, Robert (orgs.). *Free Movement: Ethical Issues in the Transnational Migration of People and of Money*. The Pennsylvania State University Press, 1992.

STEWARD, Frances e BERRY, Albert. "Globalization, Liberalization, and Inequality: Expectations and Experiences". *In*: HURRELL, A. e WOODS, N. (orgs.). *Inequality, Globalization, and World Politics*. Oxford: Oxford University Press, 1999, pp. 15-186.

STOKES, Susan. "Pathologies of Deliberation". *In*: ELSTER, J. (org.). *Deliberative Democracy*. Cambridge: Cambridge University Press, 1998.

SUGDEN, Robert. "Welfare, Resources, and Capabilities. Review of [Inequality Reexamined]". *Journal of Economic Literature* 31, 4, pp. 1947-62.

TAYLOR, Charles. "The Politics of Recognition". *In*: GUTMANN, A. (org.). *Multiculturalism and "The Politics of Recognition"*. Princeton: Princeton University Press, 1994, pp. 25-73.

TESON, Fernando. "The Rawlsian Theory of International Law". *Ethics and International Affairs* 9, 1995.
The *Economist*. "Sachs on Development: Helping the World's Poorest", 14-20 agosto de 1999, pp. 17-20.
TOSTES, Ana Paula e VITA, Álvaro de (orgs.). *Justiça e processos democráticos transnacionais*. São Paulo: Humanitas, 2005.
TOWNSEND, Peter. "A Sociological Approach to the Measurement of Poverty – A Rejoinder to Professor Amartya Sen". *Oxford Economic Papers* 37, 1985, pp. 659-68.
UNCTAD. *The Least Developed Countries Report 1999, 2000, 2002*a. Nova York e Genebra: United Nations Publications.
____. *Trade and Development Report 1999, 2002b*. Nova York e Genebra: United Nations Publications.
UNDP. *Human Development Report 1996, 1999, 2000, 2001*. Oxford: Oxford University Press.
VAN PARIJS, Philippe. "Mas alla de la solidariedad". *In*: LO VUOLO, Rubén (org.). *Contra la exclusión. La propuesta del ingreso ciudadano*. Buenos Aires: Ciepp/Miño y Dávila Editores,1995a.
____. *Real Freedom for All. What (If Anything) Can Justify Capitalism?* Oxford: Clarendon Press, 1995b.
____. "Difference Principles". *In*: FREEMAN, Samuel (org.). *The Cambridge Companion to Rawls*. Cambridge: Cambridge University Press, 2003.
VERBA, Sidney, SCHLOZMAN, K. L. e BRADY, Henry. *Voice and Equality. Civic Voluntarism in American Politics*. Cambridge-Mass.: Harvard University Press, 1995.
VITA, Álvaro de. "Preferências individuais e justiça social". *Revista Brasileira de Ciências Sociais*, vol. 10, n° 29, 1995, pp. 159-74.
____. "Progresso moral". *In*: WAIZBORT, Leopoldo (org.). *A ousadia crítica. Ensaios para Gabriel Cohn*. Londrina: UEL, 1998.
____. "Uma concepção liberal-democrática de justiça distributiva". *Revista Brasileira de Ciências Sociais*, vol. 14, n° 39, 1999a, pp. 41-59.
____. "Justiça distributiva: a crítica de Sen a Rawls". *Dados* 42, 3, 1999b, pp. 471-95.
____. "Dois tipos de ceticismo moral". *Novos Estudos* 55, outubro de 1999c, pp. 143-56.
____. "Individual Preferences and Social Justice". *Brazilian Review of Social Sciences*, special issue, 1, 2000a, pp. 95-109.
____. "Democracia e justiça". *Lua Nova* 50, 2000b, pp. 5-23.
____. "Liberalismo igualitário e multiculturalismo" (sobre Brian Barry, *Culture and Equality*). *Lua Nova* 55-56, 2002, pp. 5-27.

VITA, Álvaro de. "Democracia deliberativa ou igualdade de oportunidades políticas?" *Novos Estudos* 66, 2003, pp. 111-28.

____. "A necessária frugalidade na aplicação de princípios de justiça". *Cadernos de Saúde Pública*, vol. 20, n° 5, 2004, pp. 1149-51.

____. "Desigualdade e pobreza sob uma perspectiva global". In: TOSTES, Ana Paula e VITA, Álvaro de (orgs.). *Justiça e processos democráticos transnacionais*. São Paulo: Humanitas, 2005.

____. "Inequality and Poverty in Global Perspective". In: POGGE, Thomas (org.). *Freedom from Poverty as a Human Right: Who Owes What to the Very Poor?* Oxford: Oxford University Press, 2007.

____. *A justiça igualitária e seus críticos*. São Paulo: Martins Fontes, 2007.

WAIZBORT, Leopoldo (org.). *A ousadia crítica. Ensaios para Gabriel Cohn*. Londrina: UEL, 1998.

WALZER, Michael. *Just and Unjust Wars*. Harmondsworth: Penguin Books, 1980.

____. *Spheres of Justice*. Nova York: Basic Books, 1983.

____. "Objectivity and Social Meaning". In: NUSSBAUM, M. e SEN, A. (orgs.). *The Quality of Life*. Oxford: Oxford University Press, 1993, pp. 165-77.

____. "Response". In: MILLER, David e WALZER, Michael (orgs.). *Pluralism, Justice, and Equality*. Oxford: Oxford University Press, 1995.

____. *On Toleration*. New Haven: Yale University Press, 1997.

WELLMAN, Christopher Heath. "Friends, Compatriots, and Special Political Obligations". *Political Theory*, vol. 29, n° 2, 2001, pp. 217-36.

WILLIAMS, Andrew. "Incentives, Inequality, and Publicity". *Philosophy and Public Affairs*, vol. 27, n° 3, 1998, pp. 225-47.

WINSTON, Morton E. *The Philosophy of Human Rights*. Belmont: Wadsworth, 1989.

WORLD BANK. *World Development Report 1990: Poverty*.

——. *World Development Report 2000/2001: Attacking Poverty*. Oxford: Oxford University Press.

YOUNG, Iris Marion. *Justice and the Politics of Difference*. Princeton: Princeton University Press, 1990.

Orgrafic
Gráfica e Editora
Fone: (11) 6522-6368